Zu diesem Buch

Marie-Luise Scherers Beschreibungen setzen ständige Anwesenheit voraus, die Initiative, an einer Wohnungstür zu klingeln, das Risiko, lästig zu sein, abgewiesen zu werden, über lange Gespräche Beziehungen herzustellen. Diese Nähe unterscheidet ihre Reportagen von einer Beschreibungsliteratur, die ihre sozialen Erfahrungen am Schreibtisch macht. Menschengruppen, die aus dem Schweigen der Privatheit nie heraustreten, nehmen in diesen Reportagen ein Gesicht an: der Dauercamper in der Lüneburger Heide, die Frauen der «Herbstwanderung» im Spandauer Forst, die Doppelselbstmörder von Berlin oder der Ofensetzer Machnow und seine Mostrich-Töle Lehmann.

Die Nähe zum Thema ist bezeichnend für die Arbeit Marie-Luise Scherers auch dann, wenn sie sich mit Ereignissen und Persönlichkeiten des öffentlichen Lebens aus den Bereichen Kultur und Politik beschäftigt. Dabei gelingen ihr mit ihrer Beobachtungsgabe und ihren Recherchen wie beiläufig sich ergebende Detailbilder, ob sie sich mit Otto Schily auseinandersetzt, während der Dreharbeiten zum «Blechtrommel»-Film der «Folklore männlicher Bewegungen» folgt, sich in die «eiskalte Sphäre der Hocharistokratie» (Marcel-Proust-Verfilmung) begibt oder das Porträt des «letzten Surrealisten» Philippe Soupault zeichnet. Die großen Reportagen und selbst die beiläufig erscheinenden Studien und kleinen Porträts mit ihrer minuziösen Wiedergabe des Gesehenen und Gehörten und ihrer metaphorischen Sprache gewinnen einen Modellcharakter, der über den Einzelfall hinausweist, ohne dabei an Konkretheit und Genauigkeit einzubüßen. Eine «gefährliche Literaturgattung» im Kischschen Sinne.

«Marie-Luise Scherer ist eine Virtuosin ... Ein Kunststück ist, wie sie ihre Recherche betreibt; wie sie Teile zusammenträgt, Reibungsflächen schafft, Pausen notiert und dabei die Sprache biegt und dehnt. Vor allem und immer wieder ihr Zeitgefühl. Wie spielen Geschichten, Lebensgeschichten? Einmal schneller, einmal langsamer; meistens schnell und langsam zugleich... Ungeheuer ist der Alltag, und jedermann trägt dazu bei, und vielleicht ist es gut, daß wir sehr selten so eindringlich darüber aufgeklärt werden wie von Marie-Luise Scherer.» («Neue Zürcher Zeitung»)

Marie-Luise Scherer, geboren in Saarbrücken, schreibt für den «Spiegel». 1978 und 1980 wurde sie mit dem Egon Erwin Kisch-Preis ausgezeichnet. Marie-Luise Scherer lebt in Berlin und Hamburg.

Marie-Luise Scherer

Ungeheurer Alltag

Geschichten und Reportagen

rororo

Rowohlt

Quellenhinweise siehe Seite 222

Veröffentlicht im Rowohlt Taschenbuch Verlag GmbH,
Reinbek bei Hamburg, September 1990

Umschlaggestaltung Beat Nägeli
Gesamtherstellung Clausen & Bosse, Leck
Printed in Germany
980-ISBN 3 499 12800 4

Inhalt

1

Er empfindet in einer
anfallartigen Gewißheit,
ohne diese Frau sein Leben
versäumt zu haben.

«Unsere Asche soll über Berlin verstreut werden»

In der Nacht des 28. Januar 1982 dichtet der neunundfünfzig Jahre alte Jakob Weinreich das Fenster seines Appartements im Berliner Corbusier-Haus ab, gießt aus einem Kanister Benzin über Fußboden und Bett, legt sich hin und entzündet ein Streichholz oder ein Feuerzeug. Die Explosion drückt Türen ein, und es stürzen Wände zusammen. Eine Feuerwand rast durch die fünfte Wohnstraße im 8. OG. Mit dem Selbstmörder sterben eine achtundsiebzigjährige Frau und ein neununddreißigjähriger Mann.

Ein Jahr und fünf Monate vorher hatte sich Jakob Weinreich schon einmal das Leben nehmen wollen. Am Nachmittag des 31. August 1980, einem Sonntag, wird er halbtot im Zimmer 22 der Berliner Hotel-Pension *Ahorn* in der Schlüterstraße gefunden.

Da Weinreich schon morgens hätte räumen müssen, schließt die Pensionswirtin das Zimmer mit dem Zentralschlüssel auf. Er kniet nackt vor dem Bett, auf dem eine ebenfalls nackte, tote Frau liegt. Für die Wirtin handelt es sich bei dem Paar um Nicole und Michael Meinberg aus Düsseldorf.

Leere Tablettenpackungen erklären den Anblick zuerst einmal. Auf der Ablage neben dem Bett sichert die Kriminalpolizei 123 268 Mark Bargeld. Das Geld ist in drei adressierten Briefumschlägen verteilt. Jeweils 50 000 sind dem Berliner Zoo und der Berliner Gedächtniskirche zugedacht. Auf dem dritten Briefumschlag, in dem der Rest der Summe steckt, steht «für unsere Beerdigung». Ein mit «Michael und Nicole» unterschriebener «letzter Wille» hat den Wortlaut: «Unsere Asche soll über Berlin verstreut werden.»

Die Frau ist die neunundzwanzig Jahre alte Regina Schnee aus der Otawistraße in Wedding. Ihre Identität stellt der Polizist Wolfgang Schnee, der geschiedene Mann der Toten, fest. Über den bewußtlosen Michael Meinberg aus Düsseldorf erfährt die Polizei nur, daß er so nicht heißt und von dort nicht her ist.
In der Nacht zum 2. September, etwa 36 Stunden später, erhängt sich mit einem Abschleppseil am Lampenhaken seiner Küche der Feinmechaniker Frank Tübbecke. Er war der Verlobte von Regina Schnee und wie sie neunundzwanzig Jahre alt. Tübbeckes Vater hat die Wohnung seines Sohnes am Hohenzollernring in Spandau aufbrechen lassen, weil ihm sein Sohn gesagt hatte, er habe Liebeskummer und wolle nicht mehr.
In diesem Zeitraum stürzen sich in der Kreuzberger Dieffenbachstraße ein fünfundachtzigjähriger Mann und in der Reinickendorfer Roedernallee eine fünfundsechzigjährige Frau aus dem Fenster. Auf dem Dachboden der ehemaligen griechischen Botschaft im Tiergartenviertel erhängt sich eine Frau von Ende Zwanzig. Tübbeckes Selbstmord wird aber größer und in den Mittelspalten der Zeitungen gebracht, da ihm Lebensdetails der Regina Schnee beigefügt werden können.
Unter dem Namen Nicole tanzte Regina Schnee in einer Peep-Show an der Joachimstaler Straße. Wo einmal *Aschinger* war mit Erbsensuppe, Stehtischen und Wurstturm, bewegte sie sich auf einer kunstpelzbezogenen Drehscheibe, unter sich ihr privates Frotteehandtuch.
Tübbecke soll das gewußt haben. Aber nicht ludenhaft im Einverständnis, sondern klein beigebend, ließ er zu, was sie gerne tat. Er war sehr verliebt, und durch eine große Denkanstrengung konnte er ihre Tänze sachlich nehmen: Seine Braut ging unter Ausschluß von Gefühlen einem Geldgeschäft nach.

Sie trug einen eintätowierten Skorpion auf der linken Hand. Und das volle Behagen über die Ergebenheit eines Mannes überkam sie erst, wenn dieser sich ebenfalls einen Skorpion auf die Hand tätowieren ließ. Nicht nur der unglückliche Tübbecke hatte sich zu dieser Brandmarkung entschließen müssen. Das Zeichen machte auch aus vorübergehenden Männern der Regina Schnee eine Kaste.
Mit jedem Tag nach ihrem Tod wird Regina Schnee schöner; jeder weitere Tag steigert sie zu einer liebeskühnen Person. Die *Bild Zeitung* wühlt ihre Nächte noch einmal auf mit allen Handgriffen, die sie tat; ihre sexuelle Ungeduld im engen Neubaufahrstuhl sowie im Personalflur eines Kaufhauses. Die Serie heißt «Der nackte Skorpion und seine hörigen Männer». Ein Verkäufer berichtet: «Ich fuhr brutal auf Nicole ab.» Bei ihren Hingabeposen mit zurückgebogenem Oberkörper trug sie langschäftige Stiefel aus schwarzem Lackleder.
«Im Normalfall», sagt Kriminalhauptkommissar Abendroth, «verläßt der Kunde die Peep-Show, sobald er sein Ejakulat abgegeben hat.»
Regina Schnee hat diesen Normalfall oft verhindert. Ihr Anblick hinter der Sichtklappe muß Anbetung bewirkt haben. Und so ein eher fromm gebannter Mann will die gleichzeitige Befriedigung mit anderen Männern nicht, nicht als ekstatische Grimasse von ihr angelächelt werden. Denn auch das besondere Mädchen Regina Schnee nimmt in den ringsum geöffneten Luken den Beifall wahr.
Bei all ihrer Entrücktheit sendet Regina Schnee Blicke, nach denen die Kundschaft schnappt wie ein auf Tischreste gefaßter Hund. Das quält den betörten Mann, weil er nicht weiß, wen sie am meisten meint. Aber einen gibt es immer, dessen Verlangen, gemeint zu sein, am größten ist. Dieser hetzt zur Kasse und reserviert sich Regina Schnee für eine Solokabine. Er muß ihren Anblick aus dem Verkehr ziehen, den anderen wegkaufen.

Zwei Minuten kosten fünf Mark. Eine kümmerliche, nicht selig machende Frist. Der verrückt gemachte Mann wechselt fünfzig und mehr Mark in Fünferstücke. Mit ihren Solonummern, sagt der Geschäftsführer, habe die Schnee bis zu fünfhundert Mark am Tag gemacht.
Die letzten Wochen im Leben der Regina Schnee ließ der vermeintliche Michael Meinberg aus Düsseldorf viel Geld bei ihr. Er soll sogar mit Champagner die Solokabine öfter betreten haben. In dieser auch «Käfig» genannten Kabine trennen weitstehende Gitterstäbe den Mann von der sich darbietenden Frau. Berührungen sind möglich.
Diesen Meinberg, der sich täglich die Schnee reservierte und nicht aufhörte, nach ihr toll zu sein, muß das Gitter gestört haben. Er wollte, weil er sie zu lieben glaubte, nach der sinnlichen Verrichtung breitseitig an ihr liegen, friedlich ausklingen mit ihr und Waffenruhe haben.
Meinberg bezog am 24. Juni 1980 die Hotel-Pension in der Schlüterstraße. Er war als Tourist nach Berlin gekommen. Der Name Michael Meinberg und die Stadt Düsseldorf als Herkunftsadresse müssen ihm ein gutes Etikett bedeutet haben. Diesem Ensemble aus drei Wörtern hatte er die Ausstrahlung eines jungmachenden Titels beigemessen.
Meinberg wollte ein paar Tage ins Blaue leben. Und natürlich war er unbehaust, weil er alles tun und lassen durfte. Die Abenteuer hat er im Brennpunkt der Innenstadt vermutet und gelangte ins Café *Huthmacher* am Zoo, wo viele hauptstädtische Frauen saßen bei den besten Melodien.
Entlang den Tischen schlendert mit der Geige ein Zigeuner und spielt aufwühlende Lieder. Zwischendurch dann die tanzbaren Sachen. Rumba, ein bißchen rücksichtsvoll schleifend, etwas nachzüglerisch im Takt, als müßte die Kapelle einem Lipizzaner bei der Hohen Schule beistehen.
Tanzend sind sich die Gäste in ihrer Einsamkeit behilflich. Nur bei den Tangos haben sie abschweifende Partnerwünsche. Bei

dieser sich rhythmisch einstellenden Innigkeit denkt jeder an jemand anderen. Für diese Innigkeit muß noch ein Traum herangezogen werden.
Meinberg läßt sich auf kein langes Gastspiel im Café *Huthmacher* ein. Er macht nur Mindestverzehr. Er überblickt schnell, daß die anwesenden Frauen ihm zu alt sind, und hütet sich, in den Sog der Geigenmusik zu geraten.
Meinberg überquert die Parkplatzinsel in Richtung Bahnhof Zoo. Es ist Sonnabend gegen 22 Uhr. Eine sechs oder sieben Meter lange Menschenschlange steht bis zur S-Bahn-Unterführung Ecke Hardenbergstraße. Dort knickt die Schlange ab und reicht noch einen weiteren Meter bis zu dem Zeitungsmann mit der Sonntagsausgabe der *Berliner Morgenpost.* Der Andrang gilt den Wohnungsannoncen.
Das geduldige Aufrücken der Leute unter der funzelig dunklen Brücke erhöht Meinbergs Unternehmungsgeist. Er geht auf die helle Seite, Ecke Joachimstaler, hinüber, wo jetzt noch Blumen verkauft werden. Billig-Orchideen, massenweise lila Rispen mit aufgesteckten Wasserröhrchen. Für Blumen fehlt Meinberg noch die Frau.
Er bleibt vor dem Hundeverkäufer stehen, der ein paar Schritte weiter auf einer Wolldecke sitzt. Ein sachter Typ mit Stirnband und Trapperkleidung, dem aus jeder Hälfte seiner geöffneten Jacke ein zitternder Welpe guckt. Vor ihm liegt eine karamelfarbene Hündin. In ihrem hellen Gesicht heben sich zwei Tränenrinnsale ab und geben ihr einen Ausdruck von Untröstlichkeit. Beim Trapper ist immer Publikum. Er hat es leichter als der Blumenhändler, der die Rarität preiswerter Orchideen ausrufen muß. Er kann sich auf die Blicke seiner Hunde verlassen und spielt Bethlehem in der zugigen Aschinger-Passage. Leise, daß man sich zu ihm hinunterbeugt, nennt er den Preis von fünfhundert Mark für einen Mischling aus Labrador, Boxer und Wolf.
Natürlich weiß der Trapper, daß keiner kauft. Dafür klimpern

reichlich Futterspenden auf seine Decke. Eine ganz dreiste Nummer dieses Typen, der aber ungeschoren bleibt. Keine Tirade geht auf ihn nieder.
Meinberg legt ebenfalls, obwohl weniger gerührt und deshalb auch weniger betrogen, ein Markstück hin. Beim Schließen der Jackentasche mit dem scheppernden Hartgeld darin nimmt er die taktmäßig aufleuchtende Neonröhre einer Peep-Show wahr. Er betritt die Lokalität und sieht Regina Schnee. Er empfindet in einer anfallartigen Gewißheit, ohne diese Frau sein Leben versäumt zu haben.
Die nachfolgenden Wochen bis zum Tod der Regina Schnee und Meinbergs mißlungenem Selbstmord können in ihrem Ablauf nur vermutet werden. Als Stammgast der Peep-Show versucht Meinberg, sich an die Vergeblichkeit seines großen Gefühls zu gewöhnen, diese Vergeblichkeit sogar zu genießen. Obwohl er Abend für Abend sexuell zu Rande kommt, bleibt er in einem Hungerzustand. Anzunehmen ist, daß Meinberg nichts von einem Frauenliebling an sich hat, daß außer seiner Beständigkeit einer Frau nichts schmeichelt. Seine Unterhaltungen sind seinen eigenen Gedanken nicht gewachsen.
Die Kolleginnen der Regina Schnee schildern ihn später als einen Mann in gedeckten Anzügen, mit dezenten Krawatten zum weißen Hemd. Eine den Sexschuppen aufwertende Erscheinung ohne weitere Eigenschaften.
Während der mühseligen Anbetung bringt Meinberg sein Geld ins Spiel. Er deutet an, daß er kein ganz Armer ist. Er könne, sagt er Regina Schnee durch das Käfiggitter, sie aus ihrer billigen Existenz erlösen. Er fühlt sich von ihr nicht zurückgeliebt und muß sie durch Sicherheit erledigen.
Nach der Tragödie in der Hotel-Pension *Ahorn* vergehen neun Tage, bis die Zeitungen am 9. September die Enttarnung des Michael Meinberg aus Düsseldorf melden können. Es ist Jakob Weinreich aus Bad Salzuflen im Teutoburger Wald, geschiedener Frührentner, ehemals Schmied.

Die erste Vermutung, daß der Mann und die Peep-Show-Tänzerin sich gemeinsam das Leben nehmen wollten, bestätigt sich nicht. Als Jakob Weinreich sich durch Schlaftabletten umzubringen versuchte, soll Regina Schnee schon vierundzwanzig Stunden tot gewesen sein. Am 12. September ist ihre Beerdigung. Woran sie starb, bleibt unklar.
Zu diesem Zeitpunkt liegt Jakob Weinreich immer noch im Koma auf der Intensivstation des Charlottenburger Klinikums. Er bleibt fast zwei Monate vernehmungsunfähig. Am 28. Oktober wird er verhaftet und auf die Krankenstation des Untersuchungsgefängnisses Moabit gebracht. Zu dem Verdacht, Regina Schnee vergiftet zu haben, sagt er nicht aus. Dennoch setzt der Haftrichter Wochen später den schwerkranken Mann auf freien Fuß.
Jakob Weinreich erhält von den 123 000 Mark, die neben dem Hotelbett lagen und nach seinem Tod zu Teilen dem Berliner Zoo und der Gedächtniskirche gehören sollten, 113 000 Mark zurück. Das Geld war der Erlös seines Hauses im Teutoburger Wald, welches er für seine Liebesbegegnung verkauft hatte.
Für das Ein-Zimmer-Appartement Nr. 533 im Corbusier-Haus bezahlte Jakob Weinreich 80 000 Mark. Es liegt an einer einhundertvierzig Meter langen Wohnstraße im achten von insgesamt siebzehn Geschossen mit fünfhundertdreißig Wohnungen. Am 22. Dezember vergangenen Jahres benutzten es drei Frauen für einen verabredeten Selbstmord aus der siebten Etage. Am Morgen vor seinem Tod hatte Jakob Weinreich einen Termin vor der 6. Kammer des Verwaltungsgerichtes, zu dem er nicht erschien. Er wollte vom Land Berlin die Kosten für eine Kur einklagen.
Mit seinem Haus im Teutoburger Wald hatte Jakob Weinreich seinen gesamten Hintergrund aufgegeben. Dieser Umstand befreite ihn auch aus der schmälernden Kategorie des Frührentners. Geschieden zu sein, hielt er in Berlin für die einzige ihm günstig erscheinende Angabe zu seiner Person.

Wenn Lehmann nich mehr is

Machnow ist 75, sein Hund elf Jahre alt. Bei den Vorkehrungen, die Machnow für sich und das tägliche Leben seines Hundes trifft, spielt die Gewißheit eine Rolle, daß beide alt sind und es «heute eher als morgen» nicht mehr schaffen aufzustehen. Fritz Machnow kauft für drei, vier Tage auf einen Schlag zehn Brötchen, denn «wenn man se instippt, sind se ja wieder weich».

Die Vorräte für seinen Hund beschafft er von einem Tierfutterlieferanten, den er mal vor einem Zoogeschäft abgepaßt hat. «‹Nu hör mal zu›, hab ick zu den jesacht, ‹wenn ick immer 'nen Zentner koofe, is det billjer?›»

Davon, sagt Machnow, müsse der Staat nichts wissen, «sonst jeht der Hundekuchenhändler ins Spinde».

Wo Machnow wohnt, heißt eine Straße Ritze: Danckelmannstraße, die dunkelste Ritze von Berlin-Charlottenburg.

Machnow zahlt sechzig Mark für Stube/Küche, was die miserabelste Wohneinheit mit eigener Klingel ist, die elendste aller vernünftigen Unterkünfte aus der Gründerzeit.

Machnow, Hinterhaus, vier Treppen, 1923 waren es achtzehn Mark für die zwanzig Quadratmeter. Da hatte Machnow, nach drei Jahren Warteliste beim Wohnungsamt, ganz knapp heiraten können. Am 8. Oktober war Hochzeit und, «damit Se sehn, wat ick früher druff jehabt habe», am 14. Oktober war die Kleene schon da, «in sieben Tagen een Kinde».

Wenn er ins Denken kommt, hat Machnow gleich die Wut im Bauch. Jetzt, wo er mit Lehmann, dem Hund, alleine lebt, rükken ihm die Rettungskommandos der Neuen Heimat auf die Bude und sagen «ei'm ins Jesichte: ‹Herr Machnow, mit diese finstre Löcher is jetzt Schluß›». Jetzt, wo er schon fünfundzwanzig Jahre geschieden ist, weil «det finstre Loch irjendwie auch in die Scheidung mit rinnjespielt hat».

Machnow hat sich mit Lehmann arrangiert: «Ohne den Lehmann wär ick längst dod.» Lehmann ist eine wolfsgroße Mostrichtöle, wie Machnow sagt, jeder hat seinen Senf dazugegeben. Auf den ersten Blick sei Lehmann damals schwarz gewesen. «Denn hab ick ihn jejen den Strich jebürschtet, da war er plötzlich grau.»

Vor elf Jahren, Machnow war gerade vier Tage auf Rente, kam von gegenüber eine Frau gelaufen: «Herr Machnow, da hat jemand Pech mit sein' Schäferhund jehabt, der hat vier sone kleene Quirls und weeß nich, wohin damit.» Machnow: «Ick hab noch janz jenau im Kopp, det ick abjewunken habe, ‹nee, Frau Wallmann, ick weene nie mehr um wat Lebendijes›.»

Fritz Machnow, gelernter Ofensetzer, dann Kraftfahrer, bis es «mit Anhänger altersmäßig» nicht mehr ging, hatte zuletzt als Nachtwächter einer Möbelfabrik gearbeitet. Als der Hund, mit dem er nachts die Hallen abging, wegen Erblindung und «weil mein Wachvertreter dem det Ohr zertreten hat» eingeschläfert wurde, war Machnow soweit, «an nüscht mehr det Herze zu hängen».

Dennoch ging Machnow den Wurf inspizieren. «Und plötzlich kommt son jeölter Blitz untern Kissen vor, und ick sage mir noch ‹wat willste mit die Ratte› und war se schon am Graulen.» Noch am gleichen Abend saß in Machnows Stube diese Ratte. Fritz Machnow fühlte sich endlich wieder zu zweit.

Lehmann trägt den Namen seiner Herkunftsfamilie. «Ham Se ooch son kleenen Lehmann abjekricht?» wurde Machnow anderntags gefragt, als er den «winzjen Spielhund» in den Tabakladen brachte. Worauf Machnow für sich und die Zigarettenfrau ein Pils ausgab, mit seiner Flasche gegen ihre stieß und «uff Lehmann» sagte.

Einmal kurz wurde Machnows Lebensgemeinschaft mit dem

Hund durch eine Frau aufgestöbert: «Die war erst nur doll nach det Tier und sachte immer sone ulkjen Dinger: Der Lehmann hätt drei Augen, oben zwee richtje und denn die Schnauze, ooch so schwarz.» Fritz Machnow, der von sich wußte, in den letzten zehn Jahren «nüscht wie Blamagen im Bette» gehabt zu haben, kam der schöne wie angst machende Gedanke: «Mann, die will doch wat.»

Machnow: «Denn hat sie sich sone Dreiecks jekooft, durchsichtig aus Tüll, und immer, wenn se den Lehmann jekämmt hat, hat se sich so jesetzt, det ick allet sehen konnte», und eines Morgens: «‹Herr Machnow›», habe sie gesagt, «‹ich kann nich mehr zu Ihnen kommen.› Ick frage: ‹Warum denn nich, Frau Künnecke?› Sagt doch die dusselije Jöre: ‹Weil ick Sie liebe.› Da war ick natürlich jeplättet: ‹Du mußt doch 'n Knall ham!› Jetzt hab ick du zu ihr jesacht.»

Als Frau Künnecke, «ihr Mann war Kissenuffschüttler in 'ner Familienpension», auf Liebe bestand und von schlohweißen Casanovas erzählte, denen die jungen Frauen auch nicht von der Seite weichen, sagte Machnow: «Mensch, da leg dir hin, ick werd's versuchen.»

Für die alte Couch, die Machnow damals hatte, kam am anderen Mittag eine zweischläfrige Liege: «Neu wie Schnee und jefedert wie'n Tannenwald.» Die Möbelpacker brachten sie im Auftrag von Frau Künnecke.

Auf dieser Liege, sagt Machnow heute, wäre er, würde es den Hund nicht geben, der dreimal täglich runter muß, sicher längst gestorben: «Denn jut fühlen tu ick mir nur im Liejen.» Machnow hat einen Schlaganfall überlebt. Er schläft auch schlecht.

Um der Nacht den Schrecken zu nehmen, um rundherum den Stillstand aufzufangen, läßt er das Radio laufen. Sackt er weg, ist es gut. Bleibt er wach, ist Musik und das Atmen von Lehmann da, der zum Fenster hin links neben ihm liegt wie eine Dichtungsmasse.

Als die Prostata anfing, ihm Beschwerden zu machen, und Machnow «für een, zwee Troppen» hochmußte und an den Wasserstein in die Küche ging, sagte er zu Lehmann: «Ick jib dir Rätsel uff, wa?» Seit der Zeit bringt Machnow ein Stück Zucker aus der Küche mit, um die Ruhestörung wiedergutzumachen.

Die Absage des musikalischen Nachtprogramms wirkt auf Fritz Machnow wie der Pfiff, der ein Spiel beendet. «Denn isses sechse.» Machnow kocht Kaffee, was innerhalb seiner fließenden, Tag und Nacht verwischenden Daseinsform die einzige Handlung ist, die ihn in den Rhythmus seiner Umwelt stellt. «Denn stippe ick 'ne Schrippe, rooche eene und wackle wieder ins Bette bei mein Lehmann.»

Jetzt erst, wo die Geräusche wieder von draußen kommen, kann Machnow schlafen. Auch der Hund schläft weiter, «det ham wa abjesprochen».

Im Sommer sitzt Machnow am Kanal, der von Charlottenburg nach Wannsee geht. Alle Ausflugsdampfer müssen da vorbei, und Lehmann schwimmend mittenmang. Manche Kapitäne halten die Schraube an, die kennen seit Jahren den Hund und seinen Ollen an der Böschung. «Es jibt aber auch welche, den's ejal wär, ob mein Lehmann in die Schraube kommt.»

Am Kanal sind beide glücklich. «Lehmann is varrickt nach die Bälle. Ick werfe sein Ball in't Wasser, Lehmann beißt rinn und freut sich, wenn det Wasser wieder rausspritzt aus 'n Loch.»

Wenn Machnow über Lehmann spricht, läßt er die Witze und die sauren Kommentare über den «jroßen, alljemeinen Beschiß». «Ick liebe den Hund», traut er sich zu behaupten, «und jebe mir Mühe, so lange zu leben wie er.» Machnow sagt auch: «Bei mir wär Feierabend, wenn Lehmann nich mehr is.»

Auf deutsch gesagt: gestrauchelt

Sieberts haben einen Sohn, der ihnen Ehre macht, und einen, der für den Vater «auf deutsch gesagt: gestrauchelt ist». Als eine erträgliche Balance können Sieberts das nicht empfinden. Herr Siebert hat als Kabelverleger in Postschächten angefangen und wurde dann Beamter im Telegrafenamt.

Sein durch diese Steigerung angehobenes Selbstgefühl und das Behagen an seinem Ältesten, der Medizin studiert, sind versikkert in dem Kummer um Manfred. Manfred, der Manni genannt wird und in den Erzählungen seiner Mutter «mein Jenner» heißt, ist heroinsüchtig.

Sieberts wohnen jetzt im Kadettenweg in Berlin-Lichterfelde. Aus der Afrikanischen Straße im Wedding sind sie weggezogen, weil sie sich wegen Manni schämten. Anfang der Siebziger, sagt der Vater, gab's ja noch kein Massensterben in den U-Bahn-Toiletten, da stand noch nicht der Tote des Tages in der *BZ*.

Manni, fanden seine Eltern, war als Schande einzig. «Herr Siebert», haben welche aus dem Haus gesagt, «so 'n Neubau hat Ohren, wie wär's denn mit Dämmplatten?» Der Manni, sagt Siebert, hat ja infernalisch kotzen müssen. Der ist laut gestorben; und damit er nicht wegmacht, haben wir die Feuerwehr gerufen. Und die Feuerwehr hat sich ihre Wichtigkeit auch nicht nehmen lassen. Die machte aus dem Retten eine Veranstaltung, welche Zuschauer anzieht, damit sie die vertreiben kann.

Wenn der Manni die Etagen runtergetragen wurde, waren die Wohnungstüren schon um jenen Spalt geöffnet, den das eingeklinkte zweite Glied der Sicherungskette noch diskret macht wie ein Astloch.

Einmal, als die Trage auf die Schiene des Feuerwehrwagens ge-

setzt wurde, schrie jemand aus einem unerleuchteten Parterrefenster: «Schade um jede Mark, die der Staat für deine Erhaltung ausgibt!»
Frau Siebert glaubte, die Katastrophe sei ihr auf die Stirn geschrieben. Sie fühlte sich immer zwischen einem Spalier aus Blicken. Jedes Wort, welches die Kassiererin von Bolle mit einer Kundin wechselte, handelte von Manni. Frau Siebert mied dann die angestammten Läden in den umliegenden Blocks. Für ein Brot fuhr sie schließlich zwei Stationen mit der U-Bahn.
Einer von Frau Sieberts Brüdern ist mit zwanzig in Rußland gefallen. Ihre Mutter habe dessen Sterben bildlich immer vor sich gehabt. Sie habe Jahre später plötzlich beim Sonntagskaffee noch geweint, weil sie den Jungen liegen sah. Damals sind aber viele so geendet, sagt Frau Siebert, das war ja Krieg für alle. Das waren Mütter von Soldaten, was für Frau Siebert ein schuldfreies Unglück ist. Es ist ein Unglück, mit dem Frau Siebert manchmal würde tauschen wollen, obwohl Manfred Siebert nicht gestorben ist, sondern über sieben Jahre dem Tod nur öfter nahe war.
Für Frau Siebert ist die Tatsache, daß der Große was wurde und Manni sich jede Mark in den Arm gejagt hat, ausschließlich den Großen betreffend höhere Bestimmung. Während sie bei Manni jedes seiner Lebensjahre gedanklich abgeht, um ihren Anteil Schuld darin zu finden.
Sie nimmt sich übel, bei seiner Geburt die Lachgasmaske benützt zu haben, die ihr, obwohl sie nicht darum gebeten hatte, im Kreißsaal in ihre Kajüte geschoben worden war. Sie habe auf den Manni zu lange warten müssen, der dann durch Sauerstoffmangel blau gescheckt zur Welt gekommen sei. Und danach war sie außerstande, ihn stillend satt zu kriegen. Bei dem Großen, sagt sie, war das Stillen nicht so dürftig.
Frau Siebert war hochschwanger mit ihrem zweiten Kind, als der Familie 1955 eine Zweizimmerwohnung in Berlin-Wed-

ding zugewiesen wurde. Für sie sei es normal gewesen, nicht mehr zu wollen. Sieberts machten aus ihren zwei Zimmern eigentlich drei Zimmer, indem die Eltern auf einer ausziehbaren Couch im Wohnzimmer schliefen und tagsüber das Bettzeug im Kinderzimmer verstauten.

«Wir haben für Kinder zu klein gewohnt», sagt Frau Siebert, «wir waren ja immer am Bettenbauen.» Sie selber gibt sich keine Gnade in dieser Beengtheit. Sie sieht nur nachträglich, was dem Manni gefehlt haben könnte. Und was dem fehlte, sei dem Großen ein Antrieb geworden, habe dessen Willen geschaffen.

Das Selbstverständnis der Sieberts wurde durch die Heroinsucht des Sohnes Manfred so erschüttert, daß auch die gut verlaufenen Jahre nachträglich nicht mehr stimmten. Sieberts waren ihren eigenen Fahndungen aufs schärfste ausgesetzt.

Sie habe ihre Kinder in Sauberkeit erzogen und jeden Fussel aufgebürstet, sagt Frau Siebert. Freitags, wenn sie gründlich putzte, scheuchte sie den Manni von seiner Eisenbahn hoch und bestand darauf, daß er sie abbaute. Das tut ihr heute weh.

Natürlich spielte sich diese Kindheit auch auf dem Fußabtreter ab. In den täglich zu wischenden, vielfach genutzten kleinen Zimmern hat Frau Siebert geordnete Verhältnisse vorgeführt. Das stellte keine besondere Tugend dar, sondern nur die erfüllte Erwartung an eine Frau, die etwas taugt.

Herr Siebert sagt: «Was wir sozial darstellen, haben wir das Kindergroßziehen ja gar nicht gelernt.» Sieberts haben keine Fibeln studiert, die von dem Vergehen gegen das frühkindliche Gedeihen handeln. Erst nachdem der Manni in Schuhen auf dem Bett döste und Haschzigaretten rauchte, schnappten auch Sieberts nach den grassierenden Vokabeln der Psychologie.

«Bei meinem Jenner», sagt Frau Siebert, «ging eine Persönlichkeitsentfaltung los, die kritisch war.» In seinen ersten

sechs Lebensjahren war Manfred Siebert nach den Worten der Mutter ein piepsiges Kind. Um seinen Appetit zu wecken, hat ihm der Hausarzt Höhensonne gegeben und eine Verschickung nach Holland veranlaßt. Als das Kind aus Holland wiederkam, aß es maßlos. Es aß wie ein Insasse, der nicht mehr unter Rationierung steht. Von einer ganzen Hand Bananen ließ es keine übrig.
Die anfängliche Genugtuung der Mutter über dieses wölfische Zulangen ihres Jenner schlug um in Befremdung. Sie ermahnte ihn, wenigstens bei Leckerbissen auch an den Bruder zu denken.

Dann ging der Manni plötzlich auseinander. Herr Siebert sagt: «Er wurde fett.» Er brauchte Übergrößen in der Kleidung. Die Schulärztin sagte, er müsse zwanzig Pfund abnehmen. Sieberts Hausarzt verschrieb Appetitzügler. Manni war acht, als er mit diesen Kapseln anfing. Er schluckte täglich eine, bis er elf wurde. Während dieser Zeit, sagt Frau Siebert, sei er richtig fiddelig gewesen. Mit zwölf dann habe der Manni sich gestreckt.
Frau Siebert betont die Hilfsbereitschaft ihres jüngsten Sohnes. Alles, was er nicht tun mußte, habe er gerne getan. Er stand mit ihr in der Küche und kochte. Er wusch auch ab, weil sie ihn diesbezüglich nie herangezogen hat. Der Vater sagt: «Er war ein guter Sohn für Mütter.»
In den zwei Jahren, in denen er neben der Realschule noch den Konfirmandenunterricht besuchte, besorgte Manfred Siebert zusätzlich zwei Kohlenstellen. Über die Kirche hatte er die Adressen zweier gehuntüchtiger Rentnerinnen, schleppte denen die Kohlen hoch und kaufte für sie ein. Dafür bekam er jeweils zwanzig Mark im Monat. Von zu Hause bezog er fünf Mark Taschengeld.
«Wir hatten damals keine Kontrolle mehr», sagt die Mutter, «der hatte zuviel Geld.» Kino habe nur eine Mark gekostet. Bei seiner Einsegnung, Manni war fünfzehn, kamen fünfzehnhun-

dert Mark an Geldgeschenken zusammen. Davon kaufte er sich einen Kassettenrecorder und einen Fernseher. Einen Plattenspieler hatte er schon. Diese sein Vermögen darstellenden Gegenstände versetzte er ein Jahr später für Heroin.
Manfred Siebert gehörte schon lange der Haschisch-Clique seiner Schulklasse an, als die Mutter noch versuchte, ihm das Rauchen zu verbieten, es ihm als schädlich auszureden. Wenn er aus der Schule kam, habe sie ihn immer ein bißchen zu nahe begrüßt, um in seinen Haaren zu riechen.
Das muß ihm aufgefallen sein, denn bei Sieberts muß mehr Anlaß für das Schmusen sein. «Unsereins», sagt Frau Siebert, «hält Nachtwache, wenn einer über achtunddreißig Fieber hat, aber wir gehn uns nicht ständig an die Pelle.»
Während der Einsegnung, wo alles hoch herging, haben sich Sieberts prostend sagen lassen: «Jetzt laßt den Manni man rauchen, die Sorte raucht ja sowieso.» Als er es von da an durfte und manchmal abwesend bis taumelnd aus der Schule kam, sagte sich Frau Siebert, «der ist doch high!», ohne zu wissen, was das ist. Sie hat dann nicht in seinen Haaren gerochen, sondern dem Manni gesagt: «Hauch mich mal an!» Und der habe sie mit einer Bierfahne beruhigen können.
Manfred Siebert gestand später seiner Mutter, zum Heimgehen immer eine Büchse Bier gekippt zu haben, damit sie das Haschisch nicht rieche.
Für den Vater trägt an Mannis sich anbahnender Leichtfertigkeit auch das schnell gemachte Geld einen Teil Schuld. Der wußte mit sechzehn noch nicht, ob er Koch oder Schornsteinfeger werden will. Der dachte an die lebenslange Kohlenstelle, und für nachts macht er den Spülmann in der Pizzeria.
Als der Vater mit dem tristen Wort «Rente» einmal insistierte, habe ihn der Manni angefahren: «Mensch, ich wollt ja gar nicht auf die Welt.» Siebert ist sicher, daß der Junge damals schon zum Haschisch zig Tabletten geschmissen hat. Er denkt an Captagon.

Manfred Sieberts Zeugnis zum Realschulabschluß war schlecht. Auf eine beiläufige Bemerkung des Vaters antwortete der Sohn: «Was willst du, das letzte halbe Jahr war ich ja kaum noch dort.» Manni erschien den Eltern fremdartig ungeniert, wenn seine Ausfälle zur Sprache kamen. Der Vater sagt: «Für ihn kam die Volljährigkeit zu früh. Der stellte sich auf die Hinterbeine und wollte trotzdem bei uns sein Kotelett essen.»

Im Hof des sechsstöckigen Mietshauses, unter Manfred Sieberts im dritten Stock gelegenem Zimmer, nahm der Hauswart über Monate blaue, gedrehte Tütchen wahr. Obwohl er sich keinen Vers darauf machen konnte, waren sie ihm nicht geheuer. Beim Kehren hob er so ein Ding mal auf und ging damit eigentlich nur deshalb zu Sieberts, weil deren Sohn lange Haare hatte.

Natürlich stellte sich Frau Siebert dem Hauswirt gegenüber dumm. Dennoch kam in ihr eine gegenstandslose Gewißheit auf, die der des Hauswarts ähnlich war. Sie suchte in Mannis Zimmer nach Hinweisen für diese blauen Tütchen und fand in breite Streifen geschnittene Deckblätter von Schulheften. In solche gerollten und lippengerecht zugespitzten Streifen hatte er Tabak und Haschisch gefüllt. Das hat ihr der Manni, als sie ihn danach fragte, dann auch erklärt in seiner neuen dreisten Art.

Frau Siebert hatte jetzt Schlag auf Schlag Erkenntnisschübe. Sie wußte, daß die angezündeten Räucherstäbchen das Kiffen überdecken sollten. Sie wußte aus der Küche raus, wenn Manni zum drittenmal den Plattensaphir auf das Hare Krishna setzte, daß er mit so einem Tütchen auf dem Bett lag. Doch ihn aufzustöbern wagte sie erst, wenn sie die Betten holte. Gewöhnlich war das gegen 21 Uhr. Dann mußte ihre ängstliche Parteilichkeit für den Manni eine Bewährungsprobe bestehen. Dann mußte sie den Vater arglos stimmen.

Mit siebzehn trat Manfred Siebert bei der AEG eine Lehre als

Maschinenschlosser an. Da er keine ernsthaften Vorlieben für irgendeinen Beruf geäußert hatte, hatte der Vater diesen Entschluß betrieben. Den Kampf gegen Mannis lange, bis in den Rücken runterreichende Haare wurde von Sieberts damals aufgegeben, weil die aus Mannis Lehrabteilung alle solche Loden trugen.
«Die AEG hat denen zum Arbeiten Kappen verpaßt», sagt der Vater. Mit Zwischenfällen, die aber nach außen hin immer reparabel waren, hielt Manfred Siebert anderthalb Jahre durch. Einmal sei er, der mit zweimal Umsteigen eine Stunde zur Arbeit brauchte, aus dem Bus gefallen. Während Frau Siebert den tagelang bettlägerigen Manni pflegte und sich über jeden Löffel Kartoffelbrei, den dieser zu sich nahm, freute, konnte sich Siebert mit der Tatsache dieses Sturzes nicht abfinden. Er überstieg seine Vorstellungskraft.
Siebert hätte schwören können, daß es ein Drogenunfall war. Jetzt überkamen ihn solche Gewißheiten, wie sie auch seine Frau schon überkommen waren, ohne daß sie ihn davon was wissen ließ. «Wie konntest du nur aus dem Bus fallen?» fragte er den schlapp daliegenden Manni. Und Frau Siebert, die ihre Witterung gerne vergaß, weil ihr Jenner «blaß wie Weißbier mit Spucke» die Zuwendungen seiner Mutter genoß, sagte dem Vater: «Jetzt laß man ab vom Manni, der braucht Ruhe!»
Gegen Ende dieser halben Lehrzeit kam Manfred Siebert abends immer später oder erst nachts nach Hause. Wenn Frau Siebert ihn um halb sechs wecken wollte, lag der Manni wie tot im Bett, und sie getraute sich nicht, an ihm zu rütteln. Sie empfand dieses Schlafen nicht wie Schlafen, sondern wie Narkose.
Ihr Maßstab für Mannis unnatürliches Wegsein war ihr eigener heller Schlaf, in den noch die Geräusche des im Flur stehenden Korbsessels gelangten, in dem der Manni nachts saß und seine letzte Zigarette rauchte. Und wenn der Manni längst

schon schlief, hörte Frau Siebert noch das nachträgliche Knistern des Korbgeflechts.
Zweimal verschwieg die Mutter dem Vater, daß der Junge morgens das Haus noch gar nicht verlassen hatte. Siebert stand eine halbe Stunde später auf. Als der Manni wieder mal liegen geblieben war, dabei aber nicht wie tot, sondern zitternd, daß die Zähne aufeinanderschlugen, hatte Frau Siebert schon ins dunkle Zimmer reingeflüstert: «Mensch mach hinne, Manni, gleich ist ja schon Zeit für Papa.» Und bevor sie bei Licht seinen Zustand sah, hatte ihr der Manni schon geantwortet: «Ich komme nicht, ich hab da keine Meinung mehr im Laden.»

Manfred Siebert verbrachte dreiviertel dieses Tages im Bett. Er lag frierend eingewickelt, und kein Kissen, das ihm die Mutter zusätzlich auflegte, änderte sein Befinden. Als er sich übergeben mußte, machte er keine Anstalten, die Toilette zu erreichen. Frau Siebert sagt: «Und wie man als Hausfrau reagiert, hab ich erst das Erbrochene aufgewischt, anstatt ihm beizustehen.»
Kurz vor Sieberts Feierabend hörte Frau Siebert das Schloß der Korridortür einklinken. Manni war schon auf der untersten Treppe, und sie unterließ es der Leute wegen, ihn anzuflehen, doch zu bleiben. Gegen 22 Uhr war er wieder zurück. Er sagte dem Vater, der Schnaps vor sich stehen hatte, und der Mutter, die blicklos vor dem Fernseher saß: «Das war nichts, ich fühl mich jetzt echt besser.»
Am darauffolgenden Morgen überließ Herr Siebert das Wecken des Jungen nicht seiner Frau. Daß der Manni schon vorher aufgestanden und im Badezimmer am Hantieren war, löste in Siebert Unruhe aus. Er klopfte an die Tür und bat den Manni, schnell zu machen, da er selber dringend müsse. Und Manni, nach draußen schnauzend: «Darf man denn hier nicht mal in Ruhe scheißen!»

Siebert entfernte sich hörbar, um schleichend wieder zurückzukommen. Er legte den Oberkörper auf den Boden und guckte durch die drei Lüftungslöcher der Tür. Manni, auf der Badematte sitzend, hielt eine Spritze im Mund und band sich mit der rechten Hand den linken Oberarm ab. Er spreizte und ballte schnell hintereinander die linke Hand und stach mit der anderen dann die Kanüle flach in den Handrücken. Es sammelte sich eine rotbraune Flüssigkeit, sagt Siebert, «da hat er wohl zurückziehen müssen, das war wohl Blutgemisch».
Der Schreck, der Siebert in die Glieder fuhr, ließ ihn jede taktische Überlegtheit vergessen. Er blieb noch zehn Minuten vor der Klotür stehn und sagte dem heraustretenden Manni dann: «Det war's also!» Manni postierte sich mit der Ruhe eines Pastors vor seinen aufgelösten Vater und sagte: «Ich habe Vitamine gespritzt, weil ich so schlecht esse.» Siebert schrie das Haus zusammen, indem er immer wiederholte: «Det darf nich sein!»
An diesem Morgen hatte für Manfred Siebert die Geheimhaltung seiner Heroinsucht zumindest zu Hause ihr Ende. Er preßte seinen an einem Schulterriemen hängenden Beutel schützend gegen den Körper und verabschiedete seine Eltern mit den Worten: «Ohne Druck könnt ich ja jarnich uff Arbeit jehn.»
Danach kam Manni fünf Tage nicht nach Hause. Am Vormittag des fünften Tages rief Siebert den Lehrmeister bei der AEG an und bat ihn, den Sohn zu fragen, ob er böse sei mit seinen Eltern. Der Lehrmeister konnte dem Vater nicht gefällig sein, da Manfred Siebert in diesen fünf Tagen auch zur Arbeit nicht erschienen war. Als sich in Sieberts Wohnungstür abends ein Schlüssel drehte, glaubte die Mutter, das Herz bleibe ihr stehn vor Glück.
Frau Siebert meint, die Hölle erlebt zu haben, als Manni weg war. Ihr Mann habe bis Mitternacht Kette rauchend Schnäpse reingezogen und sei, als ob er das Wetter des kommenden Ta-

ges erkunden wolle, hin und wieder auf den Balkon gegangen. Sonst saßen sie da und warteten, ohne sich darüber auszutauschen. Und um dieses Schweigen einmal zu brechen, sagte Frau Siebert ihrem Mann: «Paff doch die Bude nich so voll, das macht ja auch die Vögel krank.» Sie habe dann den Käfig mit den Sittichen rausgetragen und ihn auf den Stuhl neben Mannis verwaistes Bett gestellt.

Sieberts gaben sich Mühe, Mannis Erscheinen wie eine normal erwartete Heimkehr aufzunehmen. Die Mutter stellte ihm was zu essen hin, und der Vater sagte: «Jetzt brauchen wir beide noch einen Schnaps.» Als Manni dann mehr Gläser kippte, als ihm eingegossen wurden, gab Siebert seiner Frau zwinkernd zu verstehen, daß das dem Jungen guttun, daß es ihn entspannen würde.

Nach weniger als einer Stunde befanden sich Vater und Sohn auf einer Ebene von Verständigung, welche das anfängliche Hochgefühl der Mutter weniger werden ließ. Der Manni hatte einen Pulloverärmel hochgeschoben und zeigte eine Tätowierung, auf der hinter einem Hügel je nach Belieben die Sonne auf- oder untergeht. Darunter waren die Worte «Für Verena» eingestochen. Die Prozedur der Tätowierung war noch frisch.

Bei diesem Anblick lachte der Vater übertrieben laut und, wie Frau Siebert sich erinnert, fast beglückwünschend. In seiner Schnapsharmonie habe er sich dem Jungen gemein machen wollen und noch einen Spruch auf die Weiber gebracht. Dabei hatte der Manni Liebeskummer und war nur deshalb heimgekommen.

Herr Siebert sagt: «Ich hab in meinem Suff gedacht, der hat 'ne Frau, für die er sich den Arm versauen läßt.» Das habe ihn männlich ein bißchen eingenommen.

Das von Frau Siebert ängstlich beobachtete Einvernehmen unter Männern endete böse. Der volltrunkene Manni führte seinem angetrunkenen Vater vor, was er wimpernzuckend zu

leiden imstande sei. Er stach sich bis auf die Platte des Wohnzimmertisches eine Stopfnadel durch die Hand.
Der folgende Tag war ein Sonnabend. Manni sagte seiner Mutter, er gehe seiner Freundin Verena beim Renovieren helfen. Frau Siebert unterließ es, seinen Liebeskummer anzusprechen. Vielleicht hat er einen alkoholischen Filmriß, dachte sie, und will davon nie gesprochen haben. Vielleicht versucht er auch, das Mädchen durch Hilfsdienste zurückzugewinnen. Im Grunde war sie froh, ihn aus dem Haus zu wissen und er nicht mit dem Katzenjammer seines Vaters zusammenstieß.
Abends rief Manni an, er bleibe auch über Sonntag in der Winterfeldtstraße, wo Verena wohnt. Frau Siebert sagte: «Is gut, Manni, sei Montag aber pünktlich auf der Arbeit.» Montags erhielten Sieberts einen Brief von der AEG, der die Kündigung von Mannis Lehrverhältnis mitteilte.

Die Mutter legte den Brief aufgefaltet neben die Thermoskanne, in der sie täglich den Kaffee für Siebert bereitstellte. Siebert kam um 16 Uhr 30 nach Hause. Er sah den Brief schon vom Flur aus, während er sich die Jacke auszog. Als er ihn gelesen hatte, sagte er härter, als es seine Art ist: «Jetzt fliegt er auch bei uns raus!» Dann machte er sich stehend eine Stulle, fluchte über die harte Butter, die man ja mit dem Daumen aufdrücken müsse, und verschwand, wie Frau Siebert sagt, «um die Häuser».
Frau Siebert rief trostsuchend ihren ältesten Sohn an, der seit zwei Jahren ein Appartement in einem Studentenheim bewohnte und sein Physikum machte. Von den Dramen zu Hause erfuhr er immer nur die laute, wellenschlagende Hälfte. So wie jetzt: Manni gekündigt, Papa außer sich.
Ein Vorwurf, daß er mit seinem angehenden Sachverstand zuwenig auf Mannis Suchtsignale achtete, ist ihm nicht zu machen. Außerdem hatte er die weit zurückliegenden Appetitzügler schon mal negativ erwähnt, die dem Manni gegen seine kindliche Freßsucht verabreicht worden waren.

Möglich, daß Herrn Sieberts persönliche Beschämtheit über Mannis Kündigung dadurch ein bißchen aufgehoben wurde, daß aus derselben Lehrgruppe neun weitere Lehrlinge weggeblieben waren. An Mannis Ausstieg aus dem bürgerlichen Erwerbsleben tragen für Siebert teilweise auch die Roten Schuld. Die hätten wie die Wiedertäufer vor dem Werkstor gestanden und die Bengels mit ihren Flugblättern irre gemacht. Siebert sagt: «Ich frage mich, wo bleibt ein Lehrling ab, der seinen Meister Scheiße finden muß, weil der beim Monopolkapital auch nur 'ne Nummer is?»
Schon vor Sonnenaufgang habe das Geschmeiß von der SEW am Gitter gewartet. Und bei Schichtende kamen die Studenten, die kumpeligen Besserwisser in den Parkas. Alles Leute, sagt Siebert, die heute beim Senat fürs Alter kleben, die mit ihren Bärten in den Rathäusern sitzen und «wenn ick mal janz wat Böses sagen darf, die heute auf Drogenberater machen».

Manfred Siebert stehen noch vierhundertachtzig Mark Urlaubsgeld zu. Um das Geld zu sichern, fährt der Vater mit seinem Sohn raus zur AEG. Er will es ihm in kleineren Summen aushändigen.
Mannis Liebesverhältnis zu Verena drückt sich für Frau Siebert vor allem darin aus, daß er die schmutzige Wäsche aus der Winterfeldtstraße bei ihr ablädt. Sie sagt sich: «Wir haben ja die Maschine.» Sie nimmt sogar an, daß der überaus verwöhnte Manni seiner Mutter eine Freude zu machen glaubt, wenn er die Sauberkeit hochhält und antanzt mit der Wäsche. Während dieser Besuche nimmt er auch ein heißes Bad.
Viel später, sagt Frau Siebert, als der Manni nur noch als Wrack bei uns rumhing, badete er bis zu dreimal täglich. Dieses ihr unheimliche Reinigungsbedürfnis hat ihr ein Fixer während einer Besuchszeit in der Karl-Bonhoeffer-Nervenklinik erklärt: «Das macht man, damit die Adern besser raustreten.»

Manni sieht elend aus. Auf Herrn Sieberts mehr zum Selbsttrost taugende Behauptung, auch die Liebe sei eine zehrende Sucht, läßt sich Frau Siebert nicht ein. Sie ahnt, daß Verena mit Manni den Blöden macht. Das gibt ihr Manni schließlich auch zu, als er wieder mal Wäsche bringt.

Verena hat noch einen anderen. Der zog ein, als der Manni mit dem Renovieren fertig war. Manchmal sei Highlife gewesen, dann haben sie für Stoff gesammelt und ihn losgeschickt, weil er eine Ausländeradresse hatte. An der Nadel habe dort keiner gehangen, alles nur Kiffer.

Frau Siebert kennt inzwischen die Bedeutung fast all dieser Wörter. Sie sagt: «Mein Gott, Manni, was bist du dumm, du gehst das Zeug holen, das die rauchen, und du wirst erwischt.»

Als Beschaffer von Haschisch darf Manni bei Verena wohnen bleiben. Seinen Unterhalt verdient er sich mit Waldarbeiten, einer Beschäftigungsaktion des Berliner Senats, der arbeitslose Jugendliche von der Straße holen will. Im Wald lernt Manni Mozart kennen, einen elternlosen Fixer aus Duisburg. Manni befreundet sich mit ihm.

Frau Siebert sagt: «Mit dem Mozart hätte Manni diese Flickenjuste vergessen können.» Und Siebert sagt: «Natürlich haben der Mozart und der Manni abends ihr gutes Geld auf den Kopp gehauen, aber det war Freundschaft.»

Als Manni erfährt, daß der ums Aussteigen kämpfende Mozart auf der Toilette von *Burger King* am Kurfürstendamm sich wieder hat anspritzen lassen und dann in einem Klo vom U-Bahnhof Fehrbelliner Platz totgespritzt aufgefunden wurde, ist er am gleichen Abend nach Hause gefahren.

Ohne Mozarts Tod zu erwähnen, redet Manfred Siebert vor seiner Mutter sich die erlittenen Demütigungen in der Winterfeldtstraße von der Seele. Abends, nach dem Kiffen, hieß es: Manni, du schläfst nebenan. Der arme Hund, sagt Frau Siebert, habe über Wochen sich denen ihre Liebesgeräusche mit-

anhören müssen. Und sie habe, sagt sie, für diese dem Manni schreckliche Situation noch die Wäsche gewaschen.
Mannis bei all seiner Zerknirschung vertrauensselige Art empfindet Frau Siebert positiv. Sie glaubt, ihren «alten Jenner» vor sich zu haben. Sie braucht noch ihre Zeit, um die Spielarten seines Verhaltens in einen Zusammenhang mit der Sucht zu stellen. Sie weiß nicht, daß seine Umgänglichkeit auf einer Dosis Heroin basiert.
Manni schläft zu Hause. Am Vormittag nimmt er vor seiner Mutter eine drohende Haltung an und fordert den Rest seines Urlaubsgeldes, etwa zweihundertfünfzig Mark. Frau Siebert sagt ihm, damit müsse er warten, bis Papa von der Schicht zurück sei. Manni geht fort und kommt vor Sieberts Feierabend wieder. Er empfängt seinen Vater mit einem komischen, tänzelnden Gehabe, als wäre er der Anführer eines Elfenballetts. Siebert findet seinen Sohn widerlich.
Manni verkündet, er habe einen Trip geschmissen. Die Mutter bringt das Geld zur Sprache, worauf Siebert mit unbremsbarer Entschlossenheit dem Manni die Scheine in die Hand zählt und ihn anbrüllt: «Jetzt aber raus!»
Manfred Siebert ist jetzt neunzehn Jahre alt. Seine Mutter dämpft ihre ständige Aufgeregtheit schon am Tage mit Valium. Zum Schlafen nimmt sie zwei Staurodorm. Herr Siebert, der seiner Arbeit wegen sich nicht mit Tabletten dem Chaos entziehen kann, wird Mitglied in einem Angelverein.
Es ist ein reiner Männerverein, bei dem jede Plötze mit Schnaps begossen wird. Das fängt sonntags schon um vier Uhr in der Frühe an, um neun dann Fischewiegen und danach die eigentlichen Festivitäten. Frau Siebert sitzt zu Hause mit dem Essen. Da Siebert die Stadtautobahn benutzt, wird es meistens Abend, da er sich vorher ausnüchtern muß.
Sieberts, die immer aufgelegt waren für «een kleen Abendspaß», führen auch keine Ehe mehr. Mit schlimmen Gedanken im Hinterkopf, sagt Frau Siebert, könne man sich im Bett nicht

mehr treffen. Wartend vegetieren sie den Nachrichten von Manni entgegen. Diese Nachrichten sind hauptsächlich Strafmandate. Sie kommen aus Holland, aus Frankfurt oder Karlsruhe.

Manni läßt sich über zehnmal als Fahrgeldpreller in U- und S-Bahnen sowie in der Bundesbahn erwischen. Da er seinen Personalausweis verloren hat, gibt er den Namen seines Vaters, Edmund Siebert, an. Edmund Siebert zahlte wie ein Dusseliger und hat jetzt eine Sammlung Briefe, alle mit dem Wortlaut: «Nach Eingang Ihrer Bußgeldzahlung ist das Ermittlungsverfahren wegen Erschleichen von Leistungen abgeschlossen.» Für «unachtsames Überqueren einer Fahrbahn sowie Teilnahme am öffentlichen Verkehr trotz geistiger Mängel» zahlte Siebert 50 Mark Buße, 5 Mark für Kosten des Verfahrens und 80 Mark 90 für Blutuntersuchung. Das sind nur zufällig gegriffene Blätter aus dem Aktendeckel, auf dem in Druckschrift «Manni» steht.

Nur ein Brief kommt von Manni selber. Er schreibt aus Karlsruhe: «Ich schaff das in Berlin nicht mehr, Berlin ist mir zu dreckig.» Er habe einen Job und wolle bleiben. Frau Siebert überweist ihm, ohne es ihrem Mann zu sagen, hundert Mark. Sie rollt sein Deckbett mit zwei frischen Bezügen zusammen und schickt es ihm noch am gleichen Tag, an dem sie über seinem Brief geweint hat.

Auf einem beigelegten Zettel sucht sie in sachlichen Worten, sich als Mutter zurückzunehmen. Sie schreibt: «Weil du jetzt von uns weg bist, sollst du wenigstens nicht frieren.» Auch Siebert hat dem Jungen hundert Mark geschickt und das vor seiner Frau geheimgehalten.

Der finanziellen Belastungen wegen, aber auch, um den Kummer um Manni stundenweise wegzudrücken, hat Frau Siebert eine Putzstelle bei der Technischen Universität angenommen. Sie steht um vier auf und ist gegen zehn wieder zu Hause. Sie hat dann meistens schon eingekauft.

Der Tag, an dem Manni oben vor der Wohnungstür gesessen hat und geglaubt haben muß, seine Mutter öffne nicht, weil sie ihn beim Klingeln durchs Guckloch sah, bleibt für Frau Siebert ein Datum, das ihr geläufiger als ihre Hochzeit ist. Es ist der 17. Oktober 1977. Sie erfaßt die Situation, ohne daß Manni was sagt oder sie selber. Sie läßt die Einkaufstüten fallen und schließt ihn in die Arme: «Mensch, Manni, du.»

Noch ehe ihn das Paket mit dem Deckbett in Karlsruhe erreichen konnte, ist Manfred Siebert wieder in Berlin. «Und er hatte wieder uns», sagt Siebert. Manni, der 1,90 Meter groß ist, wiegt nur noch fünfzig Kilo. Der Vater erkennt den Zustand seines Sohnes langsam als Krankheit an. Der komme drei Tage ohne Essen klar.

An manchen Abenden sitzt Manni im Wohnzimmer und klopft ununterbrochen mit den Stiefelspitzen unter den Tisch. Er will provozieren, die Eltern auf hundert bringen, in der Hoffnung, daß er rausgeschmissen wird. Er bombardiert die Eltern mit den Drogenbegriffen des Untergrunds, sagt «age» für H wie Heroin. Er brauche einen «flash», aber «das checkt ihr Spießer ja gar nich». Er fühlt sich in seinem Elend noch besonders, «wir waren für den die blöden Marschierer».

Siebert sagt: «Der Manni hatte nicht das Zeug zum Dealer, der hat sich als Hinterlader sein Gramm verdienen müssen.» Diese Idee ist ihm unerträglich. Er rückt fünfzig Mark raus. «Damit habe ick dem Manni mehr als einmal so 'ne Schweinerei erspart.»

Herr Siebert findet es zu gleichen Teilen ehrlos und beruhigend, wenn Manni nach einem Schuß ziemlich schnell zu Hause wieder auftaucht. Mannis Erlösung, wie sie sich seinen Eltern darstellt, ist schrecklicher als seine Aggressionen davor. Mit wankendem Oberkörper, als säße er in einer holpernden Kutsche, sitzt er auf dem Sofa und raucht. Er streut Asche rum, läßt Glut auf die Polster fallen und redet ohne Ende sinnloses Zeug. Er redet wie mit dem Schlüssel aufgezogen. Der Saft der gezukkerten Erdbeeren, die ihm seine Mutter bringt, läuft ihm aus dem Mundwinkel.

Frau Siebert liest das Boulevardblatt *BZ* und die *Berliner Morgenpost* nur noch der Heroin-Berichte wegen. Sie hat sich das Wort «Beschaffungskriminalität» eingeprägt; sie weiß, daß ein Apo-Einbruch nichts Politisches ist, sondern mit Apotheke zu tun hat.
Sie vermißt ihre tragbare Nähmaschine und einen Lederkoffer. Beides sind Gegenstände, die auf dem Kleiderschrank nicht in ihrem täglichen Blickwinkel lagen. Dennoch sind ihr die fehlende Nähmaschine und der Koffer keine Indizien dafür, ihren Jenner den Beschaffungskriminellen zuzurechnen. Er habe, sagt sie sich in ihrer Not und dabei die Not ihres Jenner bedenkend, ja nur zu Hause was gemopst.
Nachts legt Frau Siebert ihren Geldbeutel unters Kopfkissen. Tagsüber steckt sie ihn in die Ofenröhre oder ganz hinten ins Kühlfach vom Eisschrank oder in die gefüllte, aber ruhende Trommel der Waschmaschine. Manchmal sitzt sie ihrer eigenen Gewitztheit auf und weiß nicht mehr, wo sie das Ding versteckt hat. Dieses verzweifelte Suchen hat auch der Manni mal beobachten können. Er hat in Frau Sieberts Erinnerung unangenehm gelächelt.

Frau Siebert hat ihr Quantum Valium und Staurodorm nie überschritten. Beides nimmt sie kontrolliert ein. Die verbleibenden Tabletten hat sie aber nie gezählt. Als ihr die sich immer rapider leerenden Packungen auffallen, weiß sie, «der Manni war's». Sie will ihn überführen. Sie läuft die Apotheken nach Abführtabletten ab, die das Aussehen einer Valium oder Staurodorm haben sollen. Die gibt es nicht, und sie nimmt Dragees, die zumindest weiß sind. Sie füllt diese Dragees in den kleinen, für fünfzig Valium üblichen Plastikzylinder und stellt ihn an die gewohnte Stelle im Wohnzimmerschrank.

Herr Siebert ist in diese Aktion eingeweiht. Er sagt: «Wir dachten, jetzt soll sich der Manni, grob gesagt, totscheißen.» Bis dahin ist Manni meistens bis 20 Uhr in seiner «Schweinestampfe», was inzwischen die Bezeichnung Sieberts für das Bett seines Sohnes ist, liegengeblieben, um dann in die Szene zu latschen.

Frau Siebert hat keine Genugtuung, wenn ihr das pausenlose Rennen des Jungen aufs Klo in die Gedanken kommt. Sie verzeiht sich diesen detektivischen Einfall nicht, diese billige Gendarmen-Tour. Der Manni sei ja ohnehin schon invalid gewesen.

Manfred Siebert verbringt eine halbe Woche Tag und Nacht im Bett. Er döst oder schläft bei laufendem Fernseher. Die Vorhänge bleiben zugezogen, und das Licht brennt. Er sagt, er wolle Sonne im Zimmer, aber nicht die echte. Er ernährt sich von Joghurt und den modernen Konfektsorten Mars, Milky Way und Bounty. Für deren Nachschub sorgt die Mutter, die er auch um solche infantilen Süßigkeiten wie Mäusespeck angeht.

Matratzen und Kissen sind voller Brandlöcher, da er auch in seiner geistigen Abwesenheit raucht. Manchmal bittet er die Mutter, ihm im Fernsehen ein anderes Programm einzustellen. Gegen ein Uhr nachts versucht Frau Siebert, unbemerkt den flimmernden Kasten auszuschalten, um ihn um vier, wenn sie zur Arbeit aufsteht, wieder flimmernd vorzufinden.

Manfred Sieberts schlechtes Befinden ist anders als sonst. Die Mutter glaubt zu erkennen, daß er neben dem Süchtigsein noch eine normale Krankheit hat. Sein immer abwehrendes Verhalten gegenüber jedem pflegerischen Interesse, besonders seine Arme betreffend, ist diesmal hektisch. Während er schläft, sieht die Mutter einen ungewöhnlich dicken Arm auf der Bettdecke liegen. Es ist der linke. In der Beuge des Arms nimmt sie eine Verdickung wahr, die sie mit einem großen Apfel vergleicht.

Manfred Siebert hat einen Abszeß. Er hat sich nicht nur die Valium und die Staurodorm in die Armvene gespritzt, sondern auch die Abführpillen. Zwischen Frau Sieberts Entdeckung und der Heimkehr ihres Mannes liegen keine zehn Minuten.

Siebert bittet den inzwischen erwachten Manni: «Zeig mir mal den Arm.» Und er sagt, ohne den Arm gesehen zu haben: «Da muß Ziehsalbe drauf.»

Ohne erfindlichen Grund für die Eltern gerät Manni in Rage. Er springt aus dem Bett, läuft ins Wohnzimmer und reißt das Bein eines Sessels aus der Leimung. Er ist im Begriff, das Sesselbein auf den Vater zu schleudern, der immer noch vor Mannis Bett steht. Sich duckend wirft Siebert die offene Tür ins Schloß und hört, wie das Sesselbein die obere, etwas dünnere Türfüllung durchbricht.

Der Manni, sagt Siebert, tobte wie eine Lore Affen. Siebert ruft die Polizei und will ihn ins Krankenhaus bringen lassen. Da Manfred Siebert volljährig ist, braucht die Polizei dessen Einverständnis, das er nicht gibt. Der Polizist, der als letzter aus der Wohnungstür geht, sagt zu Frau Siebert: «Dann kühlen Sie mal.» Natürlich hat das ganze Haus wieder seine Vorführung gehabt.

An diesem Abend beschließen Sieberts, aus der Afrikanischen Straße im Wedding wegzuziehen. Sie ertragen es nicht mehr, das Katastrophenpack einer Hausgemeinschaft zu sein. In Charlottenburg findet Siebert für Manni eine in Berlin mit Stube/Küche benannte abgeschlossene Wohneinheit. Sie beschwichtigen diesen Schritt vor sich selber. Er brauche endlich seine eigene Höhle. Für seine Schallplatten habe er zu Hause Kopfhörer tragen müssen.

Sieberts unterhalten keine ihrer alten Bekanntschaften mehr. Sie besuchen nur mal die Mutter von Mannis sporadischem Drogenkumpel Brülle. Gemessen an Brülles hochdekorierter, mit Stanniol ausgeklebter Bude hat Manni seine Tage in

einem Schäferkarren verbracht. Brülle hantierte mit einer selbst fabrizierten Lichtorgel; der hatte ein diffuses Tempelchen, an dessen Wände Liebesschwüre mit Straßsteinchen geschrieben standen: «I like Pink Floyd». Obwohl Sieberts überfordert sind, Brülles Bude gut zu finden, sieht die Mutter einen Zusammenhang zwischen Mannis Tätowierung und den Tapeten, zwischen denen er zu Hause schlief.
Sieberts helfen dem Manni beim Umzug. «Ich Trottel», sagt Siebert, «putze dem die Fenster.» Frau Siebert bringt Vorhänge an. Manni baut sich ein Hochbett mit Leiter. «Um erst mal Grund in den verwohnten Stall zu bringen», macht Siebert sich ans Streichen. Manni wäscht mit einem Lackverdünner die alte Türfarbe runter.
Am späten Nachmittag des nächsten Tages, wo alles fertig werden soll, ist die Flasche mit der Nitrolösung, diesem Lackverdünner, leer. Frau Siebert gibt dem Manni einen Stapel Wäsche, mit dem er sein Hochbett beziehen soll. Von unten sieht sie, wie der Manni eine Taschenflasche unter die Matratze schiebt. Darin hat er die Nitrolösung abgefüllt. Auf Befragen sagt er: «Das rieche ich gern», dabei werde es ihm rosarot. Siebert packt seine Utensilien und sagt beim Gehen: «Manni, du kotzt mich an!»
Im Januar 1978 treffen sich Sieberts zum erstenmal mit Eltern der «Arbeitsgemeinschaft Drogenprobleme», eine schon 1972 gegründete Selbsthilfeorganisation. Brülles Mutter hat Sieberts dazu überreden können. Sie hören von den Torturen anderer Eltern. Sieberts, die das Unglück mit ihrem Manni immer als Intimität gehütet haben, werden zumindest von dieser Geheimhaltung befreit.
Beim dritten Treffen sagt Frau Siebert das erste Wort. Danach will Siebert meistens reden, da er glaubt, den Suchtverlauf seines Sohnes schneller auf den Punkt zu bringen. Sieberts lassen kein Treffen aus. Sie lernen Begriffe kennen und können sie sich übersetzen; beispielsweise: «Der Leidensdruck des Süchtigen

muß so groß sein, daß er für eine Therapie motivationsfähig ist.» Sieberts lernen, daß die Eltern dem Süchtigen gegenüber hart bleiben sollen, wobei sich der Süchtige der Liebe seiner Eltern sicher bleiben müsse.

Manfred Siebert wohnt jetzt schon sechs Wochen alleine. Die Miete von einhundertzehn Mark zahlt das Sozialamt. Er habe wieder, sagt er, wegen der Stütze, einen unangemeldeten Job in einer Pizzeria. Frau Siebert geht jeden zweiten Tag nach der TU bei Manni vorbei. Er hat sich inzwischen einen Hasen gekauft. Sie sagt, ihr gehe das Herz zu Boden, wenn sie ihren verelendeten Jenner sieht und dann die Futterpackung für den Hasen mit der Aufschrift «Vitakraft – verhütet Mangelerscheinungen».

Während Manni noch schläft, pflückt Frau Siebert die Fellflocken auf und kehrt Berge von Heu und Steinen vor dem Hasenbauer zusammen. Die vom Elternkreis angeratene Härte findet sie ausreichend befolgt, da der Junge nicht mehr zu Hause lebt.

Die Entdeckungen in Mannis unwirtlicher Behausung sind Frau Siebert nicht mehr sensationell. Sie registriert Vorräte von Haushaltskerzen, Batterien steril verpackter Einwegspritzen und wie verstreut liegendes Spielzeug die kleinen gelben Ballonflaschen, in denen mal Zitronensaft war.

Vergleichbar mit dem vitaminreichen Hasenfutter schnürt ihr nur noch das Stilleben von Mannis letztem Druck die Kehle zu: der Ledergürtel, der weit hinter den Löchern in der Schnalle liegt; die runtergebrannte Kerze; die Zitronenflasche; der verrußte, in eine standfeste Horizontale gebogene Kaffeelöffel; die benützte Spritze mit dem braunen Bodensatz von Blut und der gesprenkelten Kanüle.

Nach weiteren sechs Wochen muß Manfred Siebert seine Wohnung räumen. Er habe sie zu einem Auffanglager verkommener Gestalten heruntergewirtschaftet, steht in der Begründung.

Parallel zu Mannis Kündigung beziehen seine Eltern ihre neue Wohnung am Lichterfelder Kadettenweg.
Sieberts Schwur, daß Manni diese Schwelle nicht betreten dürfe, wird von Frau Siebert gleich gebrochen. Mit absichernden Blicken durchs Treppenhaus läßt sie ihn ein. Er soll ein paar Stunden schlafen und verschwunden sein, wenn der Vater heimkommt. Diese Planung überschneidet sich um Minuten. Die Mutter sitzt noch über Mannis Jeans, einem durch Kordeln, Heftpflaster und Sicherheitsnadeln zusammengehaltenen Kunstwerk von einer Hose. Sie will während seines Schlafs die Hose so ausbessern, daß er das Genähte gar nicht merkt. Denn einmal sei er ihr fast an die Gurgel gegangen, als sie mit dem Nähkorb kam und er ihre Absicht erkannte.
Der Anblick des Vaters und die Vergewisserung, daß seine Jeans über den Knien seiner Mutter hängen, lassen Manfred Siebert wie ein kapitulierendes Tier daliegen. Frau Siebert fürchtet sich vor dieser Stille. Am liebsten wäre ihr ein Ausbruch gegen sie gewesen. Aber Siebert zeigt erst mal die gleichen Zeichen von Kapitulation. Er beugt sich über den Manni und zieht ihm die Oberlippe hoch. Er sagt: «Der hat ja nur noch Kruken im Maul.» Daß Heroin die Zähne zerstört, weiß er aus dem Elternkreis.
Dann tobt Siebert los: «Dealer sind Massenmörder! Alles abräumen! Weg ins Arbeitslager! Türken raus!» Er schreit: «Auch wenn ick Sozi bin, geht es mir nicht rin, daß ganz Bonn unter Stacheldraht liecht wegen ein paar prominente Köppe, und hier gehn die Kerls druff wie die Fliejen.»
Frau Siebert bittet: «Jetzt fang dich, wir wohnen hier neu!»
Und Siebert sagt leise: «Wenn man zählt, was die Terroristen auf dem Gewissen haben, und zählt die, die krepiert sind an Heroin, stimmt doch von der Polizeiseite was nich.»
Siebert gibt sich, da er mit Mannis Anwesenheit überrumpelt wurde, unentschieden und schickt sich, als der Manni

bleibt, in ein nicht abzuwendendes Übel. Zum Abendessen sind «die Kinder» angesagt, wie Sieberts ihren Ältesten und dessen langjährige Freundin nennen. Die nervlich flatternde Mutter ahnt, daß dieses Zusammentreffen, so schön, wie es sein könnte, ebenso viele Explosionen in sich birgt.

Das Essen verläuft in einer das Thema vermeidenden Harmonie: Manni ist der Penner der Runde; sein Bruder hat ohne Tätowierung eine Frau, lächelt die an wie auf ewig, versteht alles und weiß nichts.

Den Manni quält diese Intaktheit. Die Mutter sagt: er habe sich verlassener gefühlt als auf dem Hochbett. Nachdem Bruder und Freundin gegangen sind, zieht Manni an den Enden seines zweimal geschlungenen Halstuchs und will sich, am Tisch sitzend, strangulieren. Er zieht so heftig, daß die Mutter schreit und der Vater ihm mit rabiaten Griffen das Tuch entreißt. Dabei fließt Blut. Siebert sagt: «Der machte das, weil dem Bruder alles gelingt und ihm nichts.»

Während Frau Siebert ihren blutenden Jenner auf das Sofa bettet und ihm den Hals kühlt, rennt Siebert mit den Worten «damit hat sich's» aus der Tür. Frau Siebert räumt noch ab. Als ihr nichts mehr zu tun bleibt, spürt sie Herzflattern.

Sie nimmt ihre obligatorischen zwei Schlaftabletten und legt sich hin. Als sich nach zwanzig Minuten kein Schlaf einstellt, habe sie sich das ganze Röhrchen reingehauen. Sie sagt: «Hauptsächlich hat mich mein Mann verletzt, weil er mich zurückließ mit dem Manni.»

Der kommende Tag ist ein Sonntag. Um 7 Uhr kommt Siebert und legt sich berauscht neben seine Frau; abends um sechs klingelt der älteste Sohn. Siebert öffnet, nachdem er eine Weile gewartet und gehofft hat, daß seine Frau aufsteht. In seiner restlichen Benommenheit findet er es zwar erstaunlich, daß sie es nicht tut, macht sich aber keine Gedanken. Der Sohn er-

kennt den Zustand der Mutter. Frau Siebert muß im Krankenhaus entgiftet werden.
Beim nächsten Elterntreffen wird auch das Suchtverhalten in den Familien besprochen. Sieberts ehrbare Labilität dem Schnaps gegenüber ist mehr das Thema als die Tabletten der Frau. Obwohl fast alle anwesenden Mütter das Zeug nehmen, zumindest genommen haben.
Eine Mutter leidet seit einem halben Jahr unter ihrer Konsequenz, die Tochter nicht mehr aufzunehmen. Das Mädchen geht auf den Strich in der Genthiner Straße. Sie habe das Mädel an die Nadel verloren, sagt sie, und sie bete, daß es den Dreck nicht mehr lange erträgt und fällig wird für die Therapie. Frau Siebert ist eingenommen von dieser Frau. Dennoch empfindet sie deren Klarheit monströs. Sie sagt sich: «Das bring ich nicht.»
Sieberts versuchen hart zu sein. Manni klingelt am Vormittag, Mittag und Nachmittag. Einmal zeigt sich Frau Siebert am Fenster und ruft aus dem zweiten Stock: «Manni, fang auf!» Sie wirft ein in Packpapier verschnürtes Bündel mit belegten Broten, einem Apfel, einer Stanniolplatte Vitamintabletten und zehn Mark runter. Sie beobachtet, wie er das Papier wegreißt und wie ein durch die Höfe ziehender Musikant nach dem Eigentlichen sucht, dem Geld.
Manfred Siebert kann nicht glauben, daß es sogar seiner Mutter ernst ist. Er ruft abends an. Frau Sieberts Eile, das Telefon zu erreichen, kennt jeder aus Filmen, in denen der Ehebrecher das Unheil abbiegt und «falsch verbunden» sagt. Sie hält aber stumm den Hörer und läßt ihn sich von Siebert abnehmen, der dann durchatmend mit «Ja, ich höre!» den Befehlston einnimmt.
Am anderen Ende sagt Manni: «Heute setz ick mir den Todesschuß!» Siebert antwortet: «Bitte sehr, dann setz ihn dir!»
Nachts wirft Manni Steinchen gegen das Schlafzimmerfenster seiner Eltern. Die Mutter preßt die Hände gegen die Ohren. Sie

geht ins Wohnzimmer, um die Steinchen nicht zu hören. Sie findet dann die ganze Unternehmung unnatürlich.
Sie denkt an den Süchtigen, der drei Wochen tot im Keller seiner Mutter lag, und im Haus fragten die Leute: Was riecht hier so komisch? Das ist ein Fall aus dem Elternkreis. Diese Frau hat auch hart bleiben wollen. Und als sie den Sohn nicht unter den Herointoten des Tages in der Zeitung fand und er sich auch nicht bettelnd bei ihr gemeldet hatte, gab sie das Paßbild ihres Sohnes einem Streetworker, der ihn, egal wie er ihn auffinde, bitten sollte, nach Hause zu kommen.
Sieberts Unglück hat durch den Elternkreis nicht abgenommen. Erweitert hat sich nur die soziale Kategorie, in die sie ihr Unglück zwanghaft eingeordnet haben. Sie wissen, daß Heroin auch die Zehlendorfer Pastorenfamilie trifft. Sie hören regelmäßig den Vater des Fixers, welcher Geige gelernt hat, die «Sinnfrage» stellen. Sie kennen die Diplomatenfrau, die kein Valium nimmt und dafür Waldläufe macht.
Siebert sagt zwar immer noch «das kommt in den besten Kreisen vor», weil ihm über dem Problem der Klassenunterschied bestehen bleibt. Doch ist er imstande, von seiner Herkunft her ihm unvorstellbare Bemühungen zu tolerieren. Eine Mutter gibt die Absicht preis, mit ihrem süchtigen Sohn auf dem Fernwanderweg 5 vom Bodensee über die Alpen nach Italien zu wandern. Sie glaube, sagt sie, daß in den alpinen Zonen, dort, wo es weniger Menschen gibt, die Menschen sich mehr achten. Sie möchte ihren Sohn so was erleben lassen.

Herr Siebert hat seine Mitgliedschaft im Angelverein SAV-Blei seiner Frau und des Trinkens wegen aufgegeben.
Manfred Siebert erlebt in der Karl-Bonhoeffer-Nervenklinik, die Bonnies Ranch genannt wird, seinen ersten klinischen Heroin-Entzug. Im Park der Klinik, erinnert sich Siebert, konnte man über leere Schnapsflaschen stolpern. Es sei ein warmer

Tag gewesen, und Manni habe erbarmungswürdig gefroren und zwei Pullover übereinander getragen.
Er schildert seinen Eltern einen «cold turkey» als Grausamkeit, bei der keine abschirmenden Medikamente gegeben werden. Siebert glaubt, daß Manni gegen Ende seines Aufenthalts umgestiegen sei auf Alkohol.
Manfred Siebert wechselt nach seiner Entlassung in ein Übergangszentrum für Süchtige, die noch keinen Therapieplatz haben. Manni möchte bei *Synanon* aufgenommen werden, einer von ehemaligen Drogenabhängigen selbstverwalteten Therapieeinrichtung. Zu seinem ersten, um 9 Uhr angesetzten Kontaktgespräch bei *Synanon* fährt Manfred Siebert eine U-Bahn-Station zu weit. Er kommt vierzig Minuten zu spät und wird auf den nächsten Tag beschieden.
Manni geht nicht mehr in das Übergangszentrum zurück, sondern klingelt zu Hause. Seine Mutter glaubt ihm die U-Bahn-Geschichte und läßt ihn in die Wohnung. Für den nächsten Morgen nimmt Siebert sich frei und setzt Manni pünktlich vor *Synanon* ab. Die Tatsache, daß Manni nicht aus eigener Kraft, sondern vom Vater chauffiert auftauchte, läßt wieder kein Aufnahmegespräch stattfinden.
Manfred Siebert kauft sich danach im Intershop am S-Bahnhof Friedrichstraße mehrere Flaschen Schnaps, die pro Stück 3 Mark 70 kosten. Er schleicht sich in den elterlichen Keller am Kadettenweg und übernachtet dort vier Nächte. Siebert sagt: «Er hat für ein paar Brötchen seine Uhr verscheuert, und jemand aus dem Haus hat ihm Äpfel zugesteckt.»
Siebert kommt mit Fieber von der Arbeit. Er habe sich gerade ins Bett geknallt, als es klingelt und ein Nachbar seiner Frau die Mitteilung macht, daß der Manni im Keller kampiert. Die Mutter sieht ihn unten am Geländer stehen, wie er hochguckt und bettelt: «Bitte, Mama, laß mich rein!»
Manni nimmt Stufe um Stufe, ohne daß es seine Mutter wahrnimmt. Als er oben vor der offenen Tür angekommen ist, ruft

der fiebernde Siebert raus: «Du kommst rein, wenn du morgen wieder dahin gehst!» Morgens bekommt Manni Geld für die U-Bahn.

Manfred Sieberts dritter Anlauf bei *Synanon* scheitert daran, daß er, befragt, warum er komme, geantwortet hat: «Meine Eltern wollen das.» Manni taucht zwei Tage unter. Gegen Mitternacht des zweiten Tages werden Sieberts benachrichtigt, daß er im alkoholischen Delirium ins Albrecht-Achilles-Krankenhaus eingeliefert worden ist. Frau Siebert ruft ihren ältesten Sohn an. Der sagt ihr: «Mama, du mußt raus aus Berlin. Der Manni schafft es nie, solange er weiß, du bist da.» Frau Siebert geht am folgenden Tag ins Krankenhaus und besteigt dann den Zug nach Hamburg, wo sie eine Schwester hat.

Zu Hause liegt Siebert immer noch mit Fieber, versorgt von «den Kindern». Nach einer Woche, der große Bruder kommt gerade die Treppe hoch, sitzt Manni belagernd vor der Tür. Der Vater öffnet und sagt zu dem Großen: «Du kommst rein, und der bleibt draußen.»

Manni hat sich inzwischen die Hose vollgepinkelt. Siebert, der einen seiner vielen Schwüre wahr machen will, reicht dem Manni eine frische Hose durch die Tür, die er sich, wie er ihm rät, im Keller anziehen könne.

Bevor Manfred Siebert Anstalten macht, in den Keller zu gehen, steht sein Bruder neben ihm. Er faßt ihn um die Schulter. Manni wechselt die nasse Hose in dessen VW. Der Bruder fährt mit ihm spazieren und redet über die Therapie. Er nimmt ihn die Nacht über zu sich und gibt ihm morgens Fahrgeld.

Manni kommt vor neun bei *Synanon* an. Der Bruder steht versteckt in der Nähe und sieht, wie der Manni reingeht. Er wartet bis etwa 16 Uhr, ruft dann den Vater an und sagt: «Papa, ich glaube, sie haben ihn genommen.»

Das war am 12. Mai 1979. Seither, in dem halben Jahr, das vergangen ist, hat sich Manfred Siebert daheim nicht mehr gemeldet. Sieberts wissen von dem *Synanon*-Gesetz, Kontakte mit den Eltern anfangs zu lassen. Frau Siebert hofft, daß Manni Achtung vor sich selbst bekommt. Gleichzeitig fürchtet sie seine innerliche Entfernung. Sie fürchtet, ihn zu verlieren und sagt: «Er dürfte nicht wissen, daß ich so was denke.»

2

Er ist von so empfindlicher Schönheit,
daß er auf dem Satinpolster
eines dicht schließenden Etuis
zu Hause sein könnte.

Friseure

Manchmal denkt Udo auch an ein plötzliches Ende seiner Bedeutung. Das könnte schon dadurch passieren, daß vier der fünf gesellschaftlich registrierten teeblonden Frauen in schneeweißen Nerzen wegbleiben, statt zweimal und öfter die Woche reinzuschneien, «Grüß dich, Udo» sagen und von den labyrinthischen Spiegeln, die wie die Ananasdose auf der Ananasdose den Effekt von Unendlichkeit haben, ihr Echo abkassieren.

Meistens lächeln sie dabei mit eingesogenen Wangen, als würde ein leicht stringierender Speichel sie in einer breiteren Herzlichkeit behindern.

«In meinen Salon», sagt Udo, «kommen die zweihundert schönsten Frauen Berlins.» Und wenn Schönheit die Summe ist aus den international übersetzbaren Chiffren des Chics, aus der Verkommenheit erkennbar teurer Taschen und dem alltäglichen Tragen empfindlicher Pelze, dann ist nichts falsch an dieser Behauptung.

Wie alle Friseure, deren Kundschaft den glitzernden Cliquen einer Stadt angehört, die den Aufstieg von Restaurants und Boutiquen, Hunderassen, Zahn- und Frauenärzten bestimmen, muß auch Udo Walz selber Requisit eines standesgemäßen Lebens sein. Beispielsweise für Biggi, eine kinderblonde Scheidungswitwe, die einen tiefen finanziellen Frieden verströmt und durch ihren schmalen Kiefer wie ein Lamm aussieht. «Von den paar Krachflöten mal abgesehen», sagt sie, «trifft sich die Berliner Gesellschaft bei Udo.»

Gesellschaft ist dort, wo Udo wer ist, wo er nicht mehr die Rolle eines untergebenen Komplizen spielt, mit dem man den

Kampf gegen das Alter aufnimmt. Bestätigt durch Frauen wie Mildred Scheel und Heidi Schütz, deren Namen aus dem ehelichen Hinterland ihr Gewicht beziehen, abgesegnet von den Prinzessinnen von Preußen und den Primadonnen der Berliner Oper, stützt Udo seinerseits das Selbstgefühl der anonymen Kundin. Die Tatsache, mit Prominenz sich den Friseur zu teilen, verwandelt sich für sie in die Mitgliedschaft in einem wählerischen Club.

Es ist ein Slalom, bei dem sich Udo Tag für Tag erschöpft. Alle Frauen im Salon erwarten seine Zuwendung, und sei es nur ein rituelles Anheben der Mähne, bevor sie sich in die Nackenkerbe des Waschtellers zurücklegen; und seien es nur drei, vier dahingefegte Bürstenstriche am Schluß der Sitzung, ein couragiertes, mit den Händen ausgeführtes Verwildern der eigentlich fertigen Frisur. Zu den handwerklichen Gesten sollte bei Frauen wie Biggi noch der bevorstehende Abend Erwähnung finden. Zu Biggi sagt Udo: «Vielleicht eß ich noch was im *Big Window*, jedenfalls später im *Annabell's.*»

Der Preis, den einer wie Udo dafür zahlt, gesellschaftlich akut zu bleiben, ist allabendliche Rastlosigkeit. Udo muß sich blicken lassen. Er hält sich im Gesichtskreis der schönen, vollhaarigen venezianisch- oder kesselroten Frauen auf; er prostet an den einschlägigen Theken, im jeweiligen Revier der Cliquen. «Ach Udo», sagt dann eine mitten in der Nacht, «ich hab's mal wieder dringend nötig.»

Wenn Udo nicht da ist, muß er den anderen Größen der Berliner Vornamen-Society fehlen. «Kommt Udo auch noch?» fragt der Wirt vom *Popote,* wo durch eine Beziehungsfigur wie Udo immer ein Tisch zu bekommen ist. Auf die Gegenfrage: «Sind Sie hier der Chef?» antwortet dieser: «Ja, ich bin Guido.»

Udos fast polypenhafte Anwesenheit in den Stammtischnischen, aus denen die Echolaute wie von einem familiär eingespielten Lachsackorchester im Lokal aufplatzen, ist im

Grunde rein geschäftlich. Ebenso in den Nachtclubs, deren Türöffner jeden zurückweisen, der ihresgleichen sein könnte. Sie kennen Udo und die aufgekratzte Bande mit den numerierten Armbanduhren, die meistbietenden Rechtsanwälte und ihre ersteigerten Frauen.

«Modische Frauen sind labil», sagt Udo. Die wandern wie die Goldwäscher von Verheißung zu Verheißung. «Die laufen aus Vorwitz überall hin», sagt der Münchner Friseur Herbert Seidlitz. Und «in Treue fest wie alle Frauen, rufen sie noch an der Kasse von Sassoon bei mir an, wenn sie es bereuen». Immer getrieben, sind sie bereit, einen in alles eingeweihten Hexenmeister für einen anderen zu verlassen.

Seidlitz arbeitet ausschließlich in Kabinen, was, verglichen mit den trennwandlosen Salonarchitekturen, die Gespräche vertieft. «Das geht so los», sagt er in einer raffenden Art, «draußen düsteres Wetter oder Föhn, die Kundin auf dem Nullpunkt, du begrüßt sie erst mal üppig und fragst ihr Leben rauf und runter. Dann springst du, modisch gesehen, mit ihr ins kalte Wasser, gibst ihr eine Piccolo, und die Frau wird langsam wieder froh.» Manchmal habe sie selber ein Püllchen mit, dazu ein paar Delikatessen von Käfer. Alles, sagt er, soll ein bißchen stimmen.

Frauen, die Butterbrote auspacken und die Geborgenheit einer Seidlitz-Kabine – goldene Relieftapete, Empireleuchter – mit einem Vorortzug verwechseln, stimmen in diesem Zusammenhang nicht. Kabinen, sagt Seidlitz, gelten als unmodern. In Wahrheit haben die Kollegen nur Angst vor den Raumverlusten.

Doch diese Abgeschiedenheit hinter dem Vorhang liefert den Friseur auch den Offenbarungen der Frauen aus. Sie überfordern seine Anteilnahme und packen nicht nur neue Kleider aus, damit er ihre Wahl bestätige. Sie beichten auch, weil ein erregender Seitensprung sich verdoppelt, indem sie ihn verraten. «Das ist», sagt Seidlitz, «wie in dem jüdischen Witz, wo am

Sabbat auf dem Golfplatz einer alle Löcher trifft und sich dann fragt: ‹Und wem erzählst du das?›»
«Nur mittratschen darf unsereins nicht», sagt Mara Cromer vom Schwabinger Salon *MCM*, «das würde ein Erdbeben in der Society geben.» Nur einen speziellen Fall braucht sie gedanklich einmal durchzuspielen. Der könnte sie schon fünftausend Mark monatlichen Umsatz kosten. Auch wenn es sich um eine Quatschkommode handelt, die ihre Affären selber in Umlauf bringt. Ist diese Dame gesellschaftlich potent, rächt sie sich durch Rufmord am Salon, dann solidarisiert sie eine andere Quatschkommode, dort nicht mehr hinzugehen.
Ruft ein Ehemann im Salon an und fragt: «Ist meine Frau da?» und die Frau ist nicht da, sagt Seidlitz, um eventuelle Katastrophen klein zu halten: «Sie müßte jeden Augenblick kommen» oder «Sie ist gerade weggegangen.» Bei Krankheit schickt er Blumen, zur Geburt eines Kindes «einen Strampler». Der Unterschied des Friseurs Seidlitz zu vielen Kollegen besteht weniger in seinem ausschweifenden Service als darin, daß er ihn nicht verschweigt.
Das trifft auch auf andere seiner konspirativen Leistungen zu. Wenn er vor dem Münchner Bambi-Ball, angenommen, von Ruth Maria Kubitschek wissen möchte, welches Kleid sie abends trägt, um Caterina von Ferenczy vor einem ähnlichen Kleid zu warnen; wenn er spionierend rotieren muß, weil eine am Telefon hängt und sich erkundigt: «Trägt die Grundig heute Weiß?»
Herbert Seidlitz sagt nicht, daß alle Frauen vor ihm gleich seien. Er staffelt sie nach ihrer Exponiertheit. Das widerfährt ihm genauso vegetativ wie sich die Umsatzerwartung im Gesicht eines Juweliers spiegelt, vor dessen Laden einem Rolls-Besitzer aus dem Fond geholfen wird.
Seine gestuften Zuwendungen verdeutlicht Seidlitz an dem Beispiel Wiener Opernball: Acht Damen lassen ihn nach Wien einfliegen, teilen sich seinen Flug und die Übernachtung im Sa-

cher. Ballbeginn ist gegen 21 Uhr 30. Seiner Favoritin steckt er zuletzt die Locken; der am unteren Ende rangierenden Dame werden schon vormittags um elf die Perlen in den Chignon gesteckt.

Doch nicht alles Entgegenkommen spielt in der Sphäre des Rivalisierens, und nicht immer ist der Gesellschaftsfriseur ein Verdunklungshelfer bei Liebesgeschichten. Er muß auch einem Anlehnungsbedürfnis standhalten. «Wenn es auf den Abend zugeht», sagt Seidlitz, «spürst du die Einsamkeit vieler Frauen», die sich ihm schon durch die Worte «Ich hab Zeit» ankündet. Und manchmal «meinst du, die weiß gleich nicht wohin mit der Frisur, obwohl es ihr an nichts mangelt. Dann siehst du die nahenden Tränen und genierst dich, kalt auf Ladenschluß zu machen.»

Bei aller Wichtigkeit ist Seidlitz ohne Übermut. «Die ganz gute Gesellschaft», sagt er, «die nicht auf den Bambi-Ball geht, wo keiner mich bittet: ‹Herbert, die Locke steck mir doch mal nach!›, trifft man beim Bergsteigen in zweitausend Meter Höhe.»

Davor, daß ihre heiße Saison in den eleganten Etagen, in den verwunschenen Grotten und den kühl gehaltenen Laboratorien einmal in einer unauffälligen Existenz versanden könnte, fürchten sich alle charismatischen Friseure.

Mittwochs gegen 14 Uhr 30 betritt Gracia Patricia, Fürstin von Monaco, den Salon *Alexandre* in der Pariser Rue du Faubourg-Saint-Honoré und bestätigt ihre oft erwähnte Schlichtheit. Als ihre Kontrastfigur gilt die Maharani von Beruda, deren Erscheinung jedesmal ein Schlaglicht in den Garten Eden wirft und die Kopfwäscherinnen und Maniküren sich vor der Sintflut fürchten läßt.

Auf der Tageskarte stehen Kalbsnüßchen mit Spaghetti. Es wimmelt von Duchessen und Comtessen, denen Alexandre die Hand küßt. Durch die Permanenz seines Lächelns ist, wie bei jedem beruflich ständig geforderten Muskel, sein Gesicht mimisch nicht mehr aufzutauen.

Auf dem Altarbild «Die Apokalypse des Alexandre» flankieren, in Flammenzungen und jeweils in der Pose der niemals aufzuscheuchenden Sphinx, die Callas und die Taylor ihren Friseur. Alexandre nennt seinen Salon den «Vatikan der Coiffure». Bei der Verabschiedung der Duchesse Salm-Lavallois hört man ihn laut bedauern, am Abend, zum Anstich des jungen Beaujolais, nicht abkömmlich zu sein.
Betritt eine unauffällige Frau die zwei Sessel fassende Edelholzkajüte von Peter in Hamburg-Eppendorf, dann riskiert diese Frau, bei Peter kein «feeling» auszulösen, daß auf den ersten Blick sich Peter schon im klaren ist: «Mit der kannst du nicht, bei der lahmt dir die Rundbürste in der Hand.» Manchmal, sagt Peter, komme er sich gottähnlich vor.
Die Macht des Friseurs steigt, wenn er sich den Friseuren gar nicht mehr zugehörig fühlt und eine berufliche Verwandtschaft zu den Kollegen im weinroten Gummikittel abstreitet. «Denn mit Leuten», sagt Peter, «denen es egal ist, von mir oder einem anderen bedient zu werden, könnte ich ja gleich am Hauptbahnhof arbeiten.»
Jean Louis David bezeichnet sich selber als Antifriseur und ist in Paris eine Wallfahrtsfigur. Seinen Status erklärt er mit dem Beispiel der zwei Ziegen, die sich auf einer schmalen Brücke treffen. Eine der Ziegen sei der Friseur, die andere die Kundin. Diejenige, die zurückweiche, ohne sich dessen bewußt zu sein, sei immer die Kundin. «Denn wir sind keine Kammerdiener mehr, wir bürsten nicht mehr die Haare von den Kleidern.»
Auf diese Selbsteinschätzung reagieren die Frauen masochistisch. «Die warten über drei Stunden auf den Manfred», sagt Mara Cromer über einen ihrer «Topstylisten». Auch Manfred funktioniert nur, wenn er vibrations hat, worunter vom Kunden zu zündende kreative Schübe zu verstehen sind. An manchen Tagen nimmt er zusätzlich drei Captagon. Im ersten Stock bei *MCM* sind die Wände grob mit Putz beworfen, Korbstühle und natürlich Kübelpalmen. Das ist die Abteilung Marrakesch

«oder so», wo der Alltagsverächter Manfred abhebt mit der Schere und zu den Abgewiesenen sagt: «Gehn Se doch runter zu Eddy, der hat vielleicht Zeit.»
Unten bei *MCM* sind die Haarsträhnen wichtiger Kunden in beschrifteten Gläsern ausgestellt, beispielsweise von Fritz Wepper («Fritzchen dreht doch keinen Derrick, ohne daß die Mara ihn gecheckt hat»), von Ferfried von Hohenzollern, von Frau Flick, geborene Prinzessin zu Sayn-Wittgenstein und ein Büschel von Gunter Sachs. Unten ist auch die Topstylistin Gaby anzutreffen. Gaby steht ganz reell auf Prominenz. Und sie ist so unverzichtbar, daß Gunter Sachs sie zum Nachschneiden einfliegen läßt nach St. Tropez und nach St. Moritz.
Gaby ist die weibliche Entsprechung jenes Vorgangs, über den der Hamburger Friseur Peter Polzer sagt: «Haareschneiden ist eine Verletzung, die die Frau lieber durch den Mann vornehmen läßt.» Gaby schneidet vorzugsweise Männer.
Ein Trendsalon ist unbeflissen. Und wer phänotypisch nicht gerade querliegt, wird duzend von ihm eingemeindet. Bei zirka dreißig Frauen täglich muß der Friseur einhundertzwanzig Küsse tauschen, zwei zur Begrüßung und zwei bei der schlingernden Silbe «Tschüüs».
Bei *Jason's Hairpower* in Berlin knallt laute Rockmusik zwischen den Wänden aus Spiegelmosaik, deren Schwindeleffekte durch eine rotierende Spiegelkugel an der Decke und durch die phosphoreszierenden Satinblusen des Personals noch vervielfältigt werden. Ohne Pause arabische Gesänge bei *Bruno*, dem meditativsten Haarschneider von Paris. Sein Salon ist eine narkotisierende Sandelholzkiste. Die Kundschaft trägt Karatekittel und Bruno selber nackte Füße in Sandalen, die nur den großen Zeh durch eine Schlaufe halten.
Keiner sitzt mehr unter der Trockenhaube. «Wir sind fertig mit den Las-Vegas-Schweinelocken», sagt Jason, der in Wirklichkeit Martin Jacobsen heißt, «fertig mit den Stocklocken der Frau Kohl, fertig mit den Skisprungschanzen» und fertig auch

mit Mamie Eisenhowers daumenbreitem Dauerwellenpony. «Die Sekretärin hat keine Lust mehr, der Frau ihres Chefs zu gleichen», sagt Jean Louis David. Es wird nur noch gefönt, «eine Massenpsychose», sagt Seidlitz, «dazu schlecht für die Haare». Dauerwellen trocknen «au naturel» unter geschwungenen Rotlichtlampen, die die Gesichter um Grade schöner machen.

Dicht an dicht wie im Wartezimmer einer Kassenpraxis berühren sich im Salon *Jean Louis David International* die Kundinnen fast mit dem Ellenbogen, was daher rührt, daß die Rue Pierre Charron von den Champs-Elysées abgeht und die Quadratmeter dementsprechend kosten. Außerdem sind die Zeitungen nicht so pelzig zerlesen, weil monatlich allein die *Vogue* in fünfzig Exemplaren ausliegt. Und die Frauen sind in Laune, da sie im Vorfeld der Erlösung sitzen. Denn gleich nachdem eine namenlose Charge das Shampoo erledigt hat, kommt einer, der heißt Gregory, Anastas oder Yvan.

Das Ansehen der Genannten wird an ihrem Umgang mit den Frauen sichtbar. Sie bewegen sich auf der Schwelle zum Belami und benutzen, wenn auch nicht ausnahmslos, die Anrede «mon amour» an Stelle von Madame. Manchmal reichen ihre Dienstleistungen optisch in die Nähe von Erotik. Zum Beispiel, wenn die Frau das Haar nach vorne wirft, um gegen den Strich gefönt zu werden, und dabei ihren Kopf fast an die Leiste des Friseurs bringt. Dann, auf Signal, pianistenhaft zurück mit dem Kopf und ihn zweimal stark verneinend schütteln: Jetzt steht die Frisur.

Vorher schieben die Frauen den Kittel weit über die Schultern, weil nur auf nackter Haut das Haar vollendet fällt. Lesend sieht man keine Frau. Das liegt in der fordernden Anwesenheit des Stylisten begründet. Das würde einen vom Schlage Gregory, Anastas oder Yvan genauso irritieren wie einen Schwertschlucker, den jemand kitzelt.

Dinge über Monsieur Proust

Mittags bringen zwei Juwelenwächter von Cartier die Perlen der Herzogin von Guermantes und Monsieur Swanns oblatenflache, achteckige Taschenuhr in das zwanzig Kilometer vor Paris gelegene Schloß Champs-sur-Marne. Die Männer sehen verschlagen aus. Besonders der eine, der tiefe blaubraune Schatten um seine gelben Augen hat und dessen Blick man nachts für den eines Tieres halten könnte. Beim Auspacken der teuren Stücke aus den wattierten Tüten greift der Gelbäugige in die Perlen wie ein Friseur in einen Lockenkopf, und der andere führt das gedämpfte Schnappen des Uhrenetuis vor. Beide zeigen eine erregte Zufriedenheit, als hielten sie Beute in Händen.

Die Herzogin von Guermantes gibt eine musikalische Matinee. Sie und ihre Gäste gehören dem «gratin» des Pariser Faubourg Saint-Germain an, zu dem Zutritt nur eine hohe Geburt verschafft. Oder jemand erregt als Paria ein spezielles Entzücken wie der Jude Charles Swann, der sein als unfein reputiertes Vermögen aus Börsengewinnen über einem melancholischen Esprit vergessen macht. Die Damen sitzen mit ihrem raumfordernden Cul de Paris etwas schräg in den Sesseln. Und aufrecht hinter ihnen eine dämmernde Spezies aristokratischer Herren, die wie stehende Luft die Fächerbewegungen der Damen zu beschleunigen scheinen. Der Pianist spielt das Intermezzo «Die Vogelpredigt des heiligen Franziskus» von Liszt, wobei sein keilförmiger Künstlerkopf übertrieben auf- und niedergeht.

Volker Schlöndorff hat «Eine Liebe von Swann» verfilmt, ein Kapitel aus Marcel Prousts viertausend Seiten langem Roman «Auf der Suche nach der verlorenen Zeit». Charles Swann, ein Müßiggänger von hoher ästhetischer Verwundbarkeit, die ihn in Halb- und Vierteltönen den Absturz von Kultur in Vulgarität wahrnehmen läßt, liebt Odette de Crécy, eine Kokotte von schlechtem Geschmack. Vor seiner Bekanntschaft mit ihr hatte bei Swann «... wie bei vielen Männern, deren Kunstgeschmack sich unabhängig von ihrer Sinnlichkeit entwickelt, ein bizarrer Gegensatz zwischen dem bestanden, was den einen und die andere befriedigt; im Verkehr mit Frauen suchte er immer derbere, bei den Kunstwerken immer raffiniertere Genüsse...»

Die ausgesuchten Gäste bei den Guermantes werden von Aristokraten dargestellt, von Titelträgern der obersten Kategorie wie den Prinzen Ruspigliosi und Lubomirski. Sie treffen sich in der Frühe um 7 Uhr 15 an der Porte de Vincennes, wo sie ein Bus einsammelt und nach Champs-sur-Marne bringt. Ihre Tagesgage liegt zwischen dreihundertfünfzig und vierhundert Franc. Das ist je nach Bedürftigkeit gar kein Geld oder immerhin etwas. Doch nicht genug, um einen Orangenbaum aus einem kleineren in einen größeren Holzkübel umzupflanzen. Denn einige dieser Leute halten noch ein Schloß.

Beispielsweise die Darblays, die in einem fünfköpfigen Familienverband auftreten – Mutter, Sohn, drei Töchter. Und während der eine Darblaysche Mann seiner Sippe alle Lieblichkeit für sich entzogen hat, haben die Darblayschen Frauen wie Austernmesser knapp gebogene Nasen, sachliche Münder und spatenhaft gerade Gesichtsumrisse. Ihre vierfache kantige Anwesenheit ist die physiognomische Hefe zwischen den weniger entschiedenen Gesichtern. Und so wie Hefe keine Ruhe gibt, sondern sich vorarbeitet, bis alles nach ihr schmeckt, reicht auf einer dicht mit Damen besetzten Chaiselongue schon eine Darblay, um an teure, aus der oberen Hälfte ihrer Boxentüren hinausschauende Pferde zu denken.

Im Unterschied zu den profanen Statisten, die auf dem täglichen Arbeitspapier der Filmproduktion anonym und nur nach ihren äußeren Merkmalen vorkommen – alter Gärtner mit Harke, Kinderfrau mit Haube, vornehmes Mädchen mit Kricketschläger –, sind die Adligen mit Namen aufgeführt: dreimal de Rohan-Chabot, einmal de Breteuil, de Champs Fleuri, de Saint Robert, de Chavagnac, de Chaudenay, de Chazournes, de Nicolai, de Illiers und zweimal de Cambronne. Letztere sind Nachfahren des napoleonischen Generals, der bei der Schlacht von Waterloo «merde» ausrief und dieses Wort als «le mot de Cambronne» benutzbar machte.

Außer den Prinzen, die wahrscheinlich zu arm sind, stehen die Genannten fast alle im *Bottin mondain*, einem seit 1885 existierenden Verzeichnis der Pariser Gesellschaft. In diesem Buch, welches im Rhythmus von zwei Jahren aktualisiert wird, öffentlich nicht einzusehen ist und achthundert Franc kostet, halten sich Adel und Geldbourgeoisie die Waage. Eher verschwindet aber eine Comtesse von ihrem alphabetischen Platz, und ein weiterer Schlumberger rückt nach.

Als in Paris heraus war, daß Volker Schlöndorff Proust verfilmen wird, war die maliziöse Vorfreude auf ein Mißlingen dort kleiner als in Deutschland.

Kein Aufstand von Proustianern, wer immer diese Leute sind, die sich derart zu Hause fühlen in dem Werk, daß sie den Hofhund markieren und anschlagen, wenn ein vermeintlich Unbefugter die Nase hereinsteckt. Öffentlichen Einwand gegen Schlöndorffs Unternehmen gab es nur von dem Schriftsteller und ehemaligen Sartre-Sekretär Jean Cau, der in der Illustrierten *Paris Match* die sich aufhebende Doppelrolle eines Proust-Beschützers und eines Anti-Proustianers übernahm. Jean Cau ist jeder ein Greuel: der treuherzige Vergnügungsleser sosehr wie der mit Proust Verwandtschaft empfindende Sensibilist. Und dessen Untersorte, der Stichwort-Proustianer, dem das muschelförmige Eiergebäck aus der Kindheit des Erzählers eine literarische Hostie ist, den beim Anblick einer «Madeleine» in einer Konditorvitrine die «Suche nach der verlorenen Zeit» befällt.

Für Jean Cau gibt es nur einen proustfähigen Menschen: ihn selber. Und diesen Menschen erreicht eine Art «billet doux» aus dem Grabe Prousts, in dem jener ihn bittet, ihm über das Verbrechen der Verfilmung zu berichten. Und Cau beginnt, die intimste Anrede für Proust, die Naschwerkformel «Mon cher petit Marcel» benutzend, hinunter ins Grab zu berichten:

Über den alpinistischen Ehrgeiz von Regisseuren, die das Massiv Proust einnehmen wollten und darüber gestorben sind wie Luchino Visconti oder denen zwanzig Millionen Dollar fehlten wie Joseph Losey. Über den Vollstrecker Schlöndorff schließlich, dessen Hauptdarstellerin Ornella Muti plebejische, zu grob geratene Hände habe; der sich zu filmen getraut, worauf «Du, o Marcel, Dein begnadetes Facettenauge gerichtet hast, auf die taumelnden Insekten im Schauglas ihrer Leidenschaften. Dieses Auge, wodurch ist es zu ersetzen? Durch eine Kamera?» Doch «Schrei nicht, Marcel! Dein Asthma! Dein Asthma!» Cau versucht Proust dann durch die Mitteilung zu besänftigen, daß die Statisten authentische Aristokraten sind, und zählt sie auf.

Nach einigen Drehtagen im Schloß Champs-sur-Marne zeichnet sich ein Gefälle innerhalb der Adelsgruppe ab. Das mag im gegenseitigen Wissen um die pekuniären Verhältnisse begründet liegen, auch in Schlöndorffs leichtfertiger, wenn auch einfühlsam gemeinter Auskunft, daß einige statt des Geldes lieber eine Kiste Wein als Tagesgage wollen. Wer also will Wein, und wer nimmt Geld? Wer findet Geld unwichtig und kann es deswegen nehmen? Und wer findet Geld wichtig, weil er es braucht?

Die Rohan-Chabot und die Chavagnac gehören dem Pariser Jockey-Club an, der gesellschaftlich wohl geschlossensten Institution der Welt. In diesem 1835 gegründeten Club gab es zu Lebzeiten Prousts neben den Rothschilds nur noch ein jüdisches Mitglied, Charles Haas, der von sich sagte: «Ich bin der

einzige Jude, der es fertiggebracht hat, von der Pariser Gesellschaft anerkannt zu werden, ohne grenzenlos reich zu sein.»
Charles Haas, Sohn eines Börsenmaklers, wurde Prousts literarisches Vorbild für die Figur des Charles Swann, dessen kampflos ihm zufließende Börseneinkünfte ihn ganz seiner Kunstempfindlichkeit und seinen gesellschaftlichen Ambitionen leben lassen. Es sind die gleichen Bedingungen, denen auch Proust seine finanziell unbehelligte Existenz verdankt: Das Geld, das er in Grandhotels ausgeben konnte, das ihn Trinkgelder wie aus einem Füllhorn verteilen ließ, stammte aus dem Vermögen seines Großvaters mütterlicherseits, des jüdischen Börsenmaklers Nathée Weil.
Mit dem zu Ende gehenden Jahrhundert stellt die Pariser Aristokratie nur noch die feinsten Leute, aber nicht mehr die reichsten. Die Herablassung gegenüber dem neuen Geld mündet zwar oft in einer sanierenden Heirat, was nicht bedeutet, daß sich die Herablassung danach gibt. 1895 heiratet der mit Proust befreundete Comte Boni de Castellane, ein Neffe des Prinzen von Sagan, die amerikanische Erbin Anna Gould, um seinen Ruin aufzuhalten. In den Salons wird die Anwesenheit des Grafen, der als Anwärter des Jockey-Clubs seiner Exaltiertheit wegen durchgefallen war, als ergötzend empfunden. Während die von dem englischen Proust-Biographen George D. Painter als klein, dünn und kümmerlich geschilderte Anna Gould keinen Augenblick vergessen machen kann, warum sie dabeisein darf.
Die Dressurakte des Grafen an seiner glanzlosen Frau geraten ihm zur Erheiterung der Gesellschaft. Einem Gerücht zufolge wuchsen ihr längs der Wirbelsäule Haare «wie einer irokesischen Häuptlingsfrau». Worauf der Ehemann zu ihrer Ehrenrettung in Umlauf brachte, er habe sie längst enthaart.
Er lehrt sie, gelassene Antworten zu geben auf Komplimente. Die Überwältigung von Besuchern auf die von ihrem Geld entstehende kolossale Villa, welche dem Petit Trianon in Ver-

«Wer findet Geld unwichtig…

... und kann es deswegen nehmen? Und wer findet Geld wichtig, weil er es braucht?»

Geld braucht offenbar jedermann. Wer es unwichtig findet, hat schon genügend. Wer es wichtig findet, sollte von seinen Möglichkeiten Gebrauch machen.

sailles nachgebildet wurde, beantwortet sie mit der zusätzlichen Auskunft: «Das Treppenhaus wird so ähnlich wie das in der Opéra, nur größer.»
Über dem Reichtum der Anna Gould verliert Comte Boni de Castellane jedes Maß für die Usancen der Adelsklasse, die, ihrer realen Funktion fast ganz enteignet und in Verarmung begriffen, eine verhaltene Sparsamkeit zur Stilfrage deklarieren mußte. Die an Größenwahn grenzenden, verschwenderischen Empfänge des Grafen lassen Alphonse de Rothschild in einer Anwandlung von Mitleid sagen: «Man muß es gewohnt sein, mit so viel Geld umzugehen.»
Zum 21. Geburtstag seiner Frau Anna holt der Graf beim Pariser Stadtpräsidenten die Erlaubnis ein, für dreitausend Gäste einen Ball im Bois de Boulogne zu geben. Die Zeitungen berichten, daß das gesamte Corps de ballet der Opéra tanzte, daß achtzigtausend venezianische Lampen «im Hellgrün unreifer Früchte zwischen den Bäumen des Bois schimmerten», daß fünfundzwanzig Schwäne, gestiftet von dem Millionär in Mehl und Teigwaren Camille Groult, plötzlich aufflogen und zwischen «den Laternen, Gästen und Feuerfontänen mit ihren weißen Flügeln schlugen». Die Comtesse Anna de Castellane, geborene Gould, kostete dieser Ball dreihunderttausend Goldfranken ihres Vermögens.
Über eine von Prousts zahlreichen Gastgeberinnen, die Comtesse Rosa de Fitz James, geborene Gutmann, schreibt Painter, sie habe ein Verzeichnis aller jüdischen Heiraten des europäischen Adels als Geheimwaffe in ihrem Schreibtisch bewahrt. Der Faubourg Saint-Germain, der sich als uneinnehmbarer Adelshorst geriert, hält die hinaufgeheiratete Rosa Gutmann aus Wien zunächst nicht für akzeptabel; läßt sich aber durch die Tatsache, daß ihr Mann, Comte Robert de Fitz James, sie nur betrog, für sie erweichen.
Das Unglück der schwermütigen Comtesse Rosa beschert dem Faubourg nur Kurzweil und bringt ihr den Namen «Rosa

Malheur» ein (nach der Malerin Rosa Bonheur). «Sie wollte einen Salon haben», sagte Comte Aimery de La Rochefoucauld, «brachte es aber nur zu einem Eßzimmer.» Painter schreibt: «Wenn sie anfing: ‹In Wien, wo ich erzogen wurde›, unterbrach sie ihr Mann, der Comte de Fitz James: ‹Sie wollen sagen: großgezogen.›» Eine Freundin meinte ihr gegenüber: «Alle sagen, Sie seien dumm, meine liebe Rosa, doch sage ich immer, das sei übertrieben.»

Der eingeschränkten Wertschätzung für einen aristokratischen Salon, dessen Gastgeberin Jüdin ist, erliegt auch Proust, Sohn einer Jüdin, der in den neunziger Jahren seinen Aufstieg in die höchsten Kreise betreibt. Die Einladung der Prinzessin de Wagram und ihrer Schwester, der Herzogin de Gramont, die Proust 1893 erhält, bedeutet für ihn nur eine Vorstufe zum eigentlichen Gipfel, da beide Damen geborene Rothschilds waren «und ihre Ehemänner durch die Einheirat in jüdisches Geld als leicht deklassiert galten» (Painter).

Da Proust sein privates Leben ausschließlich als Fundstelle für literarischen Stoff anlegt, ist sein gesellschaftlicher Ehrgeiz jedoch nur der eines Rechercheurs und kein Bemühen um persönliche Satisfaktion. Bei den Diners, die er gibt, sitzt er, um besser hinhören und hinsehen zu können, ohne zu essen, auf einem etwas abgerückten Stuhl. Oder er wechselt zwischen den Gängen seine Tischpartner, um jedem Gast die Wichtigkeit zu zeigen, die dieser für ihn hat. Vor allem aber versetzt ihn diese Höflichkeit in die Lage, auch nicht die kleinsten Redemerkmale zu versäumen, nicht die Beschaffenheit einer künstlichen Brombeerranke in einer Frisur, nicht die Anzahl der ausgestopften rosa Dompfaffen auf einem Abendhut. In Deutschland las man Prousts ausschweifendes Sezieren der Gesellschaft zuerst «als Unterhaltungsbeilage zum Gotha» (Benjamin).

Bei einem Diner im *Ritz*, zu dem Proust zusammen mit der Prinzessin Soutzo im März 1919 von Harold Nicolson, einem englischen Delegationsteilnehmer der Pariser Friedensverhandlungen, eingeladen war, machte er den Engländer durch sein detailbesessenes Fragen über dessen Arbeit nervös. Proust unterbrach Nicolson schon nach dem Satz: «Wir treffen uns gewöhnlich um 10 Uhr morgens» und sagte: «Nein, das geht viel zu schnell, fangen Sie noch einmal an. Sie fahren mit dem Dienstauto, Sie steigen am Quai d'Orsay aus, Sie gehen die Treppen hinauf, Sie treten in den Konferenzraum ein. Was geschieht dann?» Nicolson berichtete dann alles diesem «weißen, unrasierten, schmierigen Dinergast», wie er sich über Proust äußerte.

Der asthmakranke und an Schlaflosigkeit leidende Proust, den Walter Benjamin als «vollendeten Regisseur seiner Krankheit und nicht als ihr hilfloses Opfer» empfand, gerät im Laufe seines Lebens immer mehr aus dem Rhythmus von Tag und Nacht. Er schläft bis in den Abend, so daß seine Mutter, um überhaupt einmal mit ihm zusammen zu sein, gegen Mitternacht mit ihm dinieren mußte. Danach erst nimmt er seine gesellschaftlichen Aktivitäten auf, um dann bis morgens zu schreiben.

Prousts regelmäßig spätes Erscheinen auf den Soireen läßt den aufbrechenden Anatole France einmal panisch ausrufen: «Jetzt kommt Marcel – das heißt, daß wir noch bis zwei Uhr morgens hier sein werden!» Proust heftet sich an France und entlockt ihm die Anekdoten des Abends. Danach bittet er Albert Flament, einen anderen Gast, ihn nach Hause begleiten zu dürfen. Aus Gründen gleichzeitig der Menschlichkeit und der Verzögerungstaktik, so Painter, habe Proust den ältesten Kutscher und das hinfälligste Pferd auf der ganzen Avenue Hoche ausgesucht. Doch statt einzusteigen, läßt er den Kutscher hinter ihnen herfahren und fragt nun Flament über die Geschehnisse des Abends aus, um dessen Antworten mit denen von France zu vergleichen und sich ein mehrdimensionales Bild machen zu können.

Dem bald eingeschlafenen Kutscher steckt er eine Handvoll Geld zu, ruft sich einen anderen und bietet Flament eine Fahrt durch den Bois de Boulogne an. Dieser lehnt ab, und Proust sagt: «Ich möchte nicht, daß Sie morgen übermüdet sind – ich weiß, Sie stehen morgens auf wie jedermann sonst, doch sicher müssen Sie hungrig sein.» Es folgt ein Souper im Restaurant *Weber* in der Rue Royale, bei dem der beängstigend erschöpfte Proust mit dem «Aussehen einer Gardenie von gestern» wie meistens seinen Pelzmantel anbehält, für sich nur zwei Birnen bestellt und seinem Gast «das Teuerste, das der Jahreszeit am wenigsten Entsprechende» bestellt. Erst gegen Morgen, den er selber wie ein Nachtgespenst fürchtet, und nachdem er unter den Schnarchtönen des Kutschers noch zwei Stunden mit Flament vor dessen Haustür geredet hat, läßt Proust von seinem Informanten ab.

Im Februar des Jahres 1900 sitzt Proust an einem *Figaro*-Artikel über den gerade verstorbenen englischen Ästheten und Sozialreformer John Ruskin. Wie immer ist es Nacht. Als Proust (der damals noch in der elterlichen Wohnung am Boulevard Malesherbes Nr. 9 wohnt) bei seiner Arbeit an einem sachlichen Detail hängenbleibt, schickt er den Diener seines Vaters (Dr. Adrien Proust, Professor für Seuchenmedizin und Erfinder des Cordon sanitaire) um eine Auskunft zu seinem Freund Léon Yeatman. Der Diener sagt zu dem aus dem Schlaf gerissenen Yeatman: «Monsieur Marcel bittet mich, Monsieur zu fragen, was mit Shelleys Herz geschehen ist.»

In einer anderen Nacht findet der heimkehrende Yeatman diesen «leicht tyrannischen Freund» wegen eines ähnlichen Anliegens allein in seiner Portiersloge sitzend vor. Proust hatte sogar die Schnur gezogen, um ihn einzulassen, und erklärt, Yeatmans Concierge sei krank, ihr Mann müsse Medizin für sie holen und er habe seine Vertretung angeboten.

«Prousts Biographie ist deswegen so bedeutungsvoll», schreibt Walter Benjamin, «weil sie zeigt, wie hier mit seltner Extravaganz und Rücksichtslosigkeit ein Leben seine Gesetze ganz und gar aus den Notwendigkeiten seines Schaffens bezogen hat.»

Schlöndorff wollte ursprünglich den jüdischen Popsänger Art Garfunkel aus New York für die Rolle des Swann. Keinesfalls aber einen Franzosen, wie er sagt, denn die Pariser Gesellschaft habe den Proustschen Swann ja auch für einen Ausländer genommen. Den Swann spielt jetzt der Engländer Jeremy Irons, der von so empfindlicher Schönheit ist, daß er auf dem Satinpolster eines dicht schließenden Etuis zu Hause sein könnte. Die sich stufenweise verschärfende Traurigkeit seines Blicks gelangt manchmal an einen Punkt, an dem sich die Einstichstelle des Weltunglücks zu befinden scheint. Und seine gesamte Erscheinung mit der sicher auch ehrgeizigen Müdigkeit sticht fast die Müdigkeit der aristokratischen Männer von der Statisterie aus.

Während der sich hinziehenden Drehpausen kampieren diese Männer wie gefangene Offiziere meistens wortlos auf den Stufen der inneren Schloßtreppe, als ob sie keinen anderen Zwecken mehr unterliegen und nur noch aus guten Familien stammen. Sie warten, bis der Ansturm vor den großen Mannschaftskannen für Tee und Kaffee vorüber ist. Und wenn sie endlich einen Plastikbecher unter die Zapfstelle halten, riskieren sie, daß eine Dame einen zweiten Kaffee möchte und für sie selber aus der dann schräg zu haltenden Kanne nichts mehr kommt.

Nur der polnische Prinz Lubomirski ist hellwach der Tagesgage wegen hier. Seine Schuhe sind durch einen altersbedingten Dreiecksfuß an den Innenseiten brüchig. Lubomirski kümmert Proust wenig. Ihm sind dessen Sätze zu lang, so daß er nur mit der Rhythmushilfe eines geschlagenen Tamburins oder eines tickenden Metronoms am Ende deren Sinn erfassen könnte.

Im Deutschen, sagte der Prinz aus einer plötzlichen Kaprize heraus, verabscheue er die beiden Grußformeln «Ahoi» und «Tschüs». Doch über alles liebe er Rilke, dessen Grabspruch er mit halbgeschlossenen Augen aufsagt: «Rose, oh reiner Widerspruch, Lust/Niemandes Schlaf zu sein unter soviel/Lidern».

Diesen drei Zeilen habe er eine Paraphrase gewidmet: «Rose, Du bist das Bild der Liebe! Zu Dir steigen wir/Durch krallenhafte Siebe». Während er sie preisgibt, nimmt er aus Höflichkeit gegenüber Rilke die vorangegangene Anbetung aus seinem Gesicht.

Als Schlöndorff die Idee kam, die Proustschen Salonszenen mit Adel zu besetzen, konnte er nicht ahnen, daß es Andrang geben würde und schließlich die üble Situation, Bewerbern, die seinen optischen Vorstellungen nicht entsprachen, absagen zu müssen. Es sollten viele große Nasen zusammenkommen, eine spezifisch herablassende Häßlichkeit, die Prousts Romanheld Swann empfindet, als er nach dem Anblick der strammen Bedienten mit ihren neuen, herkunftslosen Gesichtern «jenseits des Tapisserievorhangs» die aristokratische Gesellschaft betritt.

Die Frauen vor allem müssen begierig gewesen sein, in dieses Pandämonium aufgenommen zu werden. An den Frisier- und Schminktischen im Kellergewölbe des Schlosses wird erzählt, eine habe für ihre Teilnahme an dem Proust-Film eine schwarze Messe gehalten. Und vorbeugend, für den ehrenrührigen Fall, nicht mitmachen zu dürfen, sei eine Comtesse auf die Seychellen abgereist, um dadurch ihre Abwesenheit im Salon der Guermantes zu erklären. Solche mokanten Details muß Marie-Christine von Aragon in Umlauf gebracht haben, denn sie war mit dem Rekrutieren der adeligen Statisten befaßt. Als Namensträgerin kannte sie ohnehin die meisten. Und für den Rest hatte sie im *Bottin mondain* geblättert und in den Avenuen hinter dem Arc de Triomphe herumtelefoniert.

Auch Schlöndorff brachte Adelskontakte ein, wenn auch nicht in dem Ausmaß, wie er es in den ersten Meldungen über sein Proust-Projekt glauben machte, daß nämlich die gesamte Aristokratenkulisse aus Freunden und Klassenkameraden bestehen werde. Dies trifft nur auf Philippe de Saint Robert zu, Kommentator bei *Le Monde*, und den Industriellen Roland de Chaudenay, die mit ihm zusammen das Jesuitenkolleg in Vannes besucht hatten. Solche, in ihrer Richtigkeit zwischen Gramm und Doppelzentner differierenden Auskünfte sind symptomatisch für künstlerische Magnaten, die ihren Mitarbeiterstab zwar dauernd loben, bei dem gutplazierten Veilchenstrauß am Gürtel der Hauptdarstellerin aber glauben, er stecke nur gut, weil sie das Beste aus ihren Leuten herausholen.

Alain Delon spielt den Baron Palamède de Charlus, unter Prousts Romanfiguren diejenige, die über alle glänzenden Eigenschaften eines Satans verfügt, daneben jedoch freundschaftsfähig ist. Charlus ist ein gnadenloser Ästhet gegenüber weiblicher Schönheit und etwas weniger gnadenlos, weil ihrer körperlichen Liebe bedürftig, gegenüber jungen Männern. Für Charles Swann, der sich in seiner eifersüchtigen Liebe zu der Kokotte Odette zugrunde richtet, ist Charlus ein konspirativer Vertrauter, den er um detektivische Dienste angeht. Den er sogar bitten kann, mit Odette auszugehen, um sie zumindest für Stunden, die sie sonst ohne sein Wissen verbringen würde, auf diese Weise an sich zu binden.

Gemessen an den vorangegangenen Tagen bringt das Auftreten von Alain Delon am Drehort eine atmosphärische Erschütterung. In einem übergroßen Bewußtsein für seine Besonderheit hat er sich die Anwesenheit jeder unbefugten Person verbeten. Das bedeutet sogar für Nicole Stéphane (Tochter des Baron James de Rothschild), die 1962 Marcel Prousts Nichte Suzy Mante-Proust die Verfilmungsrechte für die «Recherche» abkaufte, daß sie sich jederzeit wie die Hilfskraft einer verantwortlichen Schneiderin verhält, welche mit dem Nadelkissen bereitzustehen hat.

Die Stille muß nicht erst durch die vielen jungen Männer hergestellt werden, die über ihre Walkie-talkies «Silence» rufen und deren hierarchisch gegliedertes Assistententum am niedrigsten und am lautesten ist, wenn sie im Schloßgarten einen Gärtner anfahren, weil er mit der Buchsbaumschere schnappt. Es herrscht jedoch keine geneigte Stille, wie sie ein Papst erwarten kann, der von seinem Balkon seine vielsprachigen Osterwünsche auf den Petersplatz hinuntersagt. Vielmehr ist sie angespannt, als müßte eine Ladung Nitroglyzerin über eine Holperstrecke transportiert werden.

Einer als Gerücht getarnten Tatsache zufolge war die Mitwirkung Alain Delons eine Bedingung der französischen Produktionsfirma Gaumont, die mit siebzig Prozent an dem insgesamt acht Millionen Mark teuren Film beteiligt ist; entsprechend das Verhalten dieses halbalten oder halbjungen Mannes von achtundvierzig Jahren, der wie auf einem Wohltätigkeitselefanten sein Dabeisein abheben muß und bei dem eine Regieanweisung solche starken Widerstände auslösen kann, als hinge er an einem sich plötzlich entfaltenden Bremsballon.

Alain Delons Erscheinung wirkt zuerst einmal stärker als seine Tätigkeit. Er ist auf Charlus hergerichtet. Und Charlus ist das von Proust geschaffene literarische Ebenbild des Grafen Robert de Montesquiou, dessen Portrait der versammelten Adelsstatisterie geläufig ist. Dafür sieht er zu sehr nach einem Karnevalspiraten aus, etwas zu zirzensisch mit seinen wichsschwarzen Augenbrauen und dem ebenso schwarzen Schnurrbart. Vielleicht hat Delon bei aller Erinnerung an seine erotischen Verbrecherrollen noch zuviel unbedeutende Güte im Gesicht für eine so degenerierte Figur, die durch das Zusammenspiel von aristokratischer Kultiviertheit und unbehauster Homosexualität die Phosphorfarben der Galle abstrahlt.

Die gesellschaftliche Bedeutung des Grafen Robert de Montesquiou lag vor allem «im hohen Snobwert eines adeligen Intellektuellen» (Painter). Er schrieb Verse, die er mit oratorischem Überschwang, fuchtelnd, singend, schaukelnd und sich selber «an die Drähte aller möglichen Puppenfiguren hängend» in den Salons oder auf eigenen Soireen in seinem in Passy gelegenen Palais Rose vortrug. Auf die leiseste Bewunderung, etwa auf die Bemerkung «Wie schön!», liefen seine Gäste Gefahr, daß er das Ganze noch einmal wiederholte. Die besten Imitatoren seiner mimischen und stimmlichen Exaltiertheit waren Charles Haas (Prousts Modell für Swann), der Montesquious «schneidendes, schleppendes Gemauschel» besonders gut beherrschte, und Marcel Proust selber.

Proust ließ sich manchmal schon im Beisein der Garderobiere, während er für ein Diner den Mantel ablegte, von Freunden dazu animieren, nachzuahmen, wie Montesquiou beim Lachen seine kleinen schwarzen Zähne hinter der Hand verbarg.

Proust unterhielt zu dem fünfzehn Jahre älteren Montesquiou (geboren 1855) eine komplizierte, oft gereizte, durch das Gleichgewicht ihrer schrecklichen Wahrnehmungsfähigkeit jedoch beständige Freundschaft. Während Proust den Grafen seines rosa überpuderten, plissierten Gesichtes wegen mit einer Moosrose verglich, nannte sich der Graf selber «ein Windspiel im Paletot» und wünschte, daß die Bewunderung für seine Person «sich zum körperlichen Verlangen steigert».

Sein Palais Rose war «vollgestopft mit einem Wirrwarr ungereimter Gegenstände», notierte Edmond de Goncourt 1891 im Tagebuch. Neben Radierungen von Whistler gab es ein Gemälde von Boldini, auf dem nur die Beine seines Sekretärs Gabriel d'Yturri in Radhosen zu sehen waren, eine Zeichnung vom Kinn seiner Kusine, der Comtesse Greffulhe, deren Lachen Proust an das Glockenspiel von Brügge erinnerte, sowie einen Gipsabdruck von den Knien der Comtesse Castiglione, einer Geliebten von Napoleon III., von Montesquiou selbst dann noch verehrt, als sie, um niemandem den Verfall ihrer Schönheit zu offenbaren, ihre Wohnung an der Place Vendôme nur noch nachts verließ. Im Bad des Grafen bestachen Proust die «zarten Pastellfarben von hundert Krawatten» in einer Vitrine sowie eine darüber hängende «leicht anrüchige

Fotografie» des Akrobaten Larochefoucauld in Trikothosen.
Gegen Ende seines Lebens – er starb 1921 – wurde sich Montesquiou immer mehr bewußt, nur als Person Stoff für Literatur hergegeben zu haben, selber als Schöpfer von Literatur jedoch nicht zu zählen. Verwandt mit dem Großteil des europäischen Adels, war er Prousts wichtigster Helfer für dessen Entree in der eiskalten Sphäre des Faubourg Saint-Germain, in Prousts «Welt der Guermantes». Eigentlich, sagte er 1920, «sollte ich mich von nun an Montesproust nennen».
Auf seinem letzten Fest wurden «die wenigen erschienenen Gäste bei weitem von den Kellnern übertroffen» (Painter). Seine ihn immer mehr isolierenden Streitereien nannte er einen Prozeß, «in dem das Gestrüpp sinnloser Freundschaften zurückgeschnitten wird, so daß sich die Alleen weiten, die in meine Einsamkeit führen». Nach seinem Tod fürchtete der «gratin» von Paris, die crème de la crème, seine Memoiren. Auch Proust, der kurz vor seinem eigenen Tod stand, erkundigte sich nach juristischen Möglichkeiten, eventuelle Desavouierungen seiner Person zu unterbinden. Doch Montesquiou, von dem es immer geheißen hatte, daß er einen Freund für ein Epigramm opfere, schrieb über Proust nichts Schlimmeres, als daß er in einem chaotischen Schlafzimmer lebe und daß dessen Genie auf Kosten seines eigenen anerkannt worden sei.
Ankunft von Charlus und Swann auf der musikalischen Matinee bei den Guermantes. In den Treppennischen statuarisch postierte Livreeträger. Über das Früchtedessin auf dem Kleid eines Mädchens sagt Charlus: «Ich wußte gar nicht, daß junge Mädchen Frucht tragen.» Charlus hat sich seiner Jacke entledigt, hält zwischen den Zähnen eine Zigarre und fragt einen jungen Diener, ob er seinen Rohrpostbrief erhalten habe und kommen werde? Der Diener wird rot, ohne es spielen zu müssen.
Delon ist gut. Und am Ende dieser Szene geht er jedesmal wie

aus Verlegenheit über Schlöndorffs Zustimmung grimassierend aus dem Bild. Danach muß er dem Majordomus an die Nase fassen. Es ist eine dieser souveränen Unverschämtheiten des Baron Charlus. Den Majordomus spielt Pierre Celeyron, Manager im Hause Coco Chanel. Er hat eine große, dünne, an die kompliziert geformte Rückenflosse eines Kampffisches erinnernde Nase. Charlus berührt sie mit dem Zeigefinger und sagt «pif!».

Die Entourage des Alain Delon besteht aus schweren Männern, die dadurch, daß unter ihren Jacken Colthalfter zu vermuten sind, noch schwerer wirken. Auch der einzige, an diesem Tag zugelassene Fotograf sieht so aus. Delon wiederholt für ihn unzählige Male das «Pif» mit Celeyrons Nase, als ob sie unempfindlich sei wie der blankgeküßte Bronzefuß eines Wallfahrtsheiligen. Er tut es so oft, bis Celeyrons Lächeln immer dünner wird und schließlich an einen Punkt gelangt, wo es um Hilfe bittet.

Celeyron schmerzt die Nase, und beim Kaffeetrinken später mit den Adelsstatisten schildert er sein Befinden so, als sei er geschändet worden. Edith de Nicolai sucht sich im Prinzen Lubomirski einen Partner, um über Delon zu reden. Nein, es ist vielmehr ein scharfes Flüstern. Er sei vulgär, flegelhaft. Er verderbe die angenehme «Proustification» dieser Tage.

Die schöne Joy de Rohan-Chabot macht sich mit solchen Einlassungen über ein Findelkind nicht gemein. Der Gotha weist ihre Familie bis ins 11. Jahrhundert nach. Auch in Prousts Biographie wimmelt die breite Cousinage der Rohan-Chabots und der Rohans. Eine Herzogin Herminie de Rohan-Chabot unterhielt beispielsweise einen «gemischten» Salon, den sich ihre Tochter, die Prinzessin Marie Murat, glaubte nicht zumuten zu können und die dem Diener einmal auftrug: «Sagen Sie meiner Mutter, daß ich sie wegen all dieser Dichter nicht habe begrüßen können.» Diese gleiche Herzogin hatte dem Dichter Verlaine erst Jahre nach dessen Tod eine erste Einladung zugeschickt.

Und es gibt das Detail aus Prousts Leben, daß er 1917 dem Diener des Herzogs von Rohan, einem gewissen Albert Le Cuziat, dabei behilflich war, das Hotel *Marigny*, ein Männerbordell in der Rue de l'Arcade 11, zu eröffnen. In seinem Verlangen nach Sittenlosigkeit und dem Schauder des Sakrilegs möblierte Proust, der zum Leben und Schreiben nur noch ein Bett und einen Beistelltisch brauchte, Le Cuziats Bordell mit den «zweitbesten» Stühlen, Sofas und Teppichen aus dem Nachlaß seiner Eltern.

Die Statistin Joy de Rohan-Chabot legt Wert auf Vereinzelung, als ob ihre Gründe, hier dabeizusein, sich von den Gründen aller anderen stark unterscheiden. Sie nimmt nie an einem Gelächter teil und sagt auf die Frage «Ein oder zwei Stücke Zucker?» mit einer fast somnambulen Leutseligkeit: «Danke, gar keines.» Daß sie immer abseits auf einem Tisch sitzt, mag auch mit den Stoffmassen ihres schwarzrot-karierten Taftkleides zu tun haben, das nicht aus Viscontis Belle-Époque-Fundus zu stammen scheint. Zumindest wirkt es ungetragen und ist, durch die figürlichen Abweichungen vieler Statistinnen, in der Taille nicht so zernäht wie das von Nathalie de Chazournes. Letztere verfügt über den historischen Begriff «isabellefarben» für ihre schmutzig-weißen Ärmelspitzen und den Grundton ihres Kleides, das in der stockfleckigen Truhe eines gesunkenen Schiffes überdauert haben könnte. Der Legende nach, sagt Nathalie de Chazournes, habe sich Isabella von Kastilien so lange nicht gewaschen, bis Granada von den Mauren befreit wäre.

Der Faubourg Saint-Germain im 7. Pariser Arrondissement ist keine bazillenfreie Gegend, wie sie es, der sozialen Reputation ihrer Bewohner entsprechend, beispielsweise in Hamburg wäre. In den engen Straßen herrscht der geräuschvolle Terror der Lieferanten des Kleinhandels, die ihre Kisten auf- und abladen und profane Gerüche hinterlassen. Das Feine, die Stille und der hochbesteuerte Reichtum liegen hinter den schwarzgrünen Portalen, die flankiert sind von zwei rundköpfigen Steinen mit dem Spielraum für eine Kutsche.

Hier liegen die «Hôtels particuliers», die Stadtresidenzen, in denen der Paria Proust mit seinen Augen, die «durch die Vampire der Einsamkeit schwarz umringt waren», die Äußerlichkeiten der höchsten Kreise notierte; wo er eine schon «marode Adelsgesellschaft» vorfand und nur durch sein Werk «memoirenwürdig» machte (Walter Benjamin). Es ist das Terrain der Comtesse de Chevigné, die stolz war, eine geborene de Sade zu sein, und der Comtesse de Greffulhe, die die Ausflüge ihres Mannes mit «den kleinen Matratzendamen» belächelte und ihren Freund, den deutschen Kaiser Wilhelm II., brieflich bat, ihr die Wahrheit über Dreyfus zu sagen.

Und so wie Proust manchmal die Merkmale einer realen Einzelperson auf mehrere Romanfiguren verteilte, vereinte er das elitäre Selbstverständnis und die verschieden geartete Schönheit der beiden Comtessen in der Figur seiner Herzogin von Guermantes; im Film ist es Fanny Ardant. Für deren Witz und Lust am Paradox fand er jedoch sein Modell in der Jüdin Geneviève Straus, geborene Halevy, Witwe von Georges Bizet, Frau von Emile Straus, dem bevorzugten Rechtsanwalt (und gerüchteweise illegitimen Halbbruder) der Barone Alphonse, Edmond und Gustave de Rothschild.

Als Proust in den neunziger Jahren ihre Bekanntschaft machte, führte sie einen Salon, in dem, obwohl er als bürgerlich zu klassifizieren war, auch der adelige Faubourg Saint-Germain verkehrte. Es oblag allerdings nicht mehr den Aristokraten, diesen Salon aufzuwerten. Vielmehr erlebten sie hier eine Umkehrung ihres geborenen Ansehens: Sie mußten den Kriterien der Madame Straus genügen, welche die Auswahl ihrer Gäste nach deren Intelligenz traf.

Wohnung Charles Swann, Faubourg Saint-Germain, Rue du Bac 97. Die Kokotte Odette de Crécy besucht ihre neue Eroberung. Es ist ein Milieu, welches in nichts ihrer Vorstellung von der Lebenssphäre eines reichen Mannes entspricht. Die Zimmer sind durch schwere Portieren und Holzverkleidung, dicht gehängte Bilder und Dokumente von einer studierstubenhaften Dunkelheit; eine einzige Antiquitätengruft voller Gegenstände, deren Kunstgehalt sich ihr nicht erschließt. Dieser ernsthafte Ramsch mit seinen Nuancen ist das genaue Gegenteil von den originellen Dingen, die Odette in ihrer Villa herumstehen hat, ihrem mit Türkisen ausgelegten Dromedar, ihrem auf einem Drachenrücken einbeinig stehenden Reiher, ihrer Opalinvase, die aus einem geöffneten Bronze-Ei wächst.

Der kunsttheoretisch dilettierende Swann zeigt ihr Vermeers «Ansicht von Delft», über die er gerade arbeite. Und Odette erkundigt sich, wo in Paris sie diesen Maler kennenlernen könne. Auf ihre Frage «Und hier schlafen Sie?» erfährt Odette, daß es das Bett Richelieus gewesen sei, eine Auskunft, die nicht imstande ist, ihr dieses schmale Bett aufregender zu machen.

Es ist nicht «chic» bei Swann, kein Platz, an dem ihre «at homes», ihre Teezeremonien à la mode vorstellbar wären. Bei einer Freundin, sagt Odette zu Swann, sei auch alles «de l'époque». Und als Swann sie fragt: «Aus welcher?», antwortet Odette, «mittelalterlich, mit Holztäfelung überall». Swann ist krank nach dieser Halbweltfrau mit ihrem Tea-Time-Englisch, nach dieser Zeitgeistfigurine mit ihrem aktuellen Geschmack.

Die Rolle der Odette spielt die Italienerin Ornella Muti. Sie ist eine vollkommene Vorstadtschönheit. Ihr Gesicht besteht, ohne Kulturattribute wie «nervös» oder «edel» zu erfüllen, aus wunderbaren Einzelheiten: aus aggressiv, schräg aufwärts wachsenden Augenbrauen, aus weitstehenden, langen gelbgrünen Augen, aus einer zugunsten des provozierenden Mundes unauffälligen Nase. Sie hat von Natur aus blaßlila Schatten unter den Augen, die sie immer etwas übernächtigt aussehen

lassen. Sie kann bedenkenlos lange mit offenem Mund lachen, wobei auch die Intaktheit ihrer Backenzähne sichtbar wird.
Die Garderoben und die Organisation liegen in einer sich über mehrere Etagen ausdehnenden Nachbarwohnung. Vor hundertneunzig Jahren wohnte hier die literarisch begabte und auch anerkannte Prinzessin Constance-Marie de Salm-Dyck. Heute gehört die Wohnung einem Pariser Traumatologen, Professor Lemaire, der dem Schlöndorff-Team für zweitausendachthundert Franc am Tag ein paar Wirtschaftsräume vermietet hat. Die beschleunigte Atmosphäre, die von den Filmleuten ausgeht, dringt jedoch nicht bis in die Salons. Lemaire hat sie restaurieren lassen, jeder Hocker «de l'époque», sogar die Duftkräuter in einer Sèvres-Schale. Lemaire selbst bewegt sich mit einer benutzungsfeindlichen Sorgfalt zwischen seinem Eigentum. Und die Vorstellung fällt schwer, wo er, seine distinguierte Frau und seine beiden sanften Kinder die Teetassen absetzen werden, die der schwedische Butler Pierre – mit Schürze über hautengen Dienerhosen – in der Teeküche, die jetzt das Regiebüro ist, auf einem Tablett stapelt.
Den finanziellen Atem für Residenzen wie diese, sagt Hervé Grandsart, haben heute fast nur noch Apotheker und Ärzte. Grandsart ist bei «Les Films du Losange», einer Tochter von Gaumont, eine Art Privatgelehrter in Geschichte. Sein Wissen über die alten Häuser von Paris ist mit der Kompaktheit eines Bohrkerns zu vergleichen. Er kennt sie bis in die Tiefe ihrer Höfe und den gesellschaftlichen Stellenwert ihrer historischen Vorbenutzer.
Eines der Lemaireschen Kinderzimmer ist Ornella Mutis Garderobe. Über sieben Stunden steckt sie in der Korsage, die so eng geschnürt ist, daß sie nur rauchen kann. Es sei denn, sie würde wie ein Kolibri mit einer Pipette gefüttert. Schlimmer jedoch als das ununterbrochen eingepreßte Herumsitzen sei ein vorübergehendes Lockern der Verschnürung. Denn dann,

sagt sie, tue es, sobald sie wieder ins Kleid zurück müsse, doppelt weh. Den Hauptschmerz empfinde sie abends auf ihrem Bett im *George V.*, wenn die Eingeweide wieder ihre natürliche Lage einnehmen.

Ornella Muti hat eine baltische Mutter und spricht ein sinnlich angerauhtes, etwas krächzendes Deutsch. Die Odette ist thematisch ihre seriöseste Rolle, auch die, in der sie am meisten bekleidet ist. Boulevardblätter nannten sie schon «die schönste Frau der Welt», was ihr keine Zumutung ist, doch etwas lächerlich und in einer Beziehung sogar nachweisbar falsch, da sie keine feinen Gelenke habe. Sie ist beim Film, weil sie schön ist und ihre totale Appetitlichkeit nie an eine überflüssige Enthüllung denken läßt. Unvorstellbar, daß sie in einem Anfall von künstlerischem Todernst den Büstenhalter ausziehen würde, wenn das, was sie zeigen müßte, nicht schön wäre.

Ornella Muti fürchtete sich etwas vor dem gigantischen Renommee dieser Liebesgeschichte von Proust, vor der Ambition des Films, der ja fast ohne Handlung ist, immer nur psychologische Momente hat mit dem Nervtöter Swann, dem vor lauter Eifersucht die Augen täglich tiefer in die Höhlen fallen. Sie hat nur das Drehbuch bei sich liegen, nicht wie Swann-Irons noch eine kleine Handbibliothek. Sie ist keine Diskutierschauspielerin, die den modernen, feministischen Aspekt der Odette beim Abendessen klären will. Über die dosierte Hingabe dieser Frau ist weiter auch nichts zu sagen: Sie tut gut daran, diesen kulturverdorbenen Mann in Unruhe zu halten, denn er kann nur durch die Stimulanz des Mißtrauens lieben. Das ist der Muti nicht zu hoch.

Auf einem Fest, das Jeremy Irons in der Mitte der Drehzeit für die Filmbeteiligten gab, saß Ornella Muti meistens in ihrer Ecke. Die jungen Männer der Technik, die Chauffeure und Assistenten trauten sich nicht, um untereinander nicht als Opportunisten zu gelten, mit ihr zu tanzen. Und da es ein Fest für das

Team war, nahm die Muti das wörtlich und setzte sich nicht in die oberen Räume ab, wohin sich die Proust-Zirkel zurückgezogen hatten, wo der Generaldirektor von Gaumont, Daniel Toscan de Plantier, über die körperlichen Zutaten zur Herstellung eines weiblichen Stars redete, wo der Geburtstag einer Rothschild-Frau begangen wurde, wo Schlöndorff in seiner kartonhaft trockenen Art den Ausstatter wissen ließ, daß er das Bett der Odette atmosphärisch paradiesischer und gleichzeitig billiger haben wolle.

Als Ornella Muti unter der Obhut ihres römischen Friseurs zurück ins Hotel gegangen war, erschien plötzlich Hanna Schygulla in Begleitung des Drehbuchautors Jean-Claude Carrière. Der Vermieter des Hauses, in dem dieses Fest stattfand, ein Monsieur Cassegrain, reagierte wie von der Tarantel gestochen, indem er Flasche um Flasche Champagner auffahren ließ. Denn jetzt, mit der Schygulla, war wirklich Film in seinem Haus. Auch Schlöndorff kippte fast in eine Kameradenseligkeit hinein, die alten Zeiten, das undankbare Deutschland, das Gefühl der Franzosen für eine Frau wie die Schygulla, ungesagt natürlich auch für ihn.

In Frankreich, so könnte diese Stimmung gedeutet werden, sitzen die fähigen Deutschen wirklich im Speck der Reputation. Währenddessen lehnt Hanna Schygulla mit gerecktem Gesicht am Buffet, mit ihrem informierten Lächeln und dem immer geraden Blick. Und im Vertrauen gesagt, sagt Schlöndorff, wäre die Schygulla seine «Traum-Odette» gewesen. Doch da war der Himmel vor.

In der Ortschaft Montfort-l'Amaury bei Versailles lebt in einer kleinen Villa Céleste Albaret, die von 1913 bis zu seinem Tode am 18. November 1922 Marcel Prousts Haushälterin war. Sie ist zweiundneunzig Jahre alt. Ihre Gebrechlichkeit, während sie ins Wohnzimmer tritt, legt sich mit dem Moment, wo sie sitzt und ins Erzählen kommt. Man muß sich in die schleppenden Übergänge ihres Sprechens einhören, danach aber, obwohl

das zu sagen unhöflich ist, ist sie ein Wunder an Wachheit, Frechheit und erinnerten Details.
Es scheint ihr Lebenselixier zu sein, immerzu Leuten Dinge über Monsieur Proust mitzuteilen. Ein Übel, das sie aber nur lächeln läßt, sind die Herrschaften, die der gesellschaftlichen Schicht von Monsieur Proust angehören und ihr die Lebensnähe zu ihm mißgönnen; die eifersüchtig sind auf das Zahnpulver, das sie ihm nachts, wenn er ausging, vom Revers wegwischen mußte.
Es ist kein Verfolgungswahn einer alten, sich wichtig nehmenden Frau. Nicole Stéphane de Rothschild, die Besitzerin der Filmrechte, fände die Wahrheiten der Albaret auch besser unter Verschluß. Als wäre es Wissen in einem unbefugten Kopf; als fehle diesem Kopf ein Wahrnehmungshelfer aus den gebildeten Kreisen, der Prousts Bedürfnis nach einer Wärmflasche noch eine andere Deutung gibt als die, daß ihm kalt war. Schließlich erzählte er keiner Comtesse auf keinem Diner im *Ritz*, daß «nachdem er dreitausendmal gehustet habe, seine Bronchien wie gekochter Gummi seien».
Céleste Albaret bemutterte einen durch Asthma, Koffein, Adrenalin, Morphium und Veronal geschwächten Riesen. In dieser Aufzählung bestätigt sie nur das Asthma, gegen das er seine täglichen Räucherungen mit dem «Poudre Legras» unternahm. Er habe nach seinem Erwachen gegen vier Uhr nachmittags den Puder auf einer Untertasse angezündet, und die Luft in dem ohnehin überheizten Zimmer sei zum Schneiden dicht gewesen. Danach klingelte er nach ihr und wollte seinen Milchkaffee. Da Krieg war und sein bevorzugter Bäkker Soldat hatte werden müssen, nahm er auch kein Croissant mehr zu sich.
Für sie war es der Milchkaffee, der Monsieur Proust wach machte. Und wenn er bei Kräften schien, war es die Seezunge, die sie ihm gebraten hatte und an der er wie eine botanisierende Ziege herumpflückte, damit Céleste Albaret den Eindruck ge-

winnen konnte, er habe davon gegessen. Von dem chemischen Wettstreit zwischen dem beschleunigenden Adrenalin und dem Schlafvollstrecker Veronal, der gegen seinen Tod hin immer schärfer wurde, weiß sie nur die Symptome, die sich ihr mitteilten: sein ständiges Frieren zum Beispiel, gegen das sie ihm bis zu fünf Pullover um die Schultern legen mußte, die ihm dann nach unten rutschten «und in seinem Rücken einen Lehnstuhl ergaben».

Sie war immer gefaßt auf seinen plötzlichen Wunsch nach geeistem Bier, das nur aus dem *Ritz* sein durfte und zu jeder Stunde der Nacht von ihrem Mann Odilon, Prousts Chauffeur, dort besorgt werden konnte. In dem Oberkellner des *Ritz*, einem Basken namens Olivier Dabescat, hatte Proust eine Art Zuträger, den er dafür bezahlte, in Gespräche hineinzuhören, sich für ihn die Pointen und Zwischenfälle eines Abends zu merken. Olivier ließ ihn auch wissen, wenn wieder Militärpolizei aufgetaucht war, die gegen Kriegsende «nach männlichen Dinergästen mit heilen Gliedern» Ausschau hielt. Denn der von Krankheit gezeichnete Proust mit seinem «Gesicht von der Farbe im Keller gebleichter Endivien» dachte ernsthaft daran, im *Ritz* als Deserteur verhaftet werden zu können.

Wenn Proust nach einer Hustenattacke zum Reden zu schwach war, schrieb er seine Wünsche in einer weitschweifigen, durch Freundlichkeiten gemilderten Befehlsform auf einen Zettel. In Nächten, in denen er von einer Gesellschaft heimkehrte oder auch aus einem Männerbordell, erzählte er seiner Haushälterin bis zum Morgen seine Erlebnisse. Dabei bat er sie nie, sich hinzusetzen. Sie habe, sagt Céleste Albaret, in all den Jahren nur am Fußende seines mit blauer Seide bespannten Kupferbettes gestanden. Einen Umstand, den sie auch heute nicht beklagt. Sowenig wie sie die Homosexualität von Monsieur Proust bestätigt. Seine Ausflüge in diese Sphären geschahen einzig zu Studienzwecken für sein Werk. Auf seine Frage: «Was soll ich Ihnen nach meinem Tode geben, meine liebe Céleste?»

habe sie in aller Naivität geantwortet, sie wolle nur die Autorenrechte seiner Bücher.
1913 erscheint im Verlag Grasset der Roman «In Swanns Welt», in dem «Eine Liebe von Swann» ein Teil ist. Proust hat das Buch auf eigene Kosten verlegen lassen. Die Kulturredakteure der Pariser Zeitungen bittet er, bei Rezensionen die Wörter «zart» und «subtil» zu vermeiden.

Das Französische poliert den Schrecken

Die Wahrscheinlichkeit, das Phantom Hans R., diese Chiffre für Glück, anzutreffen, ist größer als ein Gewinn auf «plein». Zwischen dem 21. Dezember des vergangenen und dem 15. Januar des neuen Jahres hatte sich Hans R., der «Casino-Schreck» von Bregenz, siebenmal an den Spieltischen blicken lassen und 1,4 Millionen Mark weggetragen. Dagegen steht die Mutmaßung, es gebe ihn gar nicht; er sei einfach eine animierende Erfindung, um schlafende Hunde zu wecken, eine Verheißung für Spieler.

Die Roulettspieler auf den Casinoprospekten entsprechen jenen geselligen Verbrauchern aus der Werbung, die sich auf den Zuruf eines Fotografen hin für Henkell trocken totlachen. Hier tun sie es etwas gedrosselter und mit weniger exponierten Zähnen. Ein Herr trägt eine senkrechte Verlustfalte zwischen den Augen, während er aufs Tableau sieht; eine Frau, gerade so dosiert schön, daß sie keinen Wirbel macht, placiert mit nacktem Arm und innerlich bei Laune eine Transversale; die dahinter stehenden Zuschauer scheinen aufgeräumt aus dem Stadttheater gekommen zu sein.

«Das Kleidungsniveau», sagt der Casinodirektor, «versuchen wir bei den Männern zu halten.» Schlips und Sakko reichen. Und da nach menschlicher Rechnung keiner in stäubenden Bäckerhosen kommt, wird durch eine gut sortierte Krawattenschachtel und dunkelblaue Jacketts in allen Konfektionsgrößen auch diese Hürde gegenstandslos. Durch dieses geweitete Öhr paßt jeder. Über korrekte Kriterien für die Erscheinung einer Frau verfügt das Empfangspersonal nicht. Frauen sind nach textilen Maßstäben nicht zu fassen. Sie haben die Freiheit, in Wetterstiefeln einzutreten. Das liegt im Konzept vom schwellenlosen Casino, wo nicht nur Euro-Schecks verflüssigt werden, sondern auch Lohntüten. In dieser volksnahen Schlips-Enklave soll das Risiko den Anschein einer reversiblen Kaloriensünde haben.

In Bregenz ist das doppelt wichtig. Denn die Hauptstadt von Vorarlberg, dem westlichsten österreichischen Bundesland, ist eigentlich noch Schwaben. Und jeder Schilling, der über den Handteller rollt, hinterläßt eine Ätzspur von Reue.

Von vier Uhr mittags bis vier Uhr nachts beleuchten die grünen Lampenschirme das Nummernfirmament der Filztische. Nicht ganz so häufig, wie er die Aschenbecher auspinselt, mäht der Chasseur genannte Saaldiener den Spannteppich mit der Kehrmaschine. Das bevorzugte Wort des Direktors heißt «Niveau». Ein Herr von wirklichem Niveau sei im Rollkragen tragbar. Doch einer, dem die Brustwolle aus dem geöffneten Hemd wächst, «da werden Sie meiner Meinung sein, der hat kein Niveau».

Am deutlichsten wird das Niveau durch die opalisierenden Französischbrocken der Croupiers. Das Französische poliert den Schrecken. Auf «plein» hat «vingt et un» gewonnen, auf einfache Chance «rouge» und «impair». Die Cylindriers I und II, die zwischen Mittelfinger und Daumen abwechselnd die Kugel abschießen, putzen mit dem «râteau», was mit Rechen oder Krücke übersetzbar ist, den Gewinn aus. Die Geschwindigkeit, in der sie den Filz abräumen, paßt zur zirzensischen Eleganz ihrer schwarzen, durch Abnutzung glänzenden Anzüge. Im Eintrittspreis von fünfzig Schilling sind ein Getränk und zwei Jetons zu zwanzig inbegriffen. Das ist fast geschenkt wie der Aufenthalt in einer städtischen Wärmestube. Dafür kann der Gast hier promenieren, neben Kübelpflanzen auf lederbezogenen Kissensofas Platz nehmen, auf dem Barhocker sitzen und seinen Rücken dem Saal oder dem Mixer zukehren; als

Hintermann eines Spielers kann er sich an dessen Erregung hängen. Doch ohne Ausnahme wird er die beiden wäßrig roten Oblaten setzen.
Das ist der Augenblick, in dem das Casino dem Vergleich mit der städtischen Wärmestube nicht mehr standhält. Jetzt kommt ein Schuß Weinbrand in den Adventskaffee, die Einstiegsdosis, die Entscheidungshilfe, ein ablegendes und auch schon ernsthaft zitterndes Schiff zu besteigen. Bis dahin stabile Personen könnten Spaß an einem Reiz empfinden, für den es den Begriff «hasardieren» gibt. Bei diesem Wort winkt der Direktor ab. Zwei Zwanziger-Jetons seien außerstande, Leidenschaft in Gang zu setzen. «Denn schau'n Sie», sagt er, «wenn ich Sie jetzt am Arme streicheln würde, weckt das in Ihnen noch keine Leidenschaft.»
Vom Eintritt ausgeschlossen sind Personen, deren Namen zwischen den Karteireitern für EV, für Eintrittsverbot, stecken: EV wegen Aneignung fremder Sätze; EV durch Selbstsperre, was bedeutet, daß ein Spieler bis zu seiner finanziellen Genesung vorbeugend bittet, für ein oder zwei Jahre nicht eingelassen zu werden. EV kann auch die Ehefrau eines Spielers bewirken; «weil, schau'n Sie», sagt der Direktor, «ein Casino keinen Zwist in den Familien will.» «Spielerbetreuung» lautet die Hirtenvokabel für dieses Register.
Zwischen Mitternacht und ein Uhr morgens zieht sich der vor Illusionen gefeite Unterhaltungsspieler spätestens zurück. Auch die vereinzelten Frauen, die über Stunden die Wiederkehr der Zahlen in Schulhefte notieren und hinterm Knipsverschluß ihrer Kosmetikbeutel die Zwanzig-Schilling-Jetons wie ein Taschentuch verbergen, räumen endlich ihren Stuhl am Tableau. Die allzu dünn bespielten Tische schließen, und auf ihre Roulettkessel werden Plexiglashauben geschraubt. Zurück bleibt eine Sorte von Spielern, die das Casino wieder in seine natürliche Schräglage bringen.
Sie sind auch nachmittags die ersten. Und den Abend über, in

der bürgerlichen Menschenfülle, fallen sie wie Stadtstreicher in einem Kurgarten auf. Nachts dagegen sind sie ziemlich unvermischt, kettenrauchende Permanenzenschreiber, scheinbar ohne Durst und Hunger, hakenschlagend zwischen den Tischen. «Sogar der Harndrang», sagt die Toilettenwärterin, «bleibt weg bei denen.» Sie zeigen eine finale Entschlossenheit beim Setzen ihrer Zwanziger, als verspielten sie endlich auch den Gegenwert aller zusammengesuchten Pfandflaschen. Der Direktor sagt: «Die Figur des Spielers ist eine Übertreibung aus dem Romanhaften.»

Die Geräusche im Spielcasino bestehen aus dem Murmeln der Gäste, den selbstbewußten Spielphrasen der Croupiers, dem Flitzen der Kugel übers Palisanderholz des Nummernkranzes und dem Stolpern der Kugel über die Obstacles, bis sie auslaufend in der Ergebniskuhle liegenbleibt. Davon abweichende Geräusche lassen den Direktor und die Phalanx seiner Untermänner wie auf einen Schreckschuß reagieren.

Anschwellende Diskussionen über einen gewinnbringenden Satz werden von einem Saalordner mit scharfer Freundlichkeit niedergedrückt. Den am lautesten um sein Recht streitenden Gast berührt er am Oberarm, was ein für dieses Milieu übersetzter Kinnhaken ist. In einer publikumsfreien Ecke klärt ihn der Saalordner flüsternd über die Konsequenzen seines Verhaltens auf. «Jeder Besucher», steht auf der rückseitig bedruckten Eintrittskarte, «unterwirft sich bei Meinungsverschiedenheiten den Entscheidungen der Casinodirektion.»

Willkommene Lebenslaute in diesem durch Niveau und österreichische Umgangsformen sedierten Saal sind Aufschreie der Gäste bei größeren Gewinnen. In der Nacht vom 19. auf den 20. Januar wechselt ein Mann dreimal eine Million Schilling, dreimal 140 000 Mark in Jetons.

Der Direktor spricht von einer Sternstunde. Auf dem Tisch haben die Farben gewechselt. Die Abwesenheit der kleinen, synthetisch roten Kindertaler macht glauben, es handele sich um

ein Spiel mit neuen Regeln. Dem Mann sind doppelte Einsätze zugestanden worden: 120 000 Schilling auf einfache Chance und 3400 auf plein.
Das Tableau ist voller Rechtecke, weiße Zehntausender, blaue Fünftausender, doppelt-, drei-, vier- und mehrfach gestapelt, so daß sie manchmal voneinanderrutschen. Nur auf plein, in diesem Fall auf 17, 20 und 23, liegen noch Runde, dreimal die Purpurscheibe zu tausend und zweimal die kleinere violette zu zweitausend, das Maximum, das sich bei Gewinn verfünfunddreißigfacht.
Es sind die Zwangszahlen dieses Spielers, die voll auf Risiko gehenden Befehle aus dem Bauch. Der Mann geht wie ein Plattenleger vor. Der grüne Filz ist nur noch an den Rändern sichtbar. Hinter dem Spieler steht ein Beistelltischchen mit einer Seltersflasche, die der Chasseur genannte Saaldiener im Auge hat, um sie unaufgefordert immer wieder durch eine neue zu ersetzen. Ein Zuschauer sah, wie der Spieler dem Chasseur einhundertfünfzig Mark Trinkgeld zusteckte.
Zu diesem Zeitpunkt hat der Spieler vier Stunden ohne Pause das Tableau eingedeckt. Die vor ihm wachsenden und sich wieder abtragenden Jetontürme ziehen das Publikum von den anderen Tischen ab. Der Direktor steht abseits und bespricht das Ereignis mit hierarchisch zumutbaren Angestellten. Dabei lächelt er zu dem magnetischen Tisch hinüber. Einige Stammgäste haben den dicht umstandenen Mann hier schon mal spielen sehen. So wie ihnen auch der Millionengewinner Hans R. noch im Gedächtnis ist. Letzterer sei viel eisiger aufgetreten, nur daß sein Wangenmuskel hin- und hersprang, was aus dem Publikum jemand nachzuahmen versteht.
Dieser hier kommt aus der Ostschweiz; das ist hörbar, wenn er den Croupiers die Order gibt. Der Direktor bittet, die Branche, in der der Mann sein Geld verdient, nicht zu notieren, da er Kunden haben könne, die sein Spielen befremdet. Der Gast ist Mitte Dreißig; sein Jackett hat daumenbreit gesteppte Nähte,

sein Krawattenknoten das Volumen einer Männerfaust. Neben ihm scheint sein Buchhalter zu sitzen, zumindest eine symbiotische Figur, die den Umgang mit viel Geld nur vom Theoretischen her kennt. Er schreibt die Zahlen mit und dämpft seine Nerven mit Schnaps, während sein zulangender Herr das Spiel mit Wasser macht und die bierfilzgroßen Plexiplatten in einer an Steptanz erinnernden Geräuschabfolge auf den Tisch knallen läßt.

Nach acht Stunden spielen alle Zuschauer gedanklich mit. Keiner denkt das Geld in dingliche Vergnügen um. Keiner übersetzt es in seine alltägliche Brauchbarkeit. Eine Blondine, die einen Tausender-Jeton wie einen garnierenden Trüffel auf einen Zehntausender des großen Spielers legt, ist inzwischen als dessen Frau erkannt. Die Nacht über hat sie öfter die Hände gegeneinandergepreßt.

Kurz vor vier Uhr ist das Lächeln des Direktors sehr gelöst. Der Spieler hat 80 000 Mark verloren. Ein Amtsrat von der Staatlichen Glücksspielmonopolverwaltung überwacht die Croupiers bei der Kassenprozedur: Neunzig Prozent gehen an Österreich.

3

Diesen mit nichts zu vergleichenden
Leichengeruch konnten sie damals,
als er von furchtbarer Deutlichkeit
hätte sein müssen, nicht wahrnehmen.
Dort oben habe es immer den Gestank
von Abfällen gegeben, doch nicht
diese Nuance, für die es kein
Wort gibt.

Der unheimliche Ort Berlin

Das Kottbusser Tor ist kein Ort, an dem die Leute in Übergangsmänteln herumlaufen, wenn der Winter vorbei ist. Das bißchen Sonne im April legte gleich die Oberarmtätowierungen der Punker frei. Die türkischen Männer hielten nicht mehr frierend das Jackett vor der Brust zusammen und gingen wieder aufrecht. Die Wärme hatte jedes Verhalten gelockert. Die Punker kippten die Bierdosen in ihre struppigen Köpfe hinein, bespritzten einander und bewarfen sich mit Schaum. Sie tänzelten um ein kopulierendes Hundepaar, das unsicher auf sechs Pfoten stand und dabei dreist zu lächeln schien. Keine besonderen Vorkommnisse, keine schockierten Personen, um den Milieudarstellern den Genuß noch zu erhöhen, eher ein schräger Frieden, der sich sogar auf die lauernde Anwesenheit des Polizeiautos legte. Zum Bürgersteig hin waren seine Türen geöffnet, als würde ein dunkler Stall gelüftet.

Um 17 Uhr 30 ist in der Oranienstraße/Ecke Heinrichplatz kein Durchkommen mehr. Auf beiden Bürgersteigen engstehende Menschen wie '63 vorm *Kranzler* in Erwartung Kennedys. Der Örtlichkeit Kreuzberg entsprechend, sind es fast nur Türken und die kugelköpfigen Knaben. Aus dem vierten Stock der Nummer 19 hat sich ein Mann gestürzt. Er liegt unter einer weißen Plane neben einer Baukarre. Die Sohlen seiner nicht ganz bedeckten Schuhe zeigen mit den Spitzen zueinander, und die Absätze sind so gewaltsam flach nach außen gedrückt, als gebe es eine Symmetrie des Aufpralls. Nur ein Polizist ist zur Stelle. Wenn er mit ausgebreiteten Armen die Nachdrängenden aufhalten will, wendet er das Wort «bitte» als eine dem Anlaß zukommende Befehlsform an. Eine Gruppe von Punkern über-

zeugt ihn, den Toten gekannt zu haben, mit ihm eng gewesen zu sein. Er läßt sie zum Tatort durch, was sich zu einem obszönen Privileg auswächst.
Alle Augen sind jetzt auf sie gerichtet. Der Umstand, den Mittelpunkt zu bilden, fordert ihnen eine Aufführung ab. Einer schlägt schluchzend auf die Kühlerhaube eines Autos ein. Sie lassen eine Weinflasche kreisen, aus der sie mit hart in den Nacken gelegten Köpfen trinken. Sie fallen sich in die Arme, lachen, weinen und torkeln. Da es sich um Auswüchse von Trauer zu handeln scheint, fehlt dem Polizisten jede Handhabe, dem Geschehen eine Manierlichkeit zu sichern.
Aus der anfangs starren Menge sind inzwischen Schaulustige geworden. Die polizeilich geduldete Nähe der Punker zu dem Selbstmörder muß eine Entsprechung in dessen eben beendetem Leben haben. Das Fenster, aus dem er sprang, wirkt nicht, als habe er ein behagliches Zuhause verlassen. Er muß direkt am Schaufenster des türkischen Friseurs entlang gefallen sein. Daneben, auf der Tür des Haupteingangs, steht in gesprühter Schrift «Hoch hänge Reagan!» Erste Angaben zur Person des Toten kursieren: Achtzehn sei er gewesen, weißblonde Irokesenbürste, Punker.
Mitten auf der Kreuzung Heinrichplatz/Oranienstraße steht ein grüngrauer, tresorhaft kompakter Lieferwagen, dessen auffälliger Abstand zum Brennpunkt allen Interesses ihn gerade dadurch zugehörig macht. Daneben halten sich zwei Männer in weißen Jacken und weißen Hosen auf. Obwohl das Auto keine behördlichen Embleme trägt und äußerlich weder Herkunft noch Bestimmung preisgeben soll, wird seine Anwesenheit hier wie eine geläufige Pointe aufgenommen, die fast echolos wegsackt: Es ist der Transporter des Leichenschauhauses.
Die Menschen warten auf das Tätigwerden dieser weißen Männer, die endlich vor die Unglücksstelle fahren und beim Aussteigen schon Gummihandschuhe tragen. Über den abge-

deckten Hügel breiten sie noch eine durchsichtige Folie, die sie unter der Leiche durchziehen und dann an beiden Enden zusammendrehen, was dem Bündel das Aussehen eines großen Bonbons gibt. Die betrunkenen Punker mißbilligen diesen Vorgang mit einem aufjubelnden Wehklagen. Den Zuschauern, die fast wütend vor Neugier sind, bleibt nur noch der Augenblick, in dem die Männer den Toten auf die Bahre heben, ohne ihn in die eigentlich geziemende Rückenlage zu bringen. Ein Skateboardfahrer in getigerter Trikothose, ein Hosenbein aufgeschlitzt und flatternd, nützt noch das große Publikum und fährt enge, hart abgebremste Achterfiguren auf der gesperrten Straße.

Aus der Tiefe der zugerümpelten Höfe des Hauses Nummer 19 tritt ein Mann mit einem Eimer, aus dem er Erde auf den Bluthaufen neben der Baukarre streut. An Ort und Stelle wetteifern jetzt die intimsten Augenzeugen mit ihren Nacherzählungen. Der türkische Friseur spricht von dem rasenden Schatten, den er sah. Und in seinem grauen Kittel, mit den Armen einen Sturzflug nachvollziehend, sagt der türkische Gemüsehändler: «Es war ein Deutscher!», was den Vorfall exotisch macht.

Kreuzberger Todesfälle. Am Ostermontag 1979, einem 16. April, sagte Ingrid Rogge zu ihrer Mutter: «Ich gehe in die Stadt.» Da Rogges am Rand der oberschwäbischen Stadt Saulgau wohnen, dachte die Mutter, sie gehe nur nach Saulgau rein, jemanden treffen. Doch Ingrid Rogge meinte Berlin, als sie Stadt sagte. Und der Mutter paßt diese vermiedene volle Wahrheit heute gut in die Erinnerung an die Tochter, die nie gelogen habe. Auch sei die Tochter damals ohne alles aufgebrochen, was ihre Auskunft, in die Stadt zu gehen, zwar noch täuschender machte, von der Mutter aber als eine den Trennungsschmerz hinauszögernde Diskretion begriffen wird. Und was die örtlichen Verhältnisse angeht, hätte das Mädchen die Bogenweiler Straße in Saulgau, diese stille Siedlungsstraße, an

einem Feiertag gar nicht mit Gepäck entlanggehen können, ohne den nachforschenden Vorwitz der Anwohner auf sich zu ziehen.
Den Tag zuvor, Ostersonntag, hatten Herr und Frau Rogge mit der Tochter eine Autofahrt nach Adelsheim im Odenwald gemacht, wo ihr Sohn Dieter wegen Drogenmißbrauchs einsaß. Dieser Besuch wäre den Eltern der liebste Grund, warum danach auch die Tochter ausscherte. Nämlich nicht, um ihnen zusätzlich Kummer zu bereiten, vielmehr, um ihre ständige Bekümmertheit nicht weiter mitansehen zu müssen. Denn Dieter, der Bruder, war der bunte Hund von Saulgau, ein einbruchsversierter Beschaffer von Opiaten und anderem Zeug, womit für einen Fixer ein Suchtzustand zu überbrücken ist. Kein geplünderter Giftschrank im Umkreis, ohne daß es hieß: «Der Rogge war's!»
In die Schwabenapotheke stieg er, wie ein Hochspringer auf dem Rücken liegend, durch ein kleines Loch im Oberlicht des Haupteingangs ein und zerschnitt sich dabei die Schultern. Diese artistische Leistung des Sohnes macht für die Mutter die Tat nicht kleiner, nur daß in ihrer mütterlichen Sicht seine Courage den kriminellen Vorgang nicht so trostlos niedrig erscheinen läßt. Für das Elternpaar Rogge war das Schlimmste immer wahrscheinlich; das sicher nie ausgesprochene, von beiden jeweils nur gedachte Schlimmste, weil ein Vater und eine Mutter verschieden strenge Hoffnungen hegen. Auch weil jeder den anderen glauben läßt, er nehme noch teil an diesem inneren Wettlauf für den guten Ausgang. Und immer kreisten die bösen Vorstellungen der Eltern nur um den Sohn, für dessen teure Sucht und deren unwägbare Folgekosten sie geradestehen mußten.
Sie zahlen, zahlen und zahlen in eine bodenlose Tiefe hinein. Der Lohn des Fernfahrers Dietrich Rogge und seiner Frau Annemarie, die Metzgereiverkäuferin war und um des höheren Verdienstes wegen Akkordarbeiterin in einer Möbelfabrik

wurde, ist in Raten verplant, deren Gegenwert ihr Ansehen nicht erhöhen kann. In kleinstädtischer Überschaubarkeit lebend, jeden grüßend und in jedem entgegengenommenen Gruß einen atmosphärischen Widerhaken witternd, gabelt sich das Unglück der Rogges in ein Elternschicksal und in eine nach außen hin empfundene Schande.
Die Bogenweiler Straße in Saulgau ist mit ihren Reihenhäusern von sauberer und heller Eintönigkeit. Das ändert sich auch nicht in der Dahlienzeit, wenn es in den Gärten richtig glüht. Keine Natur wächst gegen einen Ordnungsanspruch an, der sich besenrein vor den Haustüren zeigt und dahinter von Staubsaugern, deren häufige Benutzung ihnen nichts mehr ins absuchende Maul gelangen läßt, eine aufgesträubte, fusselfreie Reinlichkeit schafft.
Nichts ist dieser Straße zu verübeln. Nur, daß es nachvollziehbar ist, sie hinter sich zu lassen, wenn einem das Leben in voller Länge noch bevorsteht. Wenn Zufriedenheit noch keine Tugend sein muß, nur weil daheim warmes Wasser aus dem Hahn läuft und an dem schirmförmig aufgespannten Wäscheständer die T-Shirt-Parade trocknet.
Zwischen dem Ostermontag 1979, an dem Ingrid Rogge, damals siebzehn Jahre alt, die Bogenweiler Straße für ein aufregenderes Leben in Berlin verließ, und dem Tag, an dem ihre Eltern erfuhren, daß sie als Skelett in einer verschnürten Plastikplane auf einem Kreuzberger Hinterhofspeicher gefunden worden war, liegen sechs Jahre. Diese ganze Zeit galt sie als vermißt.

Am 3. September 1985 erscheint Kriminaloberkommissar Müller aus Sigmaringen abends bei den Rogges und fragt zuerst ganz allgemein: «Wie geht es Ihnen?» Auf die Antwort der Frau Rogge: «Wie soll's schon gehn», stellt der Kommissar die Frage: «Sind Sie stark?» Das allerdings ist die fürchterlichste aller Fragen, eine Ouvertüre, nach der nur Unheil ausgebreitet wird; eine Stereotype von Todeskurieren, die jemandem die Nachricht von einem Schicksal beibringen müssen. «Also die Ingrid ist tot», sagt der Kommissar, vor sechs Jahren schon zu Tode gekommen, vermutlich Ende Juni '79. Der Schädel weise auf Gewalteinwirkung hin.

Vor ihrem Aufbruch nach Berlin arbeitete Ingrid Rogge in der elf Kilometer entfernten Ortschaft Altshausen bei der Firma Trigema. Sie war Rohnäherin in einer Gruppe von sechzig Frauen. Das heißt, sie nähte auf einer Rohnähmaschine die Schultern zugeschnittener T-Shirts zusammen, der erste Arbeitsgang von einer Hand, bevor an jeweils anderen Maschinen gekettelt wird, die Bündchen und Ärmel angenäht sowie die Seitenteile zugenäht werden.

Jedesmal ein kurzes, kaum angesetztes und auch schon wieder beendetes hartes Surren unter dem rasenden Maschinenkopf, was keinen ohrenbetäubenden, wilden Lärm verursacht, sondern eher die feinere Tortur eines Zahnarztgeräusches. Dazu summieren sich die lauten Farben der Arbeitsobjekte. Alles, was vereinzelt vielleicht Laune machen kann, das Lila, das gemeine Türkis, das hundsgemeine Orange, das nervlich behelligende Maigrün, diese ganze nuancenlose Heiterkeit liegt in hohen Haufen als blindmachendes Dickicht vor den Maschinen.

In diesem Nähsaal voller Mädchen herrscht nicht die Ausgelassenheit einer zwitschernden Vogelhecke. So ein Nähsaal ist vielmehr eine Galeere, die zu ertragen jemand in den wirklich besten Jahren sein muß, wie Ingrid Rogge es war.

Die Gruppenleiterin erinnert sich nach sechs Jahren in einer pietätischen Freundlichkeit an eine allseits beliebte Person, die schnell konnte, was bei Trigema zu können ist, und der einmal nachgesehen wurde, daß sie in der Damentoilette einen Rausch ausschlief.

Einen Tag nach ihrem Verschwinden rief Ingrid Rogge bei Elli Gottler in Saulgau an. Frau Gottler ist eine enge Freundin der

Rogges, die damals ihr Telefon abgemeldet hatten, um sich vor den Fern- und Auslandsgesprächen ihres Sohnes zu schützen, der, kaum auf Urlaub, gleich wieder in seinen Drogenkontakten zugange war. Ihrer herbeigerufenen Mutter sagte Ingrid Rogge: «Du, Mutti, ich bin jetzt in Berlin, und da bleib ich auch!»

Die Rogges sind ein mustergültiges Ehepaar. Er überläßt ihr das Reden, wobei er den Anschein erweckt, daß Schweigen Gold ist. Natürlich ist auch Müdigkeit dabei, das Unabänderliche immer wieder aufzurühren. Und so sitzt er, während sie erzählt, löwenschläfrig und hinnickend wie in einem Zugabteil, nur dabei. Und nach dem kalten Abendbrot, das sie mit gesundheitlichen Rücksichten sehr mäßig zu sich nehmen, geht er mit der Frau in die Küche, um ihr beim Abwaschen der beiden Resopalbrettchen zu helfen.

Ingrid Rogge wollte sicher dem Augenschein der Eltern entkommen. «Denn durch den Dieter», sagt Frau Rogge, «haben wir sie ja immer beschworen, uns keine Sorgen zu machen.» Ganz schnell hieß es: «Und jetzt du auch noch!» Ständig waren sie an ihr dran, schon beim Kleinsten. Dieses Eingeständnis klingt, als haben sie dadurch die Lunte gelegt fürs Verlassenwerden. Und wenn es der Mutter widerfährt zu erwähnen, nachts zum «Hirschen» nach Steinbronnen gefahren zu sein, um in dieser als Drogenspelunke reputierten Lokalität die Ingrid zu suchen, dann verwischt sie das Gesagte gleich wieder: «Eigentlich war die Ingrid problemlos.»

Rogges haben es gemütlich in ihren Wohnzimmertropen mit den gefirnißt blanken Philodendronblättern und ihren bürgermeisterhaft kolossalen Kleinmöbeln. Auf Anrichten und Regalen die rustikalen Preziosen, Deckelhumpen, Zinnbecher, Zinnteller, Landsknechte aus Zinn, Zierat auf brokatgefaßten Tischläufern; in einer Schale eine Ananas, die ihrer Schönheit wegen nicht gegessen wurde und schon vergoren riecht; auf dem Fernseher in galanter Zugewandtheit Pierrot und Colum-

bine auf einem über Eck gelegten Deckchen, das in den Bildschirm überhängt. Gobelinbilder an den Wänden, Breughel-Sträuße, Schäferszenen.
Kurz nach der Todesnachricht, als die Zeitungen von dem «grausigen Fund» in Berlin berichtet hatten, kam der Pfarrer die Rogges besuchen. Auf das Skelett anspielend, fragte ihn Frau Rogge: «Aber da müssen doch noch Haare gewesen sein?» Worauf der Pfarrer sagte: «Nein, bei einem Skelett bleibt nichts, sonst hieße es mumifiziert.» Doch Frau Rogge insistierte: «Haare verwesen doch nicht!» Doch, habe der Pfarrer gesagt, bei einer gewissen Feuchtigkeit, gerade in einer Plastikplane, würde das Ganze kompostieren.
Wenn in einem Haus das Unglück nicht verjähren kann, weil es in immer neuen Schüben wieder einkehrt, dann setzt zu seiner Bewältigung eine Trainiertheit seiner Bewohner ein. Für zwei Ängste in dem Ausmaß, wie es die Rogges überkam, war kein Platz in ihnen.

Am 6. Juni 1979 fragte Ingrid Rogge in die Frühstücksrunde der sogenannten Lederetage, einer WG in der Kreuzberger Waldemarstraße 33, 3. Hinterhof, 3. Stock, ob jemand Bock habe, mit ihr nach Westdeutschland zu trampen. Der arbeitslose Kalle Hübing, der seinerzeit mal hier und mal dort übernachtete, dessen Anwesenheit bei diesem Frühstück purer Zufall war, dachte sich: «Ich hab eh nix zu tun, fährste mal mit.» Da die Frau zudem eine Schlafgelegenheit in Aussicht stellte, habe er nur noch seine Stulle zu Ende gegessen und sei mit ihr aufgebrochen.
Kalle Hübing wohnte eine Woche bei den Rogges in Saulgau und half dem Vater beim Tapezieren des Flurs. Selber aus unbehausten Verhältnissen vom Berliner Wedding stammend, genoß er die Tage in familiärer Obhut; die erste Wohltat dieser Art in seinem Leben. Dieses Erlebnis war ihm ein schöner Naturvorgang, bei dem etwas so gehandhabt wurde, wie er es von

zu Hause nicht kannte, nämlich nachgiebig beherrscht zu werden.
Kalle Hübing, der die Lebenskulisse der Ingrid Rogge als eine beneidenswerte Speckseite in Erinnerung hat, kann sich dagegen nicht entsinnen, ob Ingrid Rogge damals in der Lederetage der Waldemarstraße 33 eine Matratze zu liegen hatte, ob sie überhaupt da wohnte. In den fluktuierenden Verhältnissen dort, wo sich in den hinteren Fabriketagen zeitweilig hundertfünfzig bis zweihundert Personen aufhielten, sei das auch kein Fakt gewesen. Die Kripo habe ihn diesbezüglich nageln wollen, als 1985 die Suche nach dem Mörder der Ingrid Rogge losging. «Da trampst du mit 'ner Frau nach Westdeutschland und Jahre später so 'n Ei.»
Als Kalle Hübing im Spätsommer 1979 aus Schwaben zurückkehrend *die Walde* besuchte, was bis heute das Synonym ist für den 3. Stock im 3. Hof der Waldemarstraße 33, fand er Ingrid Rogge nicht mehr vor.
Alles spricht dafür, daß Ingrid Rogge eine unangefochten sichere Plazierung bei ihren Eltern hatte, sonst wäre es ihr nach diesem ja doch verletzenden Verschwinden nicht in den Sinn gekommen, zu einer Stippvisite in Saulgau wieder aufzutauchen. Auch mit den Großeltern verband sie eine Innigkeit, die ihr unzerstörbar gewesen sein muß.
«Jetzt freue ich mich, daß du wiedergekommen bist», sagte die Großmutter, «bleib jetzt, geh nimmer nach Berlin.» «Doch», sagte die Enkelin, «ich bleib nicht hier, ich gehe wieder dahin!» «Guck, Ingridle», habe die Großmutter sie daraufhin beschworen, «jetzt warst du ja schon in Berlin, hast Berlin gesehen, bleib doch hier!» Immer fällt «Berlin», dieses unheimliche Wort für einen unheimlichen Ort, der wie das Fegefeuer durchlaufen werden muß, um danach Ruhe zu finden und Saulgau zu schätzen.
Am 16. November 1981 suchte Ingrid Rogges Großvater, Max Hohl, den Pendler Friedrich Stroppel in Ulm-Wiblingen auf.

Stroppel legte ein Foto der Gesuchten auf eine Weltkarte und ließ das Pendel kreisen. Nachdem das Pendel über dem US-Staat Nevada Ruhe gegeben hatte, schrieb Stroppel dem Großvater auf einen kleinen Quittungszettel: «Ingrid Rogge lebt in Amerika im Staate Nevada, sie ist unverheiratet. Die Stadt, in welcher die Gesuchte lebt, muß noch festgestellt werden.» Das Honorar betrug sechzig Mark.

Die Auskunft des Pendlers gab die Kriminalpolizei Sigmaringen an das Polizeipräsidium in Frankfurt weiter mit der Bitte, beim US-Konsulat zu ermitteln. Die Vermißte könnte nach Vollendung des achtzehnten Lebensjahres, am 30. 8. 1979, mit einem amerikanischen Armeeangehörigen die Ehe eingegangen sein und sich in die Vereinigten Staaten begeben haben. Das Konsulat in Frankfurt schrieb die Einwanderungsbehörde in Washington an. Der seidene Faden, an dem diese Hoffnung hing, riß am 20. Januar 1983, als Kriminaloberkommissar Müller den Rogges über die unergiebigen Nachprüfungen in den USA Mitteilung machte.

Im Juli 1982 gab es wieder einen Hinweis, der Eltern und Großeltern in Aufruhr versetzte. Damals glaubte ein Italiener, Ingrid Rogge in einem Bordell in Sizilien entdeckt zu haben. Franco Aggliato gehörte zum Bekanntenkreis von Brunhilde Gräber, die eine Schwester von Frau Rogge ist und ein Friseurgeschäft in Steinheim betreibt. Dort hatte Aggliato das Mädchen einmal kennengelernt.

Zu Besuch in seinem Heimatort Castelvetrano fuhr Franco Aggliato mit seinem Bruder zu einem Etablissement, einem alten Gehöft zwischen den Ortschaften Trischina und Trefontani. Schon aus seinem Auto habe er ein blondes Mädchen im Hof stehen sehen und blitzartig an Ingrid Rogge gedacht, über deren Verschwinden er informiert war. Er sei jedoch nicht ausgestiegen, sagte er bei seiner Vernehmung, da er kein Interesse an ihr hatte und ein Zuhälter, ein ihm bekannter Mann aus Castelvetrano, auf sie einredete. Über ein Jahr später kam von Interpol Rom der Bescheid, daß die Ermittlungen zur Auffindung der Genannten negativ verlaufen seien, die Fahndung im Lande aber noch andauere.

Als ihre Tochter Ingrid im dritten Jahr vermißt war, fuhr Frau Rogge mit anderen Frauen aus Saulgau, die eigene Angelegenheiten gedeutet haben wollten, zu der Wahrsagerin Luise Potratz nach Weingarten an der oberschwäbischen Barockstraße. Hier wimmelt es von Seminaristen und auswärtigen Schulklassen, die vespernd auf der Treppe der Benediktinerabtei in ihren Barockführern lesen. Die hellgelbe Kultur gibt hier den Nenner, und eine Existenz wie die der Kartenlegerin Potratz mit ihrem unschwäbischen Namen in ihrem Bretterverschlag an der Friedhofstraße hat für Weingarten etwas Unpassendes an sich.
Frau Potratz lebt umgeben von fünf dunkelhäutigen Enkelkindern, der Hinterlassenschaft einer schwarzen Schwiegertochter, die das Weite gesucht hat. In einem engen Flur mit vollgerauchten Aschenbechern warten verwegen geschminkte Frauen mit ihrem Liebeskummer oder ihren Versorgungsängsten auf eine Sitzung. Und hin und wieder taucht ein dunkles Kind auf, weil es einer Dame zeigen soll, wo die Toilette ist, auf deren Ablage unterm Spiegel die fünf Drahtbürsten dieser krausköpfigen Kinder liegen.
«Sie, Fraule», hatte Frau Potratz damals zu Frau Rogge gesagt, «um Ihre Ingrid sieht es ganz schlecht aus.» Die sei von lauter Männern umgeben, lauter Dunkelhaarige, und diese Karte, das sei Geld, als wenn sie Geld herschaffen müßte für die Männer. Frau Potratz nahm nur zehn Mark für diese trübe Auskunft.
Drei Jahre später, als sie weiß, daß Ingrid Rogge als verschnürtes Skelett in der Waldemarstraße 33, direkt an der Berliner Mauer, auf einem Speicher gefunden worden ist, und weit und breit keine Spur von einem Täter, zieht die Potratz aus ihrem

hingeblätterten Firmament die Karte für die schlimmen Sachen, die sie die Drogenkarte nennt.
Dort, wo sie wohnte, sei sie auch umgekommen. Ein sehr süchtiger dunkler Mann, womit die Potratz die Haarfarbe meint, habe sie aus der Welt geschafft, «als wenn sie hat wollen was verpfeifen».
In das kojenkleine Zimmer der Frau Potratz, dieser rundlichen Füchsin in ihrem Wahrsager-Plüsch, mit dem sie sogar ihrem herabgelassenen Klappbett die profane Bestimmung nimmt, dringt vom Flur ein kurzes Toben ihrer Enkel. Dabei gerät der Bretterverschlag in ein Beben, als stünde er auf rollenden Rädern. Dann sagt ein Mädchen «Husch!», und es kehrt Ruhe ein, und die Potratz fährt fort in ihrer Hellsicht.
«Also gehn wir mal ans Gegenteil», der dunkle Mann wäre Zuhälter gewesen und hätte sie aus Liebe umgebracht. Aber die Liebeskarte liege nicht dabei. Nur noch eine dunkle Dame, nicht ganz so dunkel wie der Mann, kommt ins Spiel, Mitwisserin, fast Mittäterin und nicht mehr in Berlin, aus Angst, ebenfalls umgebracht zu werden.
Die lange Ungewißheit hat die Großmutter Elisabeth Hohl vorzeitig gebrechlich gemacht. Sie ist wie fast alle Großmütter von einer liebenden Blindheit; immer darauf bedacht, den Motiven des Mädchens eine fromme Einschätzung zu geben. Als Ursache dann für das schreckliche Gestorbensein des Mädchens in Berlin kommen ihr ein langer Nappaledermantel und eine Lederjacke in den Sinn: «Es muß ein Kapitalverbrechen gewesen sein, denn sie hatte ja so schöne Sachen.»
«Und dann haben sie ihr aus dem Hinterhalt ein paar auf den Kopf geknallt», sagt ohne Selbstschonung die Mutter, «und womöglich hat sie noch gelebt, und man hat ihr noch mal ein paar draufgeschlagen.» Die übersteigerte Nüchternheit, mit der die Mutter über das Eventuelle spricht, dieser sprachlich so drastische Umgang mit der ausgemalten Katastrophe unterscheidet sich von den furchtsamen Äußerungen der Großmut-

ter, in deren Sachtheit der Wunsch nach einem sachteren Tod mitspielt.
Einmal träumte die Mutter von einem Badeausflug mit ihrer früheren Chefin, der Metzgersfrau Melitta Nußbaumer. Auch die Ingrid war dabei. Sie wollte partout über einen Wassergraben springen. Und während die Mutter schrie: «Tu das nicht, drüben ist Moorboden!», rief die Tochter: «Das ist mir egal!», sprang rüber und versank. Über ihr haben sich ein paar Ringe gebildet, und «weg war sie». Jetzt ist sie in Berlin in ein Wasser geschmissen worden, deutet sich Frau Rogge den Traum, die von einem Telefongespräch her wußte, daß die Tochter zum Baden öfter am Wannsee war, sogar nackt, wobei einmal berittene Polizei auftauchte; eine Erwähnung, die ihr Berlin noch unberechenbarer machte: Dort, wo alles möglich ist, ist auch alles verboten.

Ingrid Rogge blieb neun Tage, bis zu Fronleichnam, dem 14. Juni 1979, in Saulgau. Um die Widerspenstigkeit der Tochter nicht herauszufordern, nicht diese mühevolle Leichtigkeit im Umgang miteinander zu gefährden, vermieden es die Eltern, die Rede auf das Fortgehen zu bringen. Sie halfen ihr im Gegenteil noch bei den Vorbereitungen zur Abreise, packten alles ins Auto, und da Feiertag war, fuhren der Vater und die Mutter das Mädchen nach Donauwörth, wo durchgehende Züge nach Berlin anhalten. Es sei ein wunderschöner Tag gewesen, Wiesen, Bäume, alles blühend; eine glücklich scheinende Familie fuhr durch den Garten Eden.
Und die Mutter hoffte ein bißchen, daß dieser Ausflug eine Wirkung zeigen möge auf das Mädchen, daß sich Berlin in ihm verflüchtige, daß man in Donauwörth ankomme und gar nicht mehr wisse, warum, daß das Mädchen wieder mit nach Hause führe, ohne daß sein Wille gebrochen würde, daß es einfach auch nur möchte, was gut für es sei.
Die immer niedriger werdenden Kilometerzahlen auf den Hin-

weisschildern zum Bestimmungsort, das angstvoll empfundene Näherkommen von Donauwörth, ließ die Mutter schließlich doch aufs Thema kommen: «Komm, Ingrid, in dem Berlin, wer weiß.»
Der folgende Tag bringt wieder den besänftigenden, wenn auch nicht frohmachenden Anruf aus Berlin. Ingrid Rogge telefonierte in der Vorstellung der Großmutter von einem Postamt aus mit ihr. Sie sei auf eine befremdende Weise kurz angebunden gewesen. Nicht als ob die durch den Apparat rasenden Groschen und Markstücke sie gehetzt hätten. Vielmehr als habe jemand hinter ihr gestanden und sie genötigt, keine Sentimentalitäten auszutauschen. Die Großmutter fragte: «Warst du auf dem Arbeitsamt?» Und die Enkelin antwortete: «Das hat heute zu. Richte der Mutti aus, ich schreibe», beendete Ingrid Rogge das Gespräch.
Sie schrieb nicht, rief aber vier Tage später, am 19. Juni, bei Elli Gottler an, die auch diese aufreizende Frage stellte: «Hast du Arbeit gefunden?» Nein, das habe sie noch nicht, deswegen arbeite sie vorübergehend bei den Lederleuten mit. Das war das letzte Lebenszeichen von Ingrid Rogge.
Die Einzelheiten ihrer damaligen Existenz in Berlin variieren in dem überforderten Erinnerungsvermögen der Eltern und Großeltern. Einmal wohnte sie zuletzt bei Angelika Harner, einer fünfundzwanzig Jahre alten Frau mit Kind in der Schöneberger Leberstraße; einmal wohnte sie schon in der Lederetage, der *Walde* in Kreuzberg. Der Großmutter hatte sie gesagt, sie arbeite in einer Diskothek und wohne in einer ehemaligen Fabrik, wo viele wohnen und vom Ledernähen leben.
Angelika Harner hütet sich vor trügerisch genauen Erinnerungen. Sie weiß nur, daß Ingrid Rogge im Frühsommer 1979 etwa vierzehn Tage bei ihr wohnte, nur nach Bock lebte, auftauchte, um zu baden oder zu duschen und danach die benutzten Gegenstände sauber hinterließ.

Sie sei lebenslustig und schön zum Ansehen gewesen. Einmal habe sie Ingrid Rogge ein weites Hemd geliehen, in dem sie sich in der *Music-Hall*, einer Diskothek in der Schöneberger Rheinstraße, vorstellen wollte, einem hochakuten Scenelokal seinerzeit, wo nur die heißesten Bräute Anstellung fanden und in den blutrot gekachelten Toiletten die Dealer herumstanden. Nach dem branchenüblichen fliegenden Wechsel vieler Besitzer wird die *Music-Hall* inzwischen von dem achtzig Jahre alten «Strapsharry» betrieben, der schulterlange weiße Haare hat, rote Kinderstrümpfe an Damenstrumpfbändern trägt und darüber eine Turnhose. «Strapsharry» imitiert am Wochenende Heino und Zarah Leander und erzählt, da er aus Leipzig stammt, sächsische Konsum- und Mangelwitze über Mikrofon. Unter seiner Ägide wurde die *Music-Hall* drogenfrei.

Wenn Pitt Müller, der heute zweiunddreißig Jahre alt ist und als ambulanter Altenpfleger in Moabit und Wedding arbeitet, das Geschehen noch mal rückwärts abspielt, dann würde er dieses junge Mädchen Ingrid Rogge damals nicht mit nach Berlin genommen haben. Er hatte sie am Abend des Ostersonntag 1979 im Saulgauer *Bohnenstengel* kennengelernt, einem Lokal, in das der unruhige Teil der ansässigen Jugend den Sesselmassen seiner Elternhäuser entflieht, um dort, im eigenen Plüsch, das Entrinnen aus Schwaben zu besprechen, das Wegmachen nach Berlin.
Pitt Müller hatte von Berlin aus seine Mutter in Altshausen besucht, wo er geboren ist und wo die Rogge ihre letzte Arbeitsstelle bei Trigema hatte. Und jedesmal, wenn er mit seinem alten Käfer wieder nach Berlin zurückfuhr, habe er Typen mitgenommen, soviel das Auto faßte. Es war ein regelrechter Transfer zwischen Oberschwaben und der erlösenden Stadt. Am Ostermontag 1979 saß dann auch Ingrid Rogge in dem vollen Auto.
Nun ist Pitt Müller ein sanfter Mensch und kein phosphores-

zierender Satan, der damals im *Bohnenstengel* das nicht zu versäumende Berlin anpries und Benzingeld kassierte. Denn die Typen, die er mitnahm, saßen ihm dann auch tagelang auf der Bude; in jeder Ecke eine Matratze mit einem auf Abenteuer angespitzten Schwaben drauf. Auch Ingrid Rogge wohnte eine Woche in seinen beengten Verhältnissen in der Zossener Straße in Kreuzberg, bis sie umzog zu Angelika Harner, der Schwester seiner damaligen Freundin.

Mit dem Wissen um ihren gewaltsamen Tod geraten alle Erwähnungen über das Wesen der Ingrid Rogge in eine ihrem Tod entsprechende, negative Stimmigkeit: Alle haben es sich immer schon denken können. In Pitt Müllers Erinnerung kursierte damals das Gerücht, die Rogge habe ihren Bruder rächen wollen und auf der Polizeiwache die Namen von Dealern preisgegeben. Daraufhin sei ihr wohlmeinend geraten worden, Saulgau zu verlassen. Pitt Müller begegnet Ingrid Rogge nach ihrem Auszug bei ihm nur noch einmal in der *Music-Hall*, wo sie bediente. Sie sei attraktiver und lebhafter als vorher gewesen, so als habe sie ihr eigentliches Element gefunden und die Provinz abgestreift.

Am 1. August 1979 setzte die polizeiliche Suche nach Ingrid Rogge ein. Die Kriminalpolizei Sigmaringen schrieb Berlin mit einer KP-16-Meldung an, einem Formular, das auch für den Fall eines Verbrechens oder Selbstmordes über körperliche Merkmale Auskunft gibt. Von der gesuchten Rogge lag die Röntgenaufnahme ihres Schädels bei, da sie 1976 vom Fahrrad gestürzt war; außerdem ein Zahnschema, das bis auf kleine plombierte Flickstellen keine Abweichungen zeigte.

Daß die Kriminalpolizei Berlin das Ansinnen ihrer Kollegen aus Sigmaringen, jemanden mit auf die Suche zu schicken, ablehnte, könnte großstädtischem Hochmut entsprungen sein. Vielleicht war es auch begründet in der strapazierten Erfahrung mit dieser speziellen Ecke von Berlin, wo polizeilich kein Durchkommen ist, weil kurzfristig ausgerollte Schlafsäcke hier

das Wohnen bestimmen und wer heute dort war, morgen längst woanders ist.
Diese gelangweilte Kenntnis von dem Ort hätte ein Beamter aus Sigmaringen nicht gehabt. Er hätte im Sinne des Wortes frischer gesucht, wäre mit einkreisender Routine wahrscheinlich bis hoch auf den Speicher gegangen. Es wäre die Akribie gewesen, mit der Kollege Ochs im Mädchenzimmer der Vermißten deren Fingerspuren von einer Lippenstifthülse und vierzig Zentimeter über dem Schloß auf der rechten Innentür des Kleiderschrankes erhoben hat, mit der er Haarproben aus ihrer Bürste in einer Tüte mitnahm.

Es sei schon winterlich gewesen, doch noch im November, als Barbara Reuter 1979 von der Berliner Kriminalpolizei gebeten wurde, in der Wohngemeinschaft, die als *die Walde* firmiere und extrem polizeifeindlich sei, nach Ingrid Rogge zu fragen. Barbara Reuter, aus Saulgau stammend und damals Apothekenhelferin in Berlin, hatte die Rogge im Juni am Fehrbelliner Platz getroffen. Sie kannten sich flüchtig aus einer schwäbischen Motorradclique. Barbara Reuter hatte selber eine zweihundertfünfziger Yamaha gefahren, und die Rogge, zwei Jahre jünger als sie, sei in voller Ausrüstung eine willensstarke Frau auf dem Rücksitz anderer gewesen.
Barbara Reuter nahm für diese Mission einen Freund mit. Im Treppenschacht eines von zwei möglichen Aufgängen, die in der Düsternis des 3. Hofes zur Wahl standen, hörten sie eine Trommel durch eine nur angelehnte Tür. Hinter dieser Tür lag eine lächelnde, von Drogen zahme Menschengesellschaft auf Matratzen. Nur der, der die Trommel klopfte, saß. Man hätte ihnen die Armbanduhren abstreifen können, so hinüber seien sie gewesen. Das konnte *die Walde* nicht sein, nicht diese ungnädige, politische Lederetage.
Die Walde lag eine Treppe höher. Auch hier keine geschlossene Tür. In einer großen Halle saßen ganz hinten welche am Tisch.

In einem offenen Kamin brannte Feuer. Ein an Ketten hängendes Hochbett, den Ausmaßen nach der Schlafplatz für viele, schien leicht zu schwanken. Der phantasietreibende Anblick dieses instabilen Bettes widersprach den Personen am Tisch, die eine eher harte Natürlichkeit verkörperten. Den beiden Besuchern kamen sie als die unerbittliche Vollendung des alternativen Menschenschlages vor.
Ihrer Frage nach Ingrid Rogge folgte gleich die Gegenfrage: «Seid ihr von den Bullen?» Und Barbara Reuter hatte ihre Erklärung, von der Mutter geschickt zu sein, noch halb im Mund, als man ihren Ausweis sehen wollte, den sie nicht bei sich hatte. Danach gab es für die Unwillkommenen nur noch ein schnelles, fast stolperndes Verlassen des Ortes, an dem zu leben für Barbara Reuter dennoch keine üble Vorstellung war. Das Mißtrauen seiner Bewohner erklärte sie sich als schützendes Verhalten für jemanden, den sie kannten und für den sich plötzlich die Polizei interessierte.

Zwischen Leuschnerdamm und Adalbertstraße – in ortsüblicher Abkürzung die «Ada» – liegt jener Teil der Waldemarstraße, der eine Welt für sich ist. Die westlichen Eckpfeiler dieser kurzen Straßenschlucht bilden am Leuschnerdamm das *Alt-Berliner Wirtshaus Henne* und gegenüber die Neuapostolische Kirche, die dort 1957 einen Neubau von praktischer Häßlichkeit bezogen hat, letztere noch betonend durch ein Rasenstück mit grabstättenhaft flachwachsenden Koniferen.
Mittwochs und sonntags vor den Gottesdiensten stehen in schwarzen Anzügen die naßrasierten und engelbleichen Apostel vor dem Eingang, begrüßen die Gläubigen mit Handschlag, um hinter dem letzten die Tür abzuschließen. Denn draußen ist die Wildnis Waldemarstraße, wo der Leibhaftige seine Täter rekrutiert, sie Steine werfen läßt und ihnen auf dem weißen Kirchenputz die Hand führte bei der gesprühten Botschaft «Bullen prügeln – Jesus schweigt».

Bevor die Gemeinde schleppend zu singen und der Prediger mit glanzloser Friedfertigkeit zu sprechen beginnt, bekommen Personen mit ungeläufigen Gesichtern Zettel zugesteckt, auf denen das Mitschreiben, Fotografieren und Ingangsetzen von Tonbandgeräten verboten wird. Doch was könnte hier von feindseligem Interesse sein? Die namentlich genannten Kranken, derer gedacht wird, die hinkend spielende Orgel oder die huschenden Apostel, die weitersingen, während sie für Ordnung sorgen?
Auch das *Alt-Berliner Wirtshaus Henne* – früher *Litfin* – sieht die Anwohner der Waldemarstraße lieber vor der Tür. Tische werden reserviert. Spezialität des Hauses sind fritierte Hühnerhälften mit Krautsalat, und die Kundschaft kommt meistens aus den Westbezirken, dazwischen reines Überdrußpublikum, das aus der Neonwiege des Kudamms mal raus muß, um sich hier an der Mauer ein paar Herbheiten zuzumuten. Denn so, wie es von allen Tellern riecht, geht es in die Kleider wie im *Wienerwald*. Parterre sitzt die Prominenz der geschilderten Sorte und eine halbe Treppe höher ein maßvoller Studentenschlag, viel Pädagogik. Die ochsenblutrote Ölbemalung der Wände schafft eine ermüdende Dunkelheit. Sie verdoppelt optisch noch die Verräucherung. Hier könnte auch Burschenschaft versammelt sein.
Die Waldemarstraße liegt so ruhig da, daß Schritte wie in einer Tropfsteinhöhle widerhallen. Von außen fehlen ihr alle schrillen Lebensäußerungen, die in Kreuzberg zu erwarten wären, von denen die Oranienstraße beispielsweise voll ist. Gegen sie ist die Waldemarstraße nicht einmal durchschnittlich charakteristisch. Die Häuser tragen das in Berlin übliche Elefantengrau oder das ebenso übliche Beige der Sanierung, das nach kürzester Zeit die Farbe von Packpapier annimmt.
Ins Auge fällt nur die Nummer 41 mit einem über die ganze Front gemalten Dreieck, auf dem ein Typ in einer Pose von Weltverachtung an den Trümmern seines Motorrades lehnt.

Neben ihm das Motto: «Our dream ist your desaster.» Hier wohnt der Phönix-Klan, eine Rockergruppe, die 1979, als sie noch im Ruf stand, wild zu sein, direkt neben dem späteren Fundort der toten Ingrid Rogge ihre Klubhütte hatte.
Zwei Häuser stehen noch im vollen Stuck des wilhelminischen Altertums: die Nummer 26 des Dachdeckermeisters Förster und die 33 mit den drei schachttiefen Höfen, in deren letztem sich das Drama der Rogge abgespielt haben muß.

Die Waldemarstraße hat sich zur Unterscheidung ihrer Bewohner drei Kategorien geschaffen: Normale, Nichtnormale und Türken. Die Normalen sind wenige ausharrende alte Frauen, die sich während der Sanierung nicht umquartieren ließen; die sämtlich einheimischen Mieter der Nummer 23, einem Neubau von 1958; einzelne männliche Alkoholiker und eine straßenbekannte Familie mit sieben Kindern.
Die Nichtnormalen sind ehemalige Besetzer, die, rechtlich abgesichert, ihre Eroberungen weiter bewohnen. Sie bilden das breite Spektrum der Freaks, was im Wortlaut der Scene jeden bezeichnet, der sich «aus dem System voll ausgeklinkt» hat. Unterhalb dieser Grundbedingung dividieren sich die Freaks dann nach zugespitzten Vorlieben oder biographischem Stigma in Körner-Freaks, Öko-Freaks, Leder-Freaks, Knast-Freaks, Heim-Freaks, Alt-Freaks usw.
Im Schlepp der Besetzer, die längst eine historisch gewordene Kaste bilden, leben aber auch Parasiten, die erst gekommen sind, als die Toiletten installiert und die Dächer dicht waren. Diese Abdecker des Zeitgeistes verschwinden gern den Winter über, wenn es in den Fabriketagen nicht warm werden will, und kommen wieder zur Saison, wenn in den Höfen die Tischplatten auf Böcken liegen, worauf der Vollwertkuchen steht, aus den großen zugefleckten Thermoskannen der Kaffee läuft und der Kiff seinen Baldachin über die bescheidenen Verhältnisse spannt.

Dem unfehlbaren Nichtnormalen ist jeder faschistisch, der Anzeichen von Versöhnung mit dem «Schweinesystem» zeigt. Als Anzeichen der Versöhnung reicht schon ein rasiertes Gesicht unter einer verbindlichen Frisur, ein Wintermantel, dessen Normalität nicht durch einen Tuareg-Turban, einen am Hinterkopf hängenden Fuchsschwanz oder von Filzknoten gebündelte Rasta-Strähnen gelöscht wird. Eine Frau darf scharf aussehen, den Pelz einer geschützten Tierart tragen und Gold auf den Lidern, wenn ihr darüber nicht das irisierende Moment von Sperrmüll abhanden kommt.
Neben der Abweichung in eine bürgerliche Unauffälligkeit, die sogar eine Zimmerwirtin in Steglitz oder Tempelhof die Türkette lösen ließe, zensiert der Nichtnormale auch Fixer, Schwule und solche, die ihren Idealismus schleifen lassen, deren tagespolitische Entrüstung leiser wird, die der Armut keinen hohen Wert mehr beimessen und in ihre eigentliche Veranlagung zurücksinken.
In seiner Hochform leidet der Nichtnormale aber auch an sich selbst. Denn als Platzhalter der Idee vom selbstbestimmten Leben muß er ständig für eine Verlockung stehen, die auch ihm manchmal verlorengeht. Deshalb muß er sich zur Selbsterhaltung in die Verachtung anderer retten. So verbraucht sich der Nichtnormale zu großen Teilen in einer Energie der Ablehnung.

Als eine Unterform des Nichtnormalen kann auch sein sozialer Betreuer gelten. Dieser hat sich in seinem Betreuungsrevier angesiedelt, um die Unbill der Gegend am eigenen Leib zu erfahren und dem Vorwurf, nur Theorie zu bieten, begegnen zu können. Durch die Tag- und Nachtgleiche mit seiner Klientel nimmt die Existenz des Betreuers zwei mögliche Wendungen: Entweder er verliert seine Distanz und wird über der Härte des Milieus selber bedürftig, oder er erlebt sein gutgemeintes Nahebei als eine Anmaßung gegen sich selbst und zieht wieder weg.

Und mit Wilmersdorf als Adresse im Rücken wird der soziale Betreuer für die Waldemarstraße zum «Diplombetroffenen», zu jemandem, der ein Diagnose-Raster über die Formen der Verelendung legt und nicht weiß, wie kalt Kälte ist; zu jemandem, der über Schleppscheiße, einem Kreuzberger Krankheitsphänomen der Haut, auch Kieztätowierung genannt, so redet, als sei sie ein entferntes, tropisches Übel, und der in der Kudamm-Zivilisation das türkisch-deutsche Miteinander träumt.
Die Waldemarstraße wird zu fünfundsiebzig Prozent von Türken bewohnt. Es sind etwa hundert Großfamilien, die, meistens miteinander verwandt, aus dem ostanatolischen Dorf Kelkit stammen. Die nächste Großstadt ist Erzurum. Viele haben innerhalb Kreuzbergs drei oder vier sanierungsbedingte Umquartierungen hinter sich, bis sie ans unterste Ende der Preisklasse, in die Waldemarstraße, zogen.
Was die Straße so billig machte, war ihr geplanter Abriß für eine Autobahn durch ein ungeteiltes Berlin; eine symbolische Vorkehrung wie die der klugen Jungfrauen aus der Bibel, die ihr Öl nicht ausgehen ließen für eine jederzeit fällige Ankunft des Herrn. Die aufgegebenen Häuser durften die Türken zu Ende wohnen. Auf diese Weise gehören sie zu den frühesten Ansässigen einer Straße, deren Existenz nur noch schraffiert in der Stadtplanung vorkam.

Die Hölle von Nathalie Wetzel wäre in einer Straße von durchgehender Berliner Rechtschaffenheit noch unerträglicher, als sie es hier ist. Die Waldemarstraße, in der eine weichere Elle angelegt wird, ist ihr Quantum Glück im Unglück. Sie erspart ihr die Leumundsängste, denn die Türken zählen nicht. Und die Nichtnormalen, die das soziale Mißraten politisch erklären, nennen sie Oma Wetzel, was eine rare Liebkosung für sie ist.

Sie wohnt mit ihrem vom Alkohol zerrütteten Sohn Arnold zusammen. Zweimal ist er einem Heim entwichen, jedesmal zu ihr. Den Konflikt, sein Entweichen zu melden oder nicht, entschied sie beide Male gegen sich und behielt ihn da. Nathalie Wetzel ist fünfundsiebzig, sie kam aus dem östlichen Abschnitt der Dresdner Straße in den Westen gekrochen. Bis die Rente durch war, wohnte sie im Keller. Bei Krause in Reinickendorf habe sie Rollmöpse wickeln dürfen, «da kaum eine deutsche Frau mehr in den Fisch zu kriegen war».

«Jetzt brüllt er wieder», sagt sie. Aus der zur Straße liegenden Stube schreit ein Mann: «Dracula! Dracula!» Bei Frau Wetzel in der Küche sitzt sehr akkurat gekleidet ihr anderer Sohn Helmut. Sein Hemd ist bis zum obersten Knopf unter dem würgend harten Kragen geschlossen; die Haare so gescheitelt, als habe ein Friseur ihn gezüchtigt. Er ist Freigänger eines Heimes in Wilmersdorf.

Sie redet über ihn hinweg, als wäre er nicht anwesend. Auch ihn habe das Trinken den Verstand gekostet. Helmut ist liebenswürdig, ständig auf ein hartes Wort gefaßt, sich duckend wie unter einer niedersausenden Rute und immer lächelnd um Versöhnung bittend. Er hat Brötchen mitgebracht und eine kleine Menge Aufschnitt.

Als der Kessel mit dem Kaffeewasser zu flöten anfängt, schreit Arnold aus der vorderen Stube: «Du alte Giftmischerin, hast du heute schon gefickt?» Vor Angst stößt sein sanfter Bruder Helmut gegen den Kessel, dessen Flöte abspringt. Der Kessel kippt, das wallende Wasser ergießt sich in die Küche. Unter dem Tisch erbricht vor Schreck die alte Hündin Tanja einen Hühnerschlund. Helmut wischt die Bescherung auf, und seine Mutter sagt: «Bei Arnold kommt die Krankheit stufenweise. Einen Moment gehn die Nerven hoch, dann ist er rot im Gesicht und tobt. Wenn er weiß ist, ist Ruhe, dann macht er Kreuzworträtsel.»

Wenn Arnold rot ist im Gesicht und Nathalie Wetzel sich vor

ihm fürchtet, bittet sie manchmal jemanden, den Kopf durch seine Tür zu stecken. Dann glaubt er, es ist die Behörde, die ihn abholen will, und schlagartig wird er zahm.

Der Kategorie der Normalen gehören auch Apollonia und Rochus Wegener an. Ihnen bedeutet die Waldemarstraße eine Schmach. Sie empfinden sich in einer zweifachen Minderheit lebend; einmal durch die Türken und innerhalb ihresgleichen durch die Gestrauchelten. Sie wohnen seit neunundzwanzig Jahren im einzigen Neubau der Straße, dessen Haustür hinter sich zu schließen ihnen eine Genugtuung ist. Denn dieses glatte Haus zwischen den vernutzten Häusern scheint auch seine Bewohner deutlich abzusetzen.

Ihre Wohnung ist von der dichten Gemütlichkeit, die bei einem gutsituierten älteren Ehepaar nicht ausbleibt. Überall stehen Reminiszenzen einer Reise. Im Flur ragt in der Höhe eines Hydranten der hl. Rochus, Namenspatron des Hausherrn und Beschützer der Leprakranken. Das Schlafzimmer liegt schon jenseits der Grenze zum Märchen; es hat ein Himmelbett. Der sich unter dem Küchenfenster ausbreitende Hof ist eine Rasenfläche mit Blautannen und einem kleinen Blockhaus aus geflämmtem Holz. Auf den Mauerkronen stehen einbetonierte Glasscherben aufrecht.

«Wenn wir in Tirol im Urlaub sind», sagt Frau Wegener, «und Kreuzberg erwähnen, wird nur aufgeschrien: ‹Dann kommt ihr ja aus Ankara!›» Die Waldemarstraße erwache erst nachts zum Leben. Zwischen drei und vier Uhr morgens gegenüber nur helle Fenster. «Ick weeß nich», sagt Frau Wegener, «die leben, gehn nich zur Arbeit und fahrn große Autos.» Sie tippe auf Heroin, will aber nichts gesagt haben.

Die Waldemarstraße macht die Wegeners zwiespältig. Sie lassen selbst nichts Gutes an ihr und sind darin wie Eltern, die Kummer haben mit einem Kind, von einem Dritten aber wegen dieses Kindes nicht bedauert werden wollen.

«In beiden Händen eine Tüte, und dann kommen die langhaarigen Bettelregimenter: ‹Haste mal 'ne Mark?› Und ich sage zurück», sagt Frau Wegener: «Zeig mir mal, wie 'ne Mark aussieht, ich weiß es auch nich.» Im Sommer unterm Balkon spielen mehr als dreißig Türkenkinder. «Gut, wir ham auch gespielt, aber anders. Wenn in der Türkei die Schafschur war, kommen die zurück und waschen in der Badewanne die Rohwolle aus. Die hängt dann zum Trocknen auf der Waldemarbrücke.» Der Tonfall, in dem Herr und Frau Wegener erzählen, verrät weniger Abneigung als den Wunsch nach Anerkennung ihrer Toleranz.

Trotz ihrer Mehrheit geben die Türken hier nicht den Ton an. Sie sind das aus problemlosen Mietern bestehende Rückgrat der Straße. Sogar ihre oft übervölkerten Wohnungen, in denen außer den drei ursprünglich gemeldeten Personen über Nacht vierzehn gemeldete Personen im Kaffeeschlamm der kleinen Tassen rühren, sind den Wohnungsgesellschaften keine Aufregung wert. Ihnen ist dieses türkische Schlaumeiertum lieber als der Barrikadenton der Nichtnormalen, deren Weltverbesserung ständig «Plenum angesagt» sein läßt; die für die Nutzung einer Etage als Kräuteretage, für ein Gründach oder die mit «Grauwasser» zu betreibende Toilettenspülung die härtesten Bandagen der Mitbestimmung anlegen und es darüber auch Nacht werden lassen für den Baustadtrat, den Protokollanten, die ehrenamtlichen Mietervertreter, die nicht ehrenamtlichen, die Blockarchitekten der «Behutsamen Stadterneuerung» und die Sozialplaner.

Die Türken haben solche Anliegen nicht. Sie ziehen sich vor den Türen ihrer penibel sauberen Wohnung die Schuhe aus, richten ihren levantinischen Wirklichkeitssinn aufs Sparbuch und versprechen ihre halbwüchsige Tochter einem Anwärter aus Kelkit.

Die hellen Gesichter der türkischen Männer mit den gestanzten Schnurrbärten unter ihrem akkuraten Haarschnitt geben der

Waldemarstraße eine Wirkung von Intaktheit. Es kommt vor, daß ein in der Nacht heimkehrendes Ehepaar in patriarchalischer Distanz hintereinander geht, obwohl es in der menschenleeren Waldemarstraße keinen religiösen Beobachter zu fürchten hätte. Die Frauen tragen das eckig gebundene Kopftuch, das ihnen wie die harte Kartonage einer Nonnenhaube den Haaransatz verdeckt. Die Ausstattung ihrer Neugeborenen ist königlich. Windelhose, Strampelhose, Hemdchen, Jäckchen, Schnuller und Schnullerdöschen sind Orgien der Abgestimmtheit, was die Leute von der Säuglingsfürsorge mit der sprachlosen Wendung «da schnallst du aber ab» kommentieren.

Das Verhältnis der Türken zu den Deutschen ist sortiert: Wenig Kontakt bringt wenig Reibung, dafür Vorbehalte. Hier die ungekämmten, hochzeitslosen Paare der Habenichtsgruppen in ihren kahlen Fabriketagen, dort die prügelnden Unterdrükker in den Teppich-Oasen der Vorderhäuser. Hier die Asketen mit den Keimlingsplantagen im wattierten Suppenteller und den hochgemüllten Stühlen von der Straße, dort die Verführten der Fernsehwerbung, die ihre Schaumstoffgarnituren aus dem Fenster werfen. Diese unbrennbaren Sessel und Sofas schaffen den ewigen Müll auf den Höfen.

Das Wissen voneinander ist klein. Der türkische Bäcker in der Nummer 31 wurde einmal auf den Mehlsäcken liegend gesehen, wie er sich von der Schwester seiner Frau massieren ließ. Das reicht, um zu sagen, er lasse sich täglich von der Schwester seiner Frau massieren. Die Waldemarstraße ist eine harte Provinz, die der schwäbischen Provinz nicht nachsteht. Nur, daß sich manchmal ganz laut die girlandenhafte, plötzlich abstürzende Türkenmusik mit dem Geruch von Kohlenbrand auf die Bürgersteige drückt, was es in Saulgau nicht gegeben haben kann.

Am 27. September 1985, einem Freitag, fand Dette, ein Nichtnormaler, das Skelett der Ingrid Rogge unter dem sogenannten Kriechdach des linken Seitenflügels im 3. Hinterhof der Waldemarstraße 33. Dette, Bewohner des ersten Hofdurchgangs, war im 2. Hinterhof die linke Treppe, wo die Firma Microgummi ihren Sitz hat, hochgestiegen bis zu diesem Dach, das nach dem Einschlag einer Brandbombe nur als Schrägdach notdürftig wieder hergerichtet worden war. Den Speicher unter diesem Dach bildet ein flacher Stollen, der nur ein kriechendes Fortbewegen erlaubt. Er ist, wie in Gewerbehöfen üblich, durch eine feuerbeständige FB-Tür – im Unterschied zu einer nur feuerhemmenden FH-Tür – vom Nebenspeicher getrennt. Vor dieser FB-Tür zwischen dem zweiten und dritten Speicher, ihrem Standort nach aber schon im 3. Hof, lag das in eine Bauplane gewickelte und mit Elektrodraht verschnürte Skelett.
Wie das Affentrio, das nichts sehen, nichts hören und nichts sagen will, steht Dette, den Fall Rogge betreffend, wie alle Nichtnormalen der Waldemarstraße unter einer internen Schweigepflicht. Eine der durchgesickerten Einzelheiten dieses Freitags ist, daß Dette etwas gerochen haben will, als er so insistierend die Treppe hochging bis zu dem Speicher, der nie mehr als eine Müllablage war. Außer, wenn die Phönix-Rocker in Silvesternächten über diesen Speicher das Dach bestiegen, um sich das Feuerwerk Gesamtberlins anzusehen.
Das taten sie auch 1979, dem gerichtsmedizinisch bestimmten Todesjahr von Ingrid Rogge. Diesen mit nichts zu vergleichenden Leichengeruch konnten sie damals, als er von furchtbarer Deutlichkeit hätte sein müssen, nicht wahrnehmen. Dort oben habe es immer den Gestank von Abfällen gegeben, doch nicht diese Nuance, für die es kein Wort gibt. Für die Gewerbe-Siedlungs-Gesellschaft, der das Haus gehört, kann das nur an der permanenten Zugluft unter dem Dach gelegen haben.
«Nee, det is einfacher», sagt, auf die Tote anspielend, der

Bauschlosser Dietrich Blühdorn, dessen Betrieb zweiunddreißig Jahre, bis 1983, im Parterre des 3. Hofes lag: «Weil die selber stinken, könn die keen Kadaver riechen.» Die Treppenaufgänge seien die reinsten Harnröhren gewesen. «Die Scheißhäuser jedem zugänglich. Und wenn eins zugeschissen war, rin ins nächste und det verstoppt.» Und «denn wird sich vorgekämpft bis zur Leiche, auf der noch 'n Teppich lag».
Für Dietrich Blühdorn, in der Waldemarstraße Sesam-Dietrich genannt, weil er auch Gitter und Wachtürme für Vollzugsanstalten zusammenschweißt, reduziert sich die Erinnerung an seinen alten Firmensitz zu einem «Scheißhaufen». In einem Rausch drastischer Aufzählungen ist die Rede von den Suleikas, die den in der Wohnung geschlachteten Hammel in den Hof ausbluten ließen, «und zwee Tage später hängt det Fell zum Trocknen in der Sonne». Kochtöpfe mit Mittagessen «nüscht wie runter», hasengroße Ratten, «versiffte» Matratzen, die Müllcontainer waren unbenutztes Mobiliar. Einmal denken er und seine Belegschaft «es regnet», aber das war ein bekifftes Kerlchen im 2. OG, das runterpißte. Sense war, als aus einem Fenster ein heraushängender Hintern eine «Tellermine» fallen ließ. Da schoß Blühdorns Vorarbeiter mit einem Bolzenschußgerät nach oben zurück.

Der Entschluß der äußerst polizeiallergischen Hofbewohner von der 33, Dettes Entdeckung dennoch der Polizei zu melden, ist nur damit zu erklären, daß sie unter sich keinen Mörder wähnten, und wenn es ihn hätte geben können, unter sich keinen Mörder wollten. In diesem oft durchkämmten Terrain, das einmal Augenmerk des Staatsschutzes war, erschien an jenem Freitag die Kriminalpolizei als geladener Gast.
In olivgrünen Anzügen, Gummistiefeln und Schutzhandschuhen, deren Unauffälligkeit durch orangefarbene Applikationen aufleuchtete, machte sich ein Kommando an die Fundortarbeit. Da das zu Suchende längst gefunden war, trug die rasterhafte

Gründlichkeit, mit der die Männer in Speicherecken und Kellerböden herumstachen, Züge einer bloßen Vorführung. Nicht aber für Blühdorn. «Is doch logisch», sagte der, «wo een Krümel Gold inne Erde is, liegen ooch mehr.»

Die Bereitschaft, an einen gewaltsam erlittenen Tod in der Waldemarstraße 33 zu glauben, reicht von einer in Genugtuung gebetteten Gewißheit bis zu einer matten Hinnahme. Für Rüdiger Möllering von der Druckerei *Movimento* stellt diese Leiche fast eine zwangsläufige Abrundung seiner Erinnerung an diesen Ort dar: Sie habe dort nur noch gefehlt.

Movimento war von 1972 bis 1980 im 2. Hof links und im 3. Hof rechts, jeweils im ersten Stock, Mieter des Hauses. Als linke Druckerei mit der zusätzlichen Eigenschaft, Termine einzuhalten, druckte sie den politischen Aktivisten ihrer Nachbarschaft schnell und billig die Flugblätter. Als Reaktion auf ihre Organisiertheit und eine sich anbahnende Etablierung habe diese Kundschaft Eisenteile durchs Fenster der Druckerei geworfen. Und vor dem Lastenfahrstuhl standen immer geparkte Autos.

Die Versicherungen machten für diese Adresse besondere Auflagen geltend. Und es war müßig, wegen Körperverletzung, Sachbeschädigung und aufgedrehter Rockmusik bis zu fünfzehnhundert Watt polizeiliches Einschreiten zu reklamieren. Die Gewerbetreibenden fühlten sich in einem vom Staat aufgegebenen Terrain. Sogar der Rentner aus der 35, dessen Lebenselixier einmal darin bestanden hatte, sich über die Nachtschichten von *Movimento* und Blühdorns Sonntagsschichten zu beschweren, hörte auf, die Polizei zu rufen. An diesem Ende schien die Waldemarstraße nur ein sich selbst überlassener Knochen zu sein.

Da die Nichtnormalen ihren Nachnamen verweigern und alle, die beispielsweise auf den Vornamen Manfred getauft sind, in dem kurzen Abschnitt der Waldemarstraße zu unterscheiden sein müssen, gibt es schon für Manfred die Nennformen

Manne, Manni, Mannu und Menne. Und wenn Manne in diesem Kosmos ähnlich klingender Ruf- und Kosenamen schon besetzt ist, braucht der nächste Manne ein Attribut. Er heißt dann Grizzly-Manne, so wie es einen Holzwurm-Rainer gibt, einen Asterix-Johnny, jemanden namens «Werner, die Träne» und einen Schmutzfuß, dem durch irgendein deutliches Verhalten der Leitname erlassen wurde.
Dani, die mit einem um die Stirn gebundenen Fellstreifen wie eine Waldläuferin aussieht, bewohnt in einer Remise der 32 die ehemalige Stalletage. Das ist ein großer, sehr niedriger Raum, bemessen nur für die Rückenhöhe stehender Kühe, die über eine Rampe in dieses erste Stockwerk hineinkamen. Obwohl nach grober Zuordnung eine Nichtnormale, nennt sie die Waldemarstraße eine einzige Giftgasse; und auch das übrige K 36, dieses ganze Kreuzberg südlich der Hochbahn, erscheint ihr als «Abladeplatz für Müll in Form von Menschen». Sie stellt sich vor, daß eine Leiche in einem Keller der Waldemarstraße keinen lauteren Aufschrei verursachen würde als eine Maus in einem Keller in Wilmersdorf. Und ein Menschenbein im Müllhaufen ihres Hofes würde sie sowenig wundern wie das Skelett vom Speicher der 33.
Sie glaubt an eine systematische Schwächung der Gegend durch die CIA. Von ihrer Seite her werde Heroin hereingepumpt und, bevor die Tragweite zu ermessen war, auch das Aids-Virus. Sie malt sich aus, wie das Produkt einer negativen Zucht einen Retortenmenschen ergibt, der bestimmte Strahlen auszuhalten hätte und dessen Schmerzgrenze der Forschung verfügbar wäre. Ihre Vision reicht bis zu einer kontrollierten Schranke am Kottbusser Tor.

Pilles drei Töchter heißen Chaota, Santana und Janna. Chaota wurde im Frauengefängnis Lehrter Straße geboren, wo Pille wegen Heroin einsaß und politisch eine «Wahnsinnsfrauenpower» entwickelte. Mit dieser Mitgift kam sie 1974 in «die

Walde», jenes dritte OG im dritten Hof, in dem Ingrid Rogge 1979 gelebt und sich am Ledernähen beteiligt haben soll. Inzwischen wohnt Pille, die in diesem labyrinthischen Haus schon viele Adressen hatte mit immer neuen Modellen zur Betreuung Schwacher, ein Stockwerk über der Lederetage.

Pille steht heute außerhalb der «Kiezaristokratie» mit ihren tyrannischen Idealisten, denen der abhanden gekommene Feind zusetzt und die das Lächeln mit einem Senatsvertreter ahnden. Für die trägt sie das Stigma der Labilität. Auch ihrer drei Kinder wegen, die sie unbedenklich haben wollte, ohne selbst in Sicherheit zu sein.

Die Geburt ihrer Tochter Janna glich einem Krippenspiel mit großer Besetzung. Das halbe Hinterhaus hatte sich eingefunden. Und Santana tobte mit dem Hund ums Bett. Pille, die mit einem Anflug von Wehen schon Tage vorher im dritten OG ein Wannenbad genommen hatte, weil sie glaubte, es gehe los, hatte irgendwo die Telefonnummern des Arztes und der Hebamme liegenlassen. Aus dem Vorderhaus kam eine türkische Geburtshelferin. Und Pille dachte, besser die als eine Alternative, die noch diskutieren will.

Es sei eine in ihren Handgriffen wunderbare Türkin gewesen, sagt Pille. Nur habe sie das ohnehin Tumultuarische dieser Niederkunft noch durch Tänze und Fangspiele mit Santana auf die Spitze getrieben. Beteiligt an dieser großen Unruhe waren außerdem eine Fotografin, die von allen Phasen des Geschehens eine Aufnahme machte, und Remmi, der Vater des erwarteten Kindes, der die Tonbandkassetten für den Geburtsschrei ablaufen ließ.

Als das Kind da war, hatte Pille die Empfindung, die Grenze ihrer Belastbarkeit erlebt zu haben. Noch in der gleichen Nacht räumte sie die Kaffeetassen und Aschenbecher weg, das ganze sich türmende Geschirr der Freunde. Und am darauffolgenden Morgen brachte Pille in einer Plastiktüte die Nachgeburt ins Krankenhaus, um nachsehen zu lassen, ob alles stimmt.

In Pilles Schönheit sind Spuren von Verwüstung enthalten. Neben ihr wirkt das Halbblut Remmi, ihr sehr junger Freund, wie ein manikürter Ganove, der, in vorgewärmten Frotteetüchern liegend, Zigarre rauchen könnte. Die Tätowierung um sein Pockenimpfmal ist nur ein Blümchen, das ihn keiner rauhen Lebenslaufbahn zugehörig macht. Immer geduscht und gecremt und immer unansprechbar, wenn die Rede auf das Skelett kommt, steht er am Spülstein.
Er schnitzt von einem unergiebigen Knochen das Fleisch für eine Mahlzeit ab und brät es. Neben ihm liegt ein mit Schmutz panierter Rinderschädel, das Geschenk eines türkischen Metzgers. Pille sagt: «Den Kopf kriegt der Hund.»
So reflexhaft schnell wie Pille, die ehemalige Junk-Frau, eine Ermordung Ingrid Rogges ausschließt und an einen Drogentod glaubt, klingt es wie besseres Wissen, ist aber eine Verteidigung des Milieus. Da der Schädel der Rogge eine Druckstelle hatte, könnte sie auch vollgefixt gegen das Treppengeländer geknallt sein. Daß die Tote in eine Plane verschnürt war, ist Pille kein Hindernis für ihre Version. Fixer entledigen sich manchmal eines «natürlich» Gestorbenen, um eine polizeiliche Befragung zu vermeiden, und laden ihn irgendwo ab. Diese Praxis ließ das Gerücht aufkommen, im Grunewald gebe es einen Fixer-Friedhof.
In dem großen, durch Wandbehänge, Schaffelle und Scheibengardinen wohnlichen Fabrikraum hängt, wenn Pille redet, Remmis Unbehagen. Das macht er hörbar, wenn er hart in der Pfanne rührt oder die Klappe des Ofens zuschlägt. Remmi rangiert als «linke Bazille» im Milieu. Eine Mutmaßung im Fall Rogge könnte ihn das Nasenbein kosten. Das einzige, das er sagt, ist: «Ich mache Abendabitur.»

Keiner ist keinem grün in der Waldemarstraße. Wer in der 31 wohlgelitten ist, ist in der 33 ein Schwein und in der 35 ein Faschist. Und umgekehrt. Jeder Entwurf, mit dem das Leben in einer Fabriketage grundsätzlich umzustülpen wäre, braucht Senatsknete. Und diese Knete sät Zwietracht. Rino entrümpelt schon seit vier Jahren seine Remise in der 32, die mal den Namen «Triebwerk» tragen und dem umfassenden Zweck «leben und arbeiten» dienen soll. Er hat einen Mundschutz umgebunden, wenn er die alten Bretter in den Hof knallt, deren Dreckwolken den Putz der gerade sanierten Seitenflügel wieder einschwärzen.

Rino bekam seinerzeit den Zuschlag gegen eine Kindertagesstätte. Zur Stimulierung dieser Entscheidung hatte Rino mit zwei Kästen Bier eine Horde Punker vom Kottbusser Tor mobilisiert, die für ihn Stimmung machten. Der Gegenkandidatin kippten sie eine Fuhre Mist auf den Schoß.

Ein Nutzungskonzept jagt und vertreibt das andere. Gestern gab es in der 37, der Backsteinfabrik, noch eine Punkerschule. Die Igel-Typen sollten von den U-Bahnhöfen weg und Hauptschulabschluß machen. Um ihren Widerwillen abzufangen, durften sie «saufen», «pissen» und «kotzen» als Tuwörter konjugieren. Heute soll da eine Gäste-Etage rein für die Rucksackreisenden, die im Sommer durch ihre Überzahl die besten WGs kaputtmachen. Ihrer Mauerlage wegen und der Freaks mit ihrem Lebensblues wurde die Waldemarstraße, und speziell die 33, zu einem Ausflugsziel wie die Rüdesheimer Drosselgasse. Nach dem Wort «Mama» konnte Simones Kind «Touristenbus» aussprechen.

Das Jahr 1979, in dem Ingrid Rogge umkam, war ein Höllenjahr für die Waldemarstraße 33. Im März wurde das vierte OG im dritten Hof besetzt, die erste als Besetzung deklarierte Wohnraumbeschaffung in Berlin. Auf den Matratzen dieses Stockwerks mit seinen sechshundertvierzig Quadratmetern lagen Aktivisten von verschiedenstem Engagement. Unter ihnen die «Stadtindianer», die eine straflose Sexualität mit Minderjährigen forderten und ihnen ein «zärtliches Zuhause» geben wollten. Da in K 36 jeder dritte Vierzehnjährige kein zärtliches Zuhause hat und auf der Straße Feuer will für eine Zigarette, fühlten sich die «Stadtindianer» im Schlaraffenland.

Im dritten OG der *Walde* taucht in immer dichteren Zeitabständen der Staatsschutz auf, der nach RAF-Sympathisanten und Angehörigen des 2. Juni sucht. Ganze «Bullenstaffeln» auf den Treppen der beiden Aufgänge, krachend und dröhnend an den Türen, die schon splitterten, bevor sie geöffnet werden konnten. Eine Hundertschaft quillt herein, die Etage in die Zange nehmend, und macht «Hügellandschaft». Kurzes Anheben der Tische, hart gezogene Schubladen werden ausgekippt und Regale umgestürzt. In der Lederwerkstatt hageln 3000 Nieten auf den Boden; das sind in Fächer geordnet 3000 Oberteile, 3000 Mittelteile, 3000 Unterteile und 3000 Kugelkopfteile, nicht gerechnet die Knöpfe, Reißverschlüsse, Nadeln, Garne und Locheisen.

Die Existenz der *Walde* begann 1974 mit einer Singer vom Sperrmüll. Sie gehörte Hütte, bevor sie allen gehörte. Hütte reparierte und nähte Lederklamotten, anfangs allein, dann zu mehreren. Für das schwarze Leder, das seinem Träger schon optisch eine Schlagkraft gibt, war der Markt enorm.

Die Jacke des Streetfighters hatte rundgenähte Schultern, gepolsterte Ellbogen, hier eine Tasche für den Knüppel, dort eine Tasche für das Piece; Ärmelreißverschluß, Kragenreißverschluß bis übers Kinn gegen erkennungsdienstliche Fotos. Rockermonturen, Niete an Niete gestanzt und lanzendicht, am Gemächte dick vorgebeult wie ein gekrümmter Boxhandschuh; Sondermodelle für einsame Wölfe mit rätselhaft verlaufenden Reißverschlüssen; Motorradkombis für Paare, diese nicht immer höllenmäßig schwarz, sondern auch farbig paspeliert.

«Haste Lederkummer, ruf die Waldenummer», reine Maßarbeit, nach außen «auf Stange», damit es über Industrie- und Handelskammer läuft und das Handwerk nicht anrückt. Hütte schrieb eine Anleitung zum Ledernähen vom Umfang einer Doktorarbeit. Wie ist eine Brustpartie zu lösen, die mehr Taschen haben soll als ein Schreibsekretär Schubladen? Zehn Leute konnte die Lederetage ernähren. Und Hütte, der nachbebende Achtundsechziger, der «Geborgenheit im Strom einer Bewegung» suchte, mehr wollte als nur eine florierende Manufaktur, kam mit der Idee, Theater zu machen.

Ins *Walde-Theater* flossen die Überschüsse aus der Lederfabrikation. Die Stücke waren grob gebaut, pointiert auf das Fazit hin «Allein machen sie dich ein» und unterlegt von «Ton, Steine, Scherben». Der Erlös ging an die Anwälte «eingefahrener» Genossen; Knastarbeit und Knastpakete wurden finanziert, tausend Mark von einer Aufführung vor der Kaiser-Wilhelm-Gedächtniskirche für Inhaftierte in Madrid überwiesen. Die Mitwirkenden trugen Lederjacken mit dem Emblem *Walde-Theater* auf dem Rücken, was die exklusivste «Kutte» in K 36 war, das Kleidungsstück der obersten Kaste.

Mit immer weiteren Tourneen, einmal bis nach Holland, größeren Kulissen in immer mehr Autos mit immer mehr Menschen scheiterte das *Walde-Theater* an der Zerstrittenheit seiner Beteiligten. Es war das gängige Ende eines Kollektivs. Zerfließende Zuständigkeit, delegierte Pflichten, und Chef, wo es gar keinen Chef geben durfte, war der methodische Hütte, dem die knappen Improvisationen über das Aushaltevermögen gingen.

Die Walde sympathisierte mit der «Bewegung 2. Juni», die theoretisch nicht so opulent war wie die RAF und nach Hütte ohne deren «deutschen Untergangswillen». Die Geiselnahme von Peter Lorenz, 1975, wurde dem «2. Juni» wie ein Bubenstück abgenommen. Der Schlag mit dem Besenstiel auf den Kopf des Chauffeurs, der nichts als eine Beule davongetragen habe, galt als volksnahe Prozedur, das Geld aus den Anzugtaschen der Geisel wurde an Berliner Rentnerinnen überwiesen,

von denen Bittbriefe im Aktenkoffer des Opfers gesteckt haben sollen.
Als 1977 nach «Mogadischu» und den Toten von Stammheim der Staat zum Endsieg ausgeholt und zur Verfolgung der Stadtguerilla so aufgerüstet habe, daß «er wirklich plattmachen konnte», zog in *die Walde* die Angst ein. Der Bruch mit der Gesellschaft durfte nur noch gedacht werden. Die Bewohner ließen das Agitieren sein und saßen über den Ledernähmaschinen. Von dieser totalen Häuslichkeit profitierte das Kommuneleben.
Ein Kamin wurde gebaut, vor dem die Gemeinschaft kiffend versammelt war, wenn im Morgengrauen wieder eine «viehische» Razzia alles aufmischte. Das hängende Bett entstand; eine viersitzige, gemauerte Badewanne, zwei Meter mal zwei Meter fünfzig, eine galante Anlage, aus zwei Becken bestehend, in der Mitte getrennt durch eine Ruhekonsole. Daneben ein Klo, auf dem, während gebadet wurde, ungehemmt die Notdurft verrichtet werden sollte. Dieses Konzept einer umgekehrten Klösterlichkeit war jedoch schon gestorben, bevor der Mörtel der Bauarbeiten trocknen konnte.
Weder hat Hütte, der antreibende Visionär, von dem die Ideen all dieser Installationen kamen, während einer Badestunde auf dem Klo gesessen, noch hat er auf dem schaukelnden Kommunebett geliebt. Denn *die Walde* hatte auch das Modell der besitzlosen Liebe angespielt. Es bereitete aber nur Kummer und schlug fehl. Und gleichzeitig hinderten die Paare den Betrieb. In ihrer akuten Phase waren sie entweder abwesend oder nur unausgeschlafen dabei.

Es war eine kurze Ruhe. Sie endete, als eine Rotte von Züri-Leuten «eingeritten» kam. Frauen und Männer in schweren Lederkutten, gepolt nur auf «Ente oder Trente». Sie brachten Junk in *die Walde*, im Gefolge die Gelbsucht und Schulden. Die halbe Brigade drückte und war dennoch «druff wie die Sau»,

palavernd, bis es hell wurde. Angst war denen keine Kategorie. Auch wenn täglich ein weiteres Foto durchgekreuzt war auf dem Fahndungsplakat des BKA.
Die Schweizer entließen ihre Frauen auf den Strich, was als höherwertiges Zuhältertum zu gelten hatte, da mit dem Geld Spritkosten gedeckt und auch mal ein Stück Eisen gekauft wurde am Bahnhof Zoo. Mit diesen Gästen geriet *die Walde* in eine immer enger werdende Spirale des Sympathisantentums. Die Eigenschaft, Genosse zu sein, doch kein Desperado werden zu wollen, brachte Nötigung in die Etage.
Die Walde befand sich in einer unbremsbaren, nach allen Richtungen auseinanderfahrenden Solidarität. Sie war dem Kollabieren nahe; und dazwischen irrlichterte noch Katharina de Fries mit ihrem Banditen-Mythos. Mit den nobelsten Motiven plante sie, «eine Bank zu machen». Sie war Mitte Vierzig, Mutter von vier Kindern und von jener revolutionären Hochgestimmtheit, die eine geborgene Herkunft manchmal abwirft. Vor allem wollte sie einen Roman schreiben, für den sie ein extremes Leben brauchte. Im ständigen Wechselbad zwischen ihrer Schöneberger Warmwasserwohnung und ihren passageren Aufenthalten in der *Walde* stellte sie immer schärfere Ansprüche auf die politische Tat.
Als sie 1980 mit einer Schreckschußpistole die Geldbomben eines Supermarktes an sich bringen wollte, wurde Katharina de Fries festgenommen. Nach einem Monat Haft in Berlin Freilassung auf Kaution. Sie verschwand nach Frankreich. (Ihr Roman *Der gestreifte Himmel* erschien 1983.)
Hütte verließ Ende 1978 *die Walde*, für deren ideologisch aufwendige Existenz er keine Nerven mehr hatte. Er habe durchgedreht und sich rausschmeißen lassen. Ohnehin war er eine Reizfigur: zehn Jahre älter als die anderen und von der ungemütlichen Willensstärke, eine Idee nach ihrem Zeugungsakt auch zu verwirklichen. Hütte bekam Kiez-Verbannung, als wollte man sich rächen für das Lob, das man ihm lange singen

mußte. Für ihn paßt der Tod von Ingrid Rogge, die nähen konnte und eine kleine Vergangenheit hatte als Lederbraut, sehr gut in das Katastrophenjahr 1979.
In der Waldemarstraße ist es schwer, es jemandem recht zu machen. Eine Architektin geht mit Sonnenblumenkernen säend durch die Höfe, und über der Vorstellung, daß diesen verölten und übernutzten Böden eine Blume abverlangt werden könnte, kommt beim Bauschlosser Blühdorn nur Gelächter. Blühdorn war der erste deutliche Kapitalist der Straße. Seinem neuen Mercedes, wird erzählt, haben die Kinder die Kotflügel abgeleckt. Da ihm seine Rubrizierung nie peinlich war, sondern ganz im Gegenteil er sein wirtschaftliches Gelingen im Kontrast zum «Murks der Chaoten» erst richtig erlebte, war Blühdorn ein geachteter Feind.
Das härtere Geschäft in diesem opponierenden Milieu betreiben die Blockarchitekten und Sozialplaner, die sich hineindenken in die nie versiegende Wut der Opponenten. Ihrem Entwurf für eine Hinterhofbepflanzung mit wildem Wein und Paprikaschoten, Schattenbereichen zum Sitzen und einem Indianer-Tipi für die Kletterbohnen erwachsen die Gegner schneller, als die Planer ihn erörtern können. Verständnis wird mit harter Münze zurückgezahlt. Einmal war es ein Aschenbecher vom Gewicht einer Hantel. Wer die Bullen holt, hat abgemeldet. Der sollte zusehen, daß er in die Hufe kommt und eine Flocke macht. Sonst kriegt er noch einen Satz Ohrenwärmer verpaßt; aber nur zur Betäubung. Wer liegenbleibt, ist epileptisch.

Noppe strotzt vor Gerechtigkeit. Während er redet, tippt er mit einem Finger gegen den Punchingball, der zwischen Fußboden und Decke seines Zimmers vibriert. Wer Noppes Faust noch nicht im Gesicht hatte, muß ihn sympathisch finden. Er ist kein typischer Nichtnormaler, sondern ohne alle Requisiten des Milieus. So sauber, wie er zuschlägt, spricht er auch; keine unklaren Halbgedanken, die mit den Wörtern «feeling» oder «drauf sein» sich über die Klippe der Aussage retten. Wovon der Bulle träume, sagt er, sei «ein Pfiff im Hof, und dreißig Vermummte stürzen runter». Für die über sechs Jahre unentdeckte Tote auf dem Speicher hat er eine technische Erklärung: Sie muß in der Schüttung aus Schotter und Sand zwischen den Balken gelegen haben.

Wenn Noppe sich aufrichtet, reicht allein seine Erscheinung, mit deren Wirkung er wie mit einem gezückten Revolver spielen kann. Noppe ist aber Sanguiniker und regt sich schnell auf. Nach dem Zuschlagen, nachdem sein Gegenüber unten liegt, sagt er: «So, damit Ruhe ist!» Noppe sorgt sich um die Aufweichung des Milieus. Aus K 36 werde langsam Harlem; das Trendgesindel sei im Vormarsch; es mache aus dieser Armutsecke eine Altstadt und eröffne weiße Kneipen mit Eßzwang.

In diesen Zusammenhang geriet Dieter mit seinem *Frontkino*, das im ersten Stock des dritten Hofes der Waldemarstraße 33 lag. Er wurde zu einer negativen Sammelgestalt der Aufweichung. Denn sein Publikum kam scharenweise aus dem Westen, jenseits vom Kottbusser Tor, wo die suspekte Welt beginnt. Die Vertreibung von Frontkino-Dieter verlief stufenweise. Zuerst wurde er geschlagen. Da er Angst vor Rache hatte, zog er seine Anzeige bei der Polizei zurück. Dennoch blieb er überfällig. Daß er zu verschwinden habe, wurde ihm mit gesprühten Hinweisen auf den Hauswänden beigebracht, die, je sachter sie ausfielen – «Didi nach München» –, um so stärker bedrohlich waren.

Die in grünes Gummi gekleideten Männer, die am 27. September 1985, freitags, die Überreste der Rogge auf einer Bahre aus den Höfen trugen, mußten für Dieter etwas einmalig Schreckliches gesehen haben. Das hätten bei aller Kühle ihrer Berufsausübung die Gesichter verraten. Dieter steckte in den Vorbereitungen seines letzten, für diese Gegend seltsamen Festes. Es war für den Abend in den Scenezeitungen mit Querflöte, Schubert-Liedern und Perücken annonciert. Zur romantischen Akzentuierung hatte Dieter die Wegstrecke durch die drei dunklen Höfe mit Windlichtern flankiert. Sie waren gerade angezündet, als die Männer mit der Bahre erschienen. Icke aus der *Walde* fragte den unwissenden Dieter: «Macht ihr Totenfeier?» Und die Woche darauf stand in *Tip*, das Skelett und die Windlichter in Zusammenhang bringend, nur um der Pointe willen das Wort Kannibalismus.

Für den Teppich auf dem Knochenbündel wollten die Phönix-Rocker geradestehen. Sie waren sicher, diesen Teppich 1979 in ihrer Klubhütte im vierten OG des dritten Hofes der Waldemarstraße 33 als Windfang gegen die Zugluft vom Nachbarspeicher benutzt zu haben. Auf dem undeutlichen Foto, das ihnen die Mordkommission Keithstraße vorlegte, konnten sie ihn jedoch nicht als ihr Eigentum bestätigen.

Die Phönix gelten für die Szene der Waldemarstraße nur noch als gute Berliner, die arbeiten gehen, um im Frühjahr ihre Motorräder wieder anmelden zu können. Diese Einschätzung gibt ihnen Meinungsfreiheit. Sie brauchten ein Mitwissen nicht zu meiden und erlauben sich ohne Bedenken einen Zustand der Ratlosigkeit. Die Leiche der Rogge müsse nachträglich auf dem Speicher deponiert worden sein, obwohl es schwer sei für einen Fremden, ein so langes Paket unentdeckt vier Treppen hochzutragen.

Die Todesumstände der Ingrid Rogge, die über ihr Zahnschema identifiziert wurde, sind bis heute ungeklärt. Nach ihrer Einäscherung in Berlin am 14. Januar 1986 konnten die Eltern, die vier Monate lang täglich darauf warteten, die Urne im Saulgauer Rathaus abholen zu können, ihre Tochter am 27. Januar 1986 beerdigen. Da die Urne nur das ungefähre Todesdatum «circa 1979» trug, war die in Trauer versackte Beruhigung der Eltern, ein kurzes Gastspiel in Berlin habe einen schnellen Tod gebracht, wieder zunichte.

4

«Heute zieht den die Schulter
wieder runter. Das waren ja
vierzig Kilo der Kessel, an die
achtzig Würste im Siedewasser,
die schwere Senfbüchse angeklemmt,
der Spiritustank, das Papptellerfach
und an die dreihundert Stück
Wurst im Sack auf dem Rücken.»

Die falsche Nummer

Am Telefon ist Erna Schulich aus der Samoastraße in Wedding. «Meinem Sohn», sagt sie, «wurde wieder nachgerufen: ‹Du bist ein geistesschwacher Unfall-Lügner!›» Frau Schulich hat sich verwählt und redet dennoch weiter; auch nach dem Nummernvergleich, der ihren Irrtum doppelt klar macht.
«Während einer Bahnfahrt, in einer Kurve zwischen Uelzen und Celle, ist mein Sohn mit dem Kopf gegen eine Eisenwelle gestoßen. Das Ding ragte wie ein Arm aus dem Gepäcknetz. Er hat sich gleich aus dem Abteilfenster übergeben müssen und ist seit zehn Jahren keine Stunde ohne Kopfweh.
Das sind total gekrümmte Kopfschmerzen, und selber bin ich bluthochkrank und habe dreizehn Jahre den Tabakladen. Auf dem Perkingplatz an der Kiautschoustraße sind grausame Alkoholkranke ihm hinterhergelaufen mit Beschimpfungen. Jetzt hat ihn gestern die *Bildzeitung* gebracht beim Anstehn für die Otto-Hahn-Gedenkmünze vor der LBZ Leibnizstraße, vorne der Dunkle mit Mütze.»
Frau Schulich vermeidet Redepausen.
«Mein Mann hat den Rücken kaputt vom Wurstkessel», sagt sie. «Den kümmert nichts mehr, der schleicht nur noch, die Augen nach unten. Momentchen mal, da kommt er gerade», sagt sie vom Hörer wegsprechend und dann wieder dicht ins Telefon: «Heute zieht den die Schulter wieder runter. Das waren ja vierzig Kilo der Kessel, an die achtzig Würste im Siedewasser, die schwere Senfbüchse angeklemmt, der Spiritustank, das Papptellerfach und an die dreihundert Stück Wurst im Sack auf dem Rücken. Dabei hat er pomadig Geld gemacht und vergessen, auf Motorrad mit Beiwagen für'n Kessel umzusteigen.

Die andern sind mit ihren Krädern die Parteitage in ganz Deutschland abgefahren, zum Kyffhäuser-Tag in Kassel, zum Erntedankfest auf dem Bückeberg. Als die Reichskanzlei fertig war, haben wir heiraten können. Alles Bauarbeitergroschen, alles übern Brühwursthandel vor den Baubuden.
Meine Dame, mein Mann hat sich totgeschleppt. Der war nicht mehr er selber, als er anfing mit den Weihnachtsbäumen vorm Virchow-Krankenhaus. Er hat sich das Schreien verbeißen müssen, wenn er eine Tanne aufstippte aufs Pflaster, also wenn er die Tanne präsentierte. Zwei Winter habe ich mitgestanden, meistens Edeltannenkundschaft und ‹Herr Doktor› sagen auf Verdacht. Wir mußten keinen am Arm festhalten bei den guten Bäumen, das waren keine Krücken aus'm Hexenwald. Bei Edeltannen spielt das neureiche Denken mit rein und das Nadeln der gemeinen Fichte auf den Teppich. Großkauf ohne Präsentieren und jede krumme Gurke für zwei Mark fünfundneunzig war meinem Mann zu maschinenhaft.
Jetzt höre ich ihn hantieren, er setzt wohl Kaffeewasser auf.»
Weiter kommt Frau Schulich nicht. «Bin schon da!» ruft sie ihm zu.
«Zwei Männer im Haus und beides Kinder», sagt Frau Schulich als letztes.

Der RAF-Anwalt Otto Schily

Der Strafverteidiger Otto Schily, der sich seit 1974 keinen Urlaub nahm, ist müde. Für ein halbes Jahr will er Fälle, welche die Auseinandersetzung mit der «Rote Armee Fraktion» (RAF) berühren, nicht mehr übernehmen, sondern von außen über die Zeit der Konfrontation nachdenken.

Otto Schily spricht von einer unwiderruflichen Denkpause. Jemand, der sechs Jahre regelmäßig die Qual von Einsitzenden erlebte, könnte deren Perspektive auf die gesellschaftlichen Verhältnisse angenommen, könnte einen vergleichsweise unwichtigen Ausschnitt der Wirklichkeit für die ganze genommen haben.

Wenn der Schuß auf Benno Ohnesorg 1967 und die Frankfurter Kaufhaus-Brandstiftung 1968 als erster Alarm auch nicht in direktem Zusammenhang mit der späteren RAF stehen mögen: Für Otto Schily ergeben das zehn Jahre, in denen er als Strafverteidiger und selber Teil der bestehenden Ordnung die politische Legitimation von Mandanten gegen die bestehende Ordnung vertrat. Im Prozeß von Stammheim blieb Schily, der sich in diesen Widersprüchen formal nicht verloren hatte, als einziger nicht entpflichteter Vertrauensanwalt übrig.

Das Verhältnis eines Verteidigers zu seinem Mandanten kennzeichnet eine natürliche Parteilichkeit. Diese Parteilichkeit ist deshalb natürlich, weil in ihr das Wesen von Verteidigung liegt. Nach dem Morgen des 18. Oktober 1977, als im Gefängnis Stuttgart-Stammheim die Terroristen Andreas Baader, Jan-Carl Raspe erschossen und Gudrun Ensslin erhängt aufgefunden worden waren, fügt sich der Strafverteidiger Otto Schily nicht dem menschlichen Ermessen, wonach der Tod der drei

Gefangenen Selbstmord war. Er bleibt auch jetzt parteilich. In einer vom Fernsehen übertragenen Pressekonferenz macht der Strafverteidiger Otto Schily deutlich, daß die Wahrscheinlichkeit einer Selbsthinrichtung für ihn nicht die Qualität einer Tatsache hat.

Es ist der gleiche Tag, an dem die überstandene Aktion Mogadischu im Begriff ist, ein Nationalgefühl herzustellen, ein Gefühl zu kräftigen, welches allzulange gewässert wurde in rechtsstaatlichen Skrupeln, ein in Taumel sich ausdrückendes «Endlich!».

In dieser Atmosphäre nationaler Völlerei, die nicht wesensgleich ist mit dem Zustand der Erleichterung, macht Otto Schily sich mit den Mitteln der Genauigkeit zum Spielverderber. Er durchkreuzt das «Aufatmen über die Höllenfahrt der Mordschweine Baader, Raspe und der Baader-Huren-Sau Ensslin», wie es auf einem in seinem Bürobriefkasten liegenden Glückwunschzettel heißt. Der Rechtstechniker Schily wird als «Regisseur der Mordlegende» tituliert.

Bei einer Maidemonstration 1976 zündeten in der Budapester Straße in Berlin-Schöneberg Passanten eine rote Fahne an. Es waren ortsübliche Meinungshelden, für die es den Begriff «beherzte Berliner» gibt. Als Otto Schily, der an der Demonstration teilnahm, sich denen zuwandte und sagte: «Fahnenverbrennen geht aber nicht!», ließen sie davon ab und nahmen eine drohende Haltung gegen ihn ein. Das Volksempfinden dreht auf Vollrausch, und keiner stand mehr wie gerufen da als Otto Schily, der Verteidiger von Terroristen. Weil andere Demonstranten einen Kreis um ihn bildeten und ihn in dieser Formation davontrugen, blieb er körperlich unversehrt.

Es liegt nicht an Schilys Wiedergabe, daß diese Szene klingt wie die Jesuslegende nach der plötzlichen Stille auf dem See Genezareth, der durch ein Machtwort aufhörte zu toben. Das liegt an der schriftlichen Ausbreitung, am satzweisen Übertragen

knapp erinnerter Fakten. Denn seine Person betreffend, bemüht sich Schily eher um Unergiebigkeit als um die Farben eines Zwischenfalls.
Vom 19. Oktober an, nachdem es in Stuttgart-Stammheim die drei Toten gab und die Leiche Hanns Martin Schleyers gefunden wurde, kommen täglich Drohbriefe in Schilys Anwaltspraxis in der Berliner Schaperstraße. Ein «Kommando 20. Oktober» schreibt: «Die gnadenlose Treibjagd bis zur totalen Liquidierung dieser Laientanzgruppe hat erst begonnen. Hütet Euch überall und immer!!!» In einem beigefügten Terroristensteckbrief ist eine freie Ecke für Otto Schily eingezeichnet: «Gesucht als Mordhelfer, nennt sich auch ‹Rechtsanwalt›.»
Vom 19. Oktober endet ein Brief mit den beiden Sätzen: «Jeder ist für die Todesstrafe. Hoffentlich lebt Schleyer noch – in Ihrem Interesse!»
Aus Berlin und «im Namen des Volkes» schreibt «ein einfacher Bürger unseres demokratischen Rechtsstaates»: «Es wäre besser, wenn Sie sich ebenfalls eine Kugel in Ihren elenden Kadaver jagen würden!»
Hier äußert sich das Berlinertum mit dem Pathos seiner in Erbpacht stehenden Kompetenz. Die Empfehlung: «Ein Rechtsanwalt soll nicht dem Unrecht die Stange halten!» schließt mit der Zeile «Empörte Berliner schreiben Ihnen diesen Brief».
Es sind die Inhaber jenes auf dem rechten Fleck urteilenden Herzens, die sich als politische Titelträger begreifen und ihr zitterndes Sütterlin an Stelle des Namens mit «Berliner» signieren. Die Verwünschung «Für Dich Miststück ist der Scheiterhaufen noch zu schade!» zeichnete «eine alte Berlinerin. 74 Jahre». Für viele dieser auf Postkarten eingehenden Beleidigungen hat das Büro Schily Nachporto zahlen müssen.
Gegen die Angst vor einer physischen Gefährdung rettete sich Otto Schily in das Bewußtsein der Unvermeidbarkeit. Das tat er auch während der vielen Flüge von Berlin nach Stuttgart, wo ihm manchmal Gedanken an die statistische Erfüllung durch

einen Absturz kommen. Vom Beginn des Stammheimer Prozesses im Mai 1975 bis zur Urteilsverkündung im April 1977 flog er allein 134mal hin und zurück.
Es dauerte auch nur Bruchteile eines akuten Unbehagens, als Otto Schily bei der Flut pogromgestimmter Zuschriften daran dachte, sich durch einen Hund schützen zu lassen.
Den Hund hätte er aber lieber nicht erwähnt. Diese Erwähnung ist ihm einfach widerfahren, so wie jemand nur dadurch, daß er sich Asche vom Revers wegwischt, den Hinweis gibt, geraucht zu haben.
Am Tag der Beerdigung der Toten von Stammheim trug Otto Schily zwischen Nasenwurzel und rechtem Augenlid eine auf einen Steinwurf hindeutende Verletzung. Die Frage nach dem Verursacher mißfiel ihm. Er reagierte belästigt, als habe man ihm, als Prominentem, ein Rezept für eine weihnachtliche Gänsefüllung abverlangt. Die Wunde genauso wie der Hund berühren schon eine Zone, in die Otto Schily seine Privatsphäre vorverlegt hat. Ihn ekelt die Vorstellung, als das gepeinigte Lamm von Stammheim zu gelten. Er witterte die phantasietreibende Theatralik eines Steinwurfs und reduzierte ihn deshalb zu einem alltäglichen Versehen.
Otto Schily wurde am 20. Juli 1932 als das zweitjüngste von fünf Kindern in Bochum geboren. Die Familie gehörte der Anthroposophischen Gesellschaft Rudolf Steiners an; aus der Sicht des Kindes eine auserwählte Familie, ein konkurrenzloses Zentrum, in dem der Gedanke nicht aufkommen konnte, das eigentliche Leben fände bei den Nachbarn statt.
Schilys Mutter war die Tochter des Leiters der Königlichen Porzellan-Manufaktur in Berlin, Professor Schmuz-Baudis. Der Vater, ursprünglich Archivar, dann Prokurist, wurde nach Kriegsende Hüttendirektor und Vorstandsmitglied des Gußstahlwerks Bochumer Verein.
Es ist ein Milieu mit den Konturen der großbürgerlichen Klasse, doch abgerückt durch den Lebensstil einer sonntäglich

anmutenden Weltanschauung, durch die selbstbewußte Vereinzelung von Diaspora-Mitgliedern. Schilys musikalische Mutter achtet auf das harmonische Klangbild zwischen Vor- und Nachnamen ihrer Kinder. Aber das Kind Otto liebte seinen Namen nicht. «Otto», sagt er, «hatte immer was von Onkel Otto.»

Es scherte das Kind wenig, daß Otto von Od abgeleitet ist, was Kleinod oder Wert bedeutet. Seine Mutter wünschte, er würde Künstler. Und sie setzte ihn nie auf jene faustrechtliche Lusterfahrung an, bei der Mütter gleichzeitig als Schiedsrichter und Claqueure um den Sandkasten sitzen, um ihren zuschlagenden Knaben den ersten erotischen Applaus zu zollen. Das Kind Otto Schily spielte gut Cello und Klavier und wurde auf dem Schulhof verhauen.

Schon diese Konstellation auf dem Schulhof zeigt Schilys Untauglichkeit, Boß oder Mitläufer einer Gruppe zu sein, aber auch dafür, zum Untertanen auszuarten. Otto Schily wurde kein Einzelgänger, weil eine Horde ihn öfters ins Abseits prügelte, sondern weil er von Natur aus ein anderer ist: Für Gerhard Mauz, den Gerichtsreporter des *Spiegel*, ist er heute der «typbildende Strafverteidiger Deutschlands», wo lieber angeklagt als verteidigt, aber noch lieber gerichtet werde.

1966 heiratete Otto Schily, der damals in einer Berliner Wirtschaftskanzlei arbeitete, Christine Hellwag, eine Enkelin des Architekten Bruno Taut. Sie studierte Theaterwissenschaften. Als Mitglied des SDS, des Sozialistischen Deutschen Studentenbundes, konfrontierte sie Schily, der gerade erst im Begriff war, die FDP nicht wiederzuwählen, mit politischem Aktionismus.

In Berlin wurde der Republikanische Club, der RC, gegründet, eine Chiffre für intellektuelle Staatsverdrossenheit. Die Wut gegen die große Koalition und Vietnam zündete aus den universitären Zirkeln auf die Straße herunter. Die textile Erscheinungsform der Studenten inspirierte sich an Fidel Castro; und

Axel Springers Karikaturisten schufen die Bürgerschreck-Version eines in Berlin wimmelnden Havanna-Rübezahls.
Otto Schily ist inzwischen dem Rechtsanwalt Horst Mahler begegnet, der ihm anbietet, mit ihm die Angehörigen des am 2. Juni 1967 erschossenen Benno Ohnesorg als Nebenkläger im Prozeß gegen den Polizisten Kurras zu vertreten: Schilys erster politischer Prozeß.
Die Studenten-Revolte macht das ohnehin besondere Berlin zusätzlich besonders. Es bildet sich auch ein Glamour der Revolution. Das unter roten Fahnen springflutartige Hüpfen zum Stakkato der Ho-Ho-Ho-Tschi-Minh-Rufe hat die Wirkung ballettös gelöster Aggressionen. Die schönsten Frauen laufen eingehakt mit den schärfsten Vordenkern des Otto-Suhr-Instituts unterm vordersten Transparent. Und sie geraten prompt aufs Titelbild von *Paris Match*. Eine rasende Lockerheit verbreitet sich, eine scheinbar über Nacht bewältigte Distanzierung vom Vater als dem «alten Herrn» und von der Mutter als der «alten Dame»; ein abrupter Positionswechsel vom steilen Eßzimmerstuhl in den Schneidersitz. Es ist der Wechsel auf das gebrockte, duzend verteilte Stangenbrot und die unabgewischt kursierende Rotweinflasche.
Vom politischen Inhalt her wird diese Zeit auch Otto Schilys Zeit. Er ist neben Horst Mahler der berühmteste linke Anwalt Berlins. Er verteidigt die Frankfurter Kaufhaus-Brandstifterin Gudrun Ensslin – Täter-Devise: «Schafft viele Vietnams», deshalb «burn, ware-house, burn!» –, er setzt sich aber auch für Leute ein, zwischen deren Matratzen hundert Gramm Haschisch gefunden werden. Bei diesen handelt es sich meistens um die Reigentänzer der Bewegung, die ihr nichts als Beschwingtheit abverlangen und schlapp und süßlich wurden vor lauter Fleischverzicht und ungeschältem Reis.
Das sich äußerlich darstellende, epochale Lebensgefühl mit seiner Folklore und seinen verabredeten Manieren kann für Otto Schily keine Versuchung darstellen. Wie ein spröder Ge-

burtstagsgast, der im Augenblick des Happy-Birthday in der Küche neues Eis besorgt, ist Otto Schily chronisch unfähig, in Sprechchöre einzufallen, obwohl er sie nützlich findet und sich nicht von ihnen absetzt. An einem Spätnachmittag in den mittleren Apo-Jahren zogen nach einer Vietnam-Demonstration Leute aus der vordersten Szene mit Schilys Frau Christine in deren eheliche Wohnung in Berlin-Grunewald. Die Männer in der gefleckten Rebellenkleidung nahmen sich in dieser Umgebung aus wie Parachutisten in einem Gouverneurssalon. Als Otto Schily aus der Kanzlei nach Hause kam, war die Truppe gerade dabei, auf seinem Konzertflügel Würste aufzuschneiden. Otto Schily sah einen Moment lang mit indignierter Miene zu, unterließ es aber, die Feier abzubrechen.
Damals galt die Tatsache, daß Schily ausschließlich Schneideranzüge mit Weste und Uhrkette trug, noch nicht als Indiz dafür, ein doppelt-scharfer Linker im Schafspelz zu sein, einer, der die altdeutsche Bratenrock-Kulisse schiebt, um unverdächtig RAF-Kassiber in oder aus Gefängnissen zu schmuggeln. (*Die Welt* vom 19. Juni 1972 unter der Überschrift «Ein Beau mit Linksdrall»: «Klubsessel zieht er Holzpritschen vor, was ihn freilich nicht daran hindert, trotz alerter Manieren auf die Ballonmützenideologie zu setzen.»)
Bei aller Wertschätzung, die ihm die Neue Linke entgegenbringt, lastet sie ihm bürgerliche Attitüden an. Denn er läßt sich nicht vereinnahmen, auch nicht beim allgemeinen Servus auf die Elternhäuser. Er war, das gibt er zu, ein gehegtes Kind. Und er konnte, im Duktus der auch damals noch virulenten Studiker-Sprache, «die ollen Herrschaften» nicht verraten.
Es darf ja auch vorkommen, daß einer von Hause aus nicht auf Sand gesetzt ist, sondern gerade von dort, wo andere ihre Krankheiten herhaben, Reserven bezieht. Otto Schily hat seine Toleranz von dort. Und natürlich jene Dosis an sozialen Vorgaben, die es ihm erspart, später unter sozialen Beweisdruck zu geraten.

Otto Schily, der sich ebenso wie sein damaliger Kollege Horst Mahler erstmals in Hypotheken- und Erbschaftsprozessen auszeichnet und wie Mahler aus einem juristisch eher unpolitischen Spektrum stammt, kann sich die Verteidigung von zu Tätern abdriftenden Utopisten erlauben. Er kann sich angstfrei auf Mandanten einlassen, die das Zerschlagen des westdeutschen Staatsapparates betreiben wollen, um dadurch der Dritten Welt zu dienen.

Solche politischen Ziele rangieren schließlich in den getäfelten Advokaturen erst einmal als Scherz. In diesen Advokaturen, deren Schreibtische mit grünem Leder und abschließender Blattgoldlitze überzogen sind und in deren Wartezimmern justizfeindliche Daumier-Lithographien hängen; in diesen Advokaturen darf man mutmaßlicher Erbschleicher bei tödlichem Ausgang sein, aber kein Anarchist. Otto Schily kann nicht absehen, welche Klientel ihm wegen der RAF-Verteidigung verlorenging. Aber es sind rein qualitative Gründe, daß seine Anwalts-Praxis nicht stigmatisiert und ausgehungert wurde. Denn bevor Schily als (gewählter) Pflichtverteidiger seiner letzten Stammheimer Mandantin Gudrun Ensslin auftrat und – wie der *Rheinische Merkur* vorrechnete – «für 192 Verhandlungstage 144 000 DM aus der Staatskasse kassieren durfte», mußte er sich als Wahlverteidiger den Stammheimer Prozeß durch Wirtschaftsverfahren möglich machen.

Die sonderbare Duplizität, daß Wirtschaftstäter, die eine andere Sorte Mensch darstellen als Angehörige einer Stadtguerilla, denselben Strafverteidiger bemühen, spricht für den Sachverstand des Juristen Schily.

Daß Otto Schily ebenso für vermeintliche Abschreibungs-Ganoven die Robe überzieht, macht ihn janusköpfig für die Überläufer aller Schattierungen. Auch denen, die in der Blüte der Revolution ihren Säuglingen zuerst das Wort «Bulle» beibrachten und jetzt Kinderläden betreiben, wo sie das possessive Verhalten von Mischa, den Aggressionsstau von Sascha

und die haptischen Übergriffe von Anke protokollieren. Die gaben Schily den Beinamen «Schizo».
Bei einem Anwalt, sagt Schily, werde kein Purismus betrieben, doch einen Arbeitgeber, der zu Lasten der Arbeitnehmer einen dicken Gewinn beiseite geschafft haben soll, würde er nicht vertreten. «Das ist ein politischer und kein Klassenstandpunkt, denn man kann mich ja auch noch der bürgerlichen Klasse zurechnen.»
Zu dem Zeitpunkt, als Otto Schily sich politisch fordern ließ, war die Faszination der Revolte nicht mehr allgemein. Da sah man die schönen Frauen, die mit den unruhigsten Männern in Kuba Zucker schlagen waren, hauptsächlich in den Boutiquen der Bleibtreustraße, und «aus Straßenschlachten gingen zu allem entschlossene Gastronomen hervor», wie es in dem Gedicht «Nachlese», von Hermann Peter Piwitt heißt. Da ließen die antikapitalistischen Trophäenspiele der Zehnjährigen nach, die von den Kühlerhauben die Mercedessterne gepflückt hatten.
1970 verteidigte Otto Schily seinen Freund Horst Mahler, der, weil er an der Spitze eines Demonstrationszuges gegen das Berliner Springer-Haus marschierte, angeklagt ist wegen schweren Aufruhrs und Landfriedensbruchs. Schily erzwingt die Anwesenheit Axel Springers im Zeugenstand, unterläßt es aber, ihm, dem Popanz der Apo, wie einem Beutetier zuzusetzen. Er zitiert nur Sätze aus Springer-Zeitungen, die den Verleger ins Kommentieren bringen, und, im Falle eines Satzes, demzufolge man «Störenfriede ausmerzen» müsse, bedauert der Verleger die Entgleisung durch das Wort «ausmerzen».
Schily, der keinen Moment lang Advokaten-Psychologie betreibt mit dem scheppernden Sprachgestus eines Kranzschleifen-Texters, referiert die Genesis eines Gesetzes, nach dem Mahler verurteilt wird und welches trotz mehrfacher Novellierung immer noch Züge der Bismarck-Zeit trägt: «Was waren das für Leute, die diese Gesetze beschlossen? An der Spitze

standen sechzig Gutsbesitzer, dreiunddreißig Hofräte, Geheimräte, Senatoren und andere, siebzehn Grafen, Freiherren, Fürsten, neun Kammerherren und Zeremonienmeister, acht Generäle, sechs Fabrikanten, drei Prinzen, zwei Polizeipräsidenten – und drei Arbeiter.»

Otto Schilys Wirkung liegt in einer arroganten Faktendemut. Als Linker, der aber als solcher nicht griffig ist, irritiert er die Gegenpartei und deren Feindbild.

Die bürgerliche Verankerung Otto Schilys ist mit dem statischen Unterbau eines Turms vergleichbar, der in der Tiefe das gleiche an Masse bringt wie in der Höhe. Immer handelt es sich um Formen, fast nie um deren Inhalte. Bei der Schlafsackaktion von Baader-Meinhof-Anwälten, die 1973 eine Nacht lang vor dem Bundesgerichtshof gegen die Isolationshaft protestierten, fehlt Otto Schily. «So was», sagt er, «kommt für mich gar nicht in Frage, das ist nicht mein Stil.»

Als die BM-Anwälte im Gefängnis Stuttgart-Stammheim nicht nur mit Metalldetektoren abgesucht wurden, sondern auch den Hosenbund öffnen mußten, verzichtete Schily darauf, eingelassen zu werden. Den Vorsitzenden Richter Prinzing verleitete dieser Verzicht zu einem umschweifigen Sauigeln: Er sprach von Schilys Genitalien als dem Heiligsten der Nation.

Einmal, sagt Schily, habe er die Teilnahme an einer Wohngemeinschaft für sich erwogen. Es war der Hauch einer Absicht, eine Lebensform zu probieren, die ihm politisch zusagt, aber wesensfremd ist. Und halb bedauert er, es nicht versucht zu haben, aus freien Stücken sein Naturell einmal zu behelligen. «Aber ich brauche», sagt er, da das Bedauern ja nur zur Hälfte sein Gefühl bei diesem nie begonnenen Unternehmen ausdrückt, «gewisse Rückzugsmöglichkeiten.»

Die Auskünfte, die Otto Schily über sein Privatleben gibt, sind, als handele es sich um ein Mandantengeheimnis, knappe Verweise. Knapp wie die Kürzel zum Personenstand auf einer Steuerkarte, auf der ein Mensch entweder «led.», «verh.» oder

«gesch.» ist und je nach der sozialen Messung, unter der einer lebt, jedes dieser Kürzel auch ein Brandmal sein kann.
Otto Schily, der geschieden ist und in Berlin lebt, einer gesellschaftlich total verquirlten Stadt, empfindet die Erwähnung seiner Scheidung dennoch als Intimität. Nur seine zehnjährige Tochter Jenny Rosa existiert außerhalb jener strikten Reaktionen. Wenn sie mit im Spiel ist, erzählt Schily auch von einem Sonntagnachmittag, an dem sie vor ihrer Bongotrommel sitzt und er sie rhythmisch am Klavier unterstützt.
Es ist unwahrscheinlich, daß Otto Schily unter dem Glockenschlag des Freiburger Münsters entspannen könnte. Von der Geborgenheit, die er braucht, glaubt er, daß nur Berlin sie geben kann, eine ambulant zu beziehende, nicht klammernde und ohne Gegenbeweise garantierte Geborgenheit. Hier hat er, der meistens nur tangential unterwegs ist, abends und nachts die Gewißheit, auf Leute zu treffen, an deren Tisch er, wenn er will, einen Stuhl schieben kann.
Häufig sind es für den Schachspieler Schily reine Brettkontakte, die sich beispielsweise durch sein Erscheinen im *Zwiebelfisch* am Savignyplatz fast wortlos ergeben. Auf diesen berechenbaren Zufall darf er auch setzen, wenn er Billard spielen will und in Kreuzberg das *Exil* betritt, eine Wiener Exklave, die der Schriftsteller Oswald Wiener als Restaurant betreibt.
Das Wesen Otto Schilys bewirkt Diskretion. Auch nach einem Tag, an dem er der Obduktion der Stammheimer Toten beiwohnte und die obduzierenden Ärzte ihm, zur besseren Verträglichkeit des Anblicks, einen Underberg angeboten hatten, kann Schily seinen Parcours durch die Berliner Nacht antreten. Denn dem gemeinen Vorwitz ist er nie ausgesetzt.
Sicher wird Otto Schily über Gewalt schreiben, über «die Unmerklichkeit, mit der sich jeder auf Denktraditionen verpflichten läßt, nach denen es mitunter von der Bekleidung, von einer Uniform abhängt», um gewalttätigem Handeln den Respekt nicht zu versagen.

«Wir sind es gewohnt», sagt Schily, «etwas im Sinne der Gemeinschaft immer dann zu begreifen, wenn es der etablierte Staat ausübt.» Noch 1968 sei es Juristen samt Geschworenen gelungen, die Tatsache, daß Hans-Joachim Rehse als Richter am Volksgerichtshof an mindestens 231 Todesurteilen beteiligt war, gedanklich so zu verarbeiten, daß dieser Mann straffrei ausging, weil er nach den damaligen Gesetzen geurteilt habe.
Mit dem Selbstmord von Ingrid Schubert, den er mit juristischer Wörtervorsicht als «nicht außerhalb der Reichweite der menschlichen Erfahrungen» hinnimmt, sind alle Mandanten Otto Schilys, die der RAF zugerechnet wurden, tot.
Äußerlich beweist die dichte Abfolge, in der der Strafverteidiger Schily an den offenen Gräbern von Mandanten stand, die Vergeblichkeit seines Einsatzes. Es waren die Beerdigungen von Menschen, die er gut kannte und aus denen, wie Schily sagt, die Medien Gespenster hergestellt hatten.

Der letzte Surrealist

Die Vorstellung lief auf eine Pariser Wohnung hinaus, die, weil sie im sechzehnten Arrondissement liegt, hätte elegant sein müssen. Zumindest hätten bis zum Fußboden reichende französische Fenster entsprechend lange Portieren gehabt und zwischen zwei Fenstern jeweils ein besonderes Möbel. Das Gegenteil war der Fall.

Eine vertikale Buchstabenleiter mit dem Namen «Résidence d'Auteuil» überragt die Fassade des Hauses elf, rue Chanez. Die Eingangstreppe könnte zu einem Kriegerdenkmal hochführen, an dessen Rückfront eine Anstalt für Dusch- und Wannenbäder anschließt. Ein trostloses Passepartout für tausendundeine menschliche Nutzung.

In der Mitte des Foyers, zwischen orangeroten Bänken, sitzt auf einem Stab eine große, helle Kugel, welche durch eine querlaufende Holzmaserung zu rotieren scheint. Ein junger Neger mit bunt ausgekleidetem Einkaufskorb und einem äußerst kleinen Hund an der Leine hält einer Greisin eine Tür auf. Und während der Neger längst auf der Straße verschwunden ist, steuert die Greisin mit dem abschirmenden Lächeln der Gehörlosen immer noch das nächste Sitzpolster an. An ihrer Strickjacke steckt eine graue Ripsbandleiste, an der hochkarätige soldatische Auszeichnungen hängen.

Ich bin auf dem Weg zu dem Surrealisten Philippe Soupault, linker Seitenflügel, vierter Stock. Der Fahrstuhl liegt hinter einem langen, in einem sanitären Grün gestrichenen Flur mit knackenden Neonröhren. Spiegel an beiden Seiten, darunter frisiertischhafte Konsolen, nicht breiter als für einen schräg gelegten Taschenkamm.

Die Anwandlung, diese ratlosen Dekorationen «surrealistisch» zu finden, ist mir unangenehm. Aus der Schwingtür am Ende des Flurs tritt ein Alter mit Stock. Und kurz nach ihm, die Tür bewegt sich noch, ein weiterer. Also könnte dieses vieldeutige Haus ein Altersheim sein. Und der Neger mit Korb und Hündchen machte Besorgungen für jemanden, der schlecht auf den Beinen ist.
Philippe Soupault ist fünfundachtzig Jahre alt. Das Wort Rüstigkeit auf ihn anzuwenden wäre deplaciert. Denn Rüstigkeit enthält auch ein Moment von körperlichem Leistungswillen, jemand stemmt sich kerzengerade gegen die Jahre, reckt sich gegen den Verdacht der Gebrechlichkeit. Appartement 415, Soupault an einem Tisch sitzend, tief zwischen den Schultern wie bei einem ruhenden Vogel der geneigte Kopf. Das ausgesparte Gesicht des schnellen Fliegers; die schöne lange Nase berührt fast den Mund; die fehlende Ansicht von Zähnen und die auffallende Tatsache, daß man sie nicht vermißt.
Zur Begrüßung steht er kurz auf; wahrnehmbar ist die eingesunkene Größe eines hochgewachsenen Mannes. Er trägt einen grauen zweireihigen Anzug. Bei der Prozedur des nassen Rasierens hat er sich am Kinn eine kleine Wunde zugefügt, die er mit blutstillender Watte versucht zu beruhigen.
Die Kenntnis dieses Details rührt daher, daß unter der sprechend bewegten Luft ein Rest dieser Watte ein bißchen flattert. Das Interesse an diesem Detail rührt von der Lektüre eines Essays von Heinrich Mann, der 1928, anläßlich der ersten deutschen Ausgabe von Philippe Soupaults Roman *Der Neger* schrieb: «Der Soupaultsche Jüngling versenkt sich in die Betrachtung eines alten Menschen mit solchen Wonnen der Angst und des Hasses, daß er endlich eine Verwandtschaft zwischen sich selbst und dem Opfer der Jahre fühlt.» Dann, Soupault zitierend:
«Sogar den so besonderen Geruch, der mit ihnen zieht, wage

ich zu lieben... Ihr Bart (alle tragen Bärte) ist ein Trauergewächs. Jeden Morgen (wie viele Morgen?) bürsten sie ihn und bringen dann zwecklos die Zeit hin, bis der Tod ihnen Kehle und Herz zuschnürt, sie erstickt und lähmt.»

1919, der Weltkrieg liegt ein Jahr zurück, und Philippe Soupault ist immer noch nicht aus dem Militärdienst entlassen. Als Student des Seerechts bleibt er für das Ministerium für öffentliche Arbeiten rekrutiert, das ihn mit der Leitung der französischen Petroleumflotte betraut. Unter dieser Tätigkeit muß er sich nicht krümmen. Sie treibt ihm auch nicht die Poesie aus dem Kopf. Sein Widerwillen, von der Familie in die Laufbahn eines Juristen genötigt worden zu sein, läßt nach. Neben ihm existieren noch andere Poeten durch einen Brotberuf.

Der Medizinstudent Louis Aragon, der später Sekretär des Malers Henri Matisse werden wird, arbeitet als Sanitäter im zurückeroberten Elsaß. Paul Eluard, Sohn eines Immobilienspekulanten, ist begabt für das billige Erwerben von Bildern befreundeter Maler, die er teuer verkauft. Der Gendarmensohn André Breton, ebenfalls Medizin studierend, liest gegen Entgelt Korrektur für den reichen Marcel Proust. Ein Umstand, der ihn, seiner unnachgiebigen Interpunktion wegen, für Proust unsympathisch macht. Nur Philippe Soupault entwikkelt kein Talent zur Geldvermehrung. Was er damals auch nicht mußte als Neffe von Louis Renault, des Gründers der Renault-Werke.

Das Herkunftsgefälle ist steil. Auch wenn Jahre dazwischen liegen: Breton hat mit dem Großbürger Proust nur knappe, entlohnte Arbeitskontakte, während Soupault schon 1913 mit sechzehn Jahren die Bekanntschaft Marcel Prousts im *Grand Hôtel* von Cabourg macht. Proust, störanfällig gegenüber geringsten Geräuschen, hat das jeweils rechts und links neben seiner Suite gelegene Zimmer sowie das direkt über und unter ihm liegende mitgemietet. In der Abendsonne auf der Hotelter-

rasse sitzend, fragt er jemanden: «Wer ist dieser junge Mann?», worauf ihm geantwortet wird: «Es ist der Sohn von Cécile.» Cécile, des schönen Philippe schöne, verwitwete Mutter, kannte Proust von den Bällen der Pariser Gesellschaft.
Wieder in Paris, läßt Proust dem jungen Soupault sein Buch *Du côté de chez Swann* zukommen. Als Soupault ihn besucht, um sich zu bedanken, empfindet er Proust schon auf den Tod asthmatisch.
Den sozialen Unterschieden nimmt das Erlebnis des Weltkrieges ihre Wichtigkeit. Jetzt ist diese «Kloake aus Blut, Torheit und Dreck» (Breton) das gemeinsame Hinterland der poesiegierigen Sanitäter und Hilfsärzte Aragon und Breton und des Kürassiers Soupault.
Die Snobs von Paris reden von dem Diaghilew-Ballett *Parade*; Musik: Eric Satie; Bühnenbild und Kostüme: Pablo Picasso; und das bißchen Libretto: Jean Cocteau, der dem Amüsierpöbel «seine drei Zeilen Text» (Satie) für das Gelingen des Ganzen ausgibt. Auch für Philippe Soupault wird (und bleibt) Cocteau eine negative Figur, ein windschlüpfiger Typ, frontuntauglich beim Roten Kreuz in Sicherheit und immer im Gefolge derer, die Ideen haben.
Im vorletzten Kriegsjahr liegt der dünne und hochaufgeschossene Soupault mit Lungentuberkulose in einem Pariser Lazarett. Im Zustand des phantasietreibenden Fiebers liest er *Die Gesänge des Maldoror* von Isidore Ducasse, der sich Comte de Lautréamont nannte. Soupault, bis dahin von einer eher wilden, unordentlichen Belesenheit, rastet bei einer Textstelle ein, wo etwas schön ist «wie die unvermutete Begegnung einer Nähmaschine und eines Regenschirms auf einem Seziertisch». Über Lautréamonts appellierendem Satz – «Die Dichtung soll von allen gemacht werden. Nicht von einem» – überkommt ihn die Gewißheit, Teilnehmer dieser Dichtung zu werden.
Im Lazarett trifft der Rekonvaleszent Philippe Soupault auf

eine Wohltäterin aus der Pariser Oberschicht. Sie besucht die Verwundeten, um ihnen Zigaretten zu offerieren, befaßt sich mit deren kulturellen Aktivitäten und präsidiert einer Organisation mit dem Namen «Das Werk des Soldaten im Schützengraben». Den dichtenden Soupault möchte sie für eine *Poetische Matinée* gewinnen.

Zu diesem Zeitpunkt hatte Soupault in «kindlicher Unbefangenheit» dem Poeten Guillaume Apollinaire schon sein Gedicht *Départ* (Abfahrt) zugesandt, der es der Literaturzeitschrift *SIC* zur Veröffentlichung empfahl. Soupault findet jetzt zwei Gründe, den berühmten Apollinaire aufzusuchen. Einmal möchte er ihm danken, daß er seinem Gedicht gewogen war; einmal möchte er dessen Erlaubnis, zur erwähnten Matinée etwas von ihm lesen zu dürfen.

Apollinaire empfängt ihn in seiner Wohnung, die er seinen *Taubenschlag* nennt, 202, Boulevard Saint-Germain. Soupault erinnert sich an einen dicken, lächelnden Mann mit einer in die Stirn reichenden, eng sitzenden Lederkappe, welche die Narbe eines erst Monate vorher trepanierten Schädels verdeckt.

Soupault sieht ihn sich hinsetzen und ein Gedicht schreiben, *Schatten*, auf das jedoch nicht mehr die Rede kommt. Apollinaire zeigt ihm dann das Gedicht *D'or vert* (Von grünem Gold) eines gewissen André Breton und fordert Soupault auf, ihm seinerseits etwas Eigenes vorzulesen.

Der Vorgang trägt Züge einer Aufnahmeprüfung: die Verse des literarisch Namenlosen und das aufmerksame Hinhören des gefeierten Mannes. Beim Abschied zieht der ermunterte Prüfling, auf eine Widmung hoffend, Apollinaires Gedichtband *Alcools* aus der Jacke. Die beiden Zeilen «Dem Poeten Philippe Soupault, sehr zugetan...» haben die Wirkung eines unlöschbaren Machtwortes: Dichter zu sein.

An Dienstagen gegen sechs Uhr abends versammelt Apollinaire im gleich neben seinem «Taubenschlag» gelegenen *Café*

Flore Literaten und Maler. Soupault, jetzt auch dazugebeten, erinnert sich an einen ziemlich weihevollen Apollinaire zwischen einem schwätzenden Max Jacob, einem grinsenden Blaise Cendrars, einem entrückten Pierre Benoît, einem spöttischen Francis Carco, einem schweigenden Pierre Reverdy und einem distanzierten Raoul Dufy. Eine einschüchternde Runde, für Soupault jedoch enttäuschend. Bis auf den einen Dienstag, an dem in hellblauer Soldatenuniform André Breton dazwischensitzt, den Apollinaire ihm mit dem prophetischen Zusatz «Sie beide müssen Freunde werden!» vorstellt.
Obwohl es 1917 noch keine surrealistische Bewegung gibt, existiert das Wort Surrealismus schon. Apollinaire hat sein Theaterstück *Die Brüste des Teiresias* mit dem Untertitel *Ein surrealistisches Drama* versehen. In der Zeitschrift *L'Intransigeant* (Der Unbeugsame) kämpft er gegen die schnelle Vereinnahmung des Begriffs durch die Feuilletonisten, gegen dessen Benutzung als handzahmes Adjektiv für symbolische Beliebigkeiten. Er schreibt u. a.: «Als der Mensch das Gehen nachahmen wollte, schuf er das Rad, welches keine Ähnlichkeit mit einem Bein hat. Also machte der Mensch Surrealismus, ohne es zu wissen ...»
Soupault und Breton werden Freunde, während beider Verehrung für Apollinaire sich eintrübt. Sie finden ihn unangemessen nationalistisch (cocardier), versuchen sich jedoch in Entschuldigungen für den Leutnant de Kostrowitski, was dessen Geburtsname ist. Als dieser schließlich in dem kriegschürenden Blatt *Das Bajonett* schreibt, überlebt er für Soupault und Breton nur noch als Dichter.
Am 9. November 1918 liegt Guillaume Apollinaire, achtunddreißig Jahre alt, im Sterben. Menschenauflauf unter seiner Wohnung; 202, Boulevard Saint-Germain: Dichter und deren parasitäres Gefolge; mittendrin Jean Cocteau, dessen Anblick bei Soupault das Wort «Aasfresser» auslöst. Zwei Tage vor dem Waffenstillstand am 11. November 1918 der anschwellende

Ruf von der Straße «A bas Guillaume!» (Nieder mit Wilhelm), der dem Kaiser Deutschlands gilt. Auf dem Trottoir wird die Vermutung gehandelt, Apollinaire habe das Niederschreien vor seinem am gleichen Tag eintretenden Tod auf sich bezogen.
Der Dichter Philippe Soupault, Angestellter des Ministeriums für öffentliche Arbeiten, wohnt auf der Île Saint-Louis, 41, Quai de Bourbon, Zwischenstock, unterhalb der Beletage. Er ist volljährig und hat Geld seines 1904 verstorbenen Vaters geerbt. Nicht so viel, daß man ihn den «reichen Amateuren» hätte zuzählen können, wie die pekuniär sorgenfreien Literaten Gide und Proust abschätzig tituliert werden. Aber genug, um vom Schreibtisch aus die Seine zu sehen und den Pont Louis-Philippe, die von Selbstmördern bevorzugte Pariser Brücke. Soupault leistet es sich, an jedem Tag der Woche einen anderen Anzug zu tragen.
Sein Freund André Breton wohnt im *Hôtel des Grands Hommes*, 17, Place du Panthéon. Neben dem Hotel befindet sich ein Beerdigungsinstitut, das, der Nähe des Panthéon angemessen, auf Bestattungen der obersten Kategorie spezialisiert ist. Bretons Fenster bietet einen guten Blick auf die großen Zeremonien und die staatstragenden Trauergemeinden. An solchen Tagen hängt auch Soupault mit im Fenster.
Breton ist ein Jahr älter als Soupault, damals zweiundzwanzig Jahre alt. Als seine Eltern aus Tinchebray, seinem Geburtsort im Département Orne, in Paris anreisen, zweifeln sie an der Ernsthaftigkeit seiner Medizinstudien und stellen ihre Zuwendungen ein. Für Breton war dies eine Maßnahme von wenig Belang.
Denn André Breton und Louis Aragon, der ebenfalls nicht mehr Arzt werden will, haben einen Mäzen gefunden: Jacques Doucet, den führenden Couturier der zurückliegenden Belle Époque (Schneider von Soupaults Mutter Cécile), jetzt Sammler von Kunst und Autographen. Doucet zahlt für Sachverstand. Und Breton und Aragon bringen ihn in den Besitz von Raritäten. Doucet kauft das Meisterwerk «Die Schlangenbändigerin» des

Zöllners Rousseau, welches heute im Louvre hängt. Er erwirbt von insgesamt sieben existierenden Briefen Lautréamonts drei Briefe an dessen Bankier Durasse.

Es ist immer noch das Jahr 1919. Die Zutaten zur Entstehung des Surrealismus sind alle schon vorhanden, nur noch nicht beieinander. Es gibt Inspiratoren und Ausführende. Es gibt hauptsächliche und gleich nachhaltige Leseerlebnisse der zukünftigen Surrealisten: *Die Gesänge des Maldoror* des Comte de Lautréamont, der 1870, kurz nach deren Vollendung, mit vierundzwanzig Jahren, gestorben ist (André Gide nannte ihn den «Schleusenmeister der Literatur von morgen»); *Eine Saison in der Hölle* von dem neunzehnjährigen Arthur Rimbaud, der danach – er stirbt 1891 mit siebenunddreißig Jahren – aufhörte zu dichten.

Inspirator außerhalb der schönen Literatur ist der Psychiater Pierre Janet, der 1889 eine Doktorarbeit mit dem Titel *Der psychologische Automatismus* veröffentlicht. Darin entwikkelt er eine Therapie, bei der der Kranke im Halbschlaf, in Trance oder Hypnose durch «automatisches Schreiben» seine Seele entlastet.

André Breton, 1916 Sanitäter in einem neuropsychiatrischen Zentrum in Saint-Dizier, lernt den medizinischen Umgang mit geistig-seelischen Störungen kennen. Er interessiert sich für die Sphäre des Unbewußten und liest über Freud, der noch nicht ins Französische übersetzt ist. Pierre Janets *Psychologischen Automatismus* bringt er aus dem psychiatrischen Milieu ins literarische Milieu der Freunde ein.

Es gibt keine genau einzugrenzende Quelle, aus der der Surrealismus einen dünnen Anfang genommen hätte und dann, sich verbreiternd, künstlerische Avantgarde wurde. Genau nachvollziehbar ist jedoch das Zustandekommen des ersten surrealistischen Textes 1919, der den Titel *Die magnetischen Felder* bekam. André Breton und Philippe Soupault, im Zickzack von Anbetung und Gelangweiltheit um ihre poetischen Götter lebend, verfangen sich in den Ausführungen des Doktor Janet über das *automatische Schreiben*. In Soupaults Kopf summt die Aufforderung des Comte de Lautréamont, daß alle Dichtung machen müssen – und nicht nur einer. Breton und Soupault setzten sich daran, schreibend «Papier zu schwärzen, mit der löblichen Verachtung für das literarische Resultat» (Breton).

Philippe Soupault trinkt dünnen Whisky mit Eiswürfeln und raucht ziemlich viel. Meistens hat er das Glas schon geleert, bevor das Eis geschmolzen ist, und klingelt dann mit den Würfeln. Er hat ein leises bronchitisches Rauschen in der Stimme, er dürfte natürlich nicht rauchen. Es ist ein alter Kampf, dem er durch umständliches Verstauen und Hervorsuchen der Zigarettenpackung in und aus der Jackettasche etwas von seiner Härte nehmen will.

Das Appartement 415 ist die Wohnung seiner Frau Ré Soupault, einer im pommerschen Kolberg gebürtigen Bauhausschülerin, Übersetzerin der *Magnetischen Felder* und der *Gesänge des Maldoror* von Lautréamont. Soupaults Appartement, Nr. 367, liegt auf dem gleichen Flur. Es ist eine Lebensform auf Distanz bei größter Nähe. Unsere Treffen sind jedoch immer in 415, schon des großen Tisches und der weiblich organisierten Wohnlichkeit wegen. Auch deshalb, weil Soupault sich verabschieden können möchte, um auszuruhen.

Es herrscht eine strenge Ordnung wie in einer Schiffskajüte. Im Wohnteil hängen sich zwei ungerahmte Bilder des Bauhausmalers Johannes Itten gegenüber, jeweils Farbquadrate. Kein Winkel entspricht der Vorstellung von surrealistischem Milieu.

Er habe, sagt Philippe Soupault, das *automatische Schreiben* betreffend, mit fast geschlossenen Augen begonnen: «Gefangene der Wassertropfen, wir sind nur ewige Tiere. Wir laufen durch die lautlosen Städte und die Zauberplakate berühren uns nicht mehr... Unser Mund ist trockener als die verlorenen Strände... Da sind nur noch die Cafés, wo wir uns treffen, um kühle Getränke... zu trinken, und die Tische sind schmieriger als die Bürgersteige.»

Die ersten Sätze Bretons: «Die Geschichte kehrt mit Stichen in das silberne Handbuch zurück, und die brillantesten Schauspieler bereiten ihren Auftritt vor. Es sind Pflanzen von größter Schönheit, eher männliche als weibliche und oft beides...»

Es ist das Diktat ungeprüfter Einfälle, das simultane Mitschreiben des Denkstromes.

Soupault spricht von einer Frist von vierzehn Tagen, die sie sich für dieses Experiment setzten, während es nach Breton nur eine Woche war. «Zuerst schrieb jeder für sich, ich am Quai de Bourbon, Breton im *Hôtel des Grands Hommes*, dazwischen saßen wir uns gegenüber und schließlich wieder jeder für sich.»

Soupault benutzte die Briefbögen des Ministeriums, über die er mit dem Füllfederhalter raste. «Ich schrieb wie immer, während Breton fast kalligraphisch schön geschrieben hat.» Weswegen Soupault an manchen Tagen mehr zuwege bringt.

«Am Ende des ersten Tages konnten wir uns um die fünfzig so gewonnene Seiten vorlesen und unsere Ergebnisse vergleichen», schreibt Breton 1924 im *Ersten Manifest des Surrealismus*. Soupault erinnert sich dagegen nur an einige Seiten, daß während der zwei Wochen ihre Geschwindigkeit jedoch enorm zugenommen habe, fast bis zur völligen Abwesenheit gedanklicher Kontrolle. Ein rauschhafter Zustand, in dem sie sich gegen Ende der Unternehmung bis zu zehn Stunden hintereinander halten konnten.

Dabei zerfiel der Wortschatz nicht, im Gegenteil, die Bilder wurden ungewöhnlicher und schöner, so daß «für den Groschen ‹Sinn› kein Spalt mehr übrigblieb» (Walter Benjamin). Und es ist Soupault und nicht Breton, der zugibt, daß sie den Kopf voll von Lautréamont und Rimbaud hatten, daß es auch an diesen

Paten lag, wenn das Unbewußte solche rentablen Sentenzen freigab.
Bevor der Ruhm dieser Texte einsetzt, treibt Breton schon Vorsorge für seinen Nachruhm. Er möchte manchmal Brüche in den Tiraden wegfrisieren, was Soupault aber nicht zuläßt. Er möchte sich eigener Passagen vergewissern, was die nahtlose Gemeinsamkeit, die doppelköpfige Einzelleistung des Experiments aufweicht.
Eine Doktorarbeit über *Die magnetischen Felder*, vor zehn Jahren an der Pariser Sorbonne geschrieben, führt als auffällige Unterscheidung der beiden Autoren an, daß Philippe Soupault in der Mehrzahl «wir» schrieb und André Breton in der Ichform, also von sich. Breton hat einen merkantilen Sinn für den historischen Moment. Er will in der Ich-Form Stifter der surrealistischen Bewegung sein. Es überfordert seinen Charakter, diesen Moment mit Soupault zu teilen. Um der eigenen Kreativität nichts wegzunehmen, vermeidet er es, den Psychiater Pierre Janet als unmittelbaren Auslöser des *automatischen Schreibens* zu nennen.
Zehn Jahre später, 1929, diskutieren in einer Sitzung der Pariser Medizinisch-Psychologischen Gesellschaft Anstaltsärzte, unter ihnen Janet, über die «bewußte Zusammenhanglosigkeit», den billigen «Prozedismus» und diese «Art stolzer Faulheit» in der surrealistischen Kunst.
Dr. de Clérambault: «Der Prozedismus besteht darin, sich die Mühe des Denkens und besonders der Beobachtung zu ersparen und sich auf eine vorbestimmte Machart oder Formel zu beschränken... auf diese Weise produziert man rasch Werke eines bestimmten Stils und unter Vermeidung jeglicher Kritik, die eher möglich wäre, wenn eine Ähnlichkeit mit dem Leben bestünde.»
Professor Janet: Die Surrealisten «greifen zum Beispiel willkürlich fünf Wörter aus dem Hut und bilden mit diesen fünf Wörtern Assoziationsketten. In der Einführung in den Surrea-

lismus wird eine ganze Geschichte aus zwei Wörtern erklärt: ‹Truthahn und Zylinder›».
Philippe Soupault ist der letzte Surrealist, der rare Zeuge. Die Bescheidenheit, in der er lebt, hat mit der Unfähigkeit zu tun, seine Existenz als eine besondere zu nehmen. Sie hat auch mit Souveränität zu tun, dem sorglosen, beiläufigen Umgang mit seiner Prominenz. Seine Herkunft ersparte ihm die soziale Beweisnot. Er verbrachte seine Kindheit auf den Renaultschen Schlössern und Landsitzen um Paris. Und bei aller Revolte gegen das Milieu der Großbourgeoisie wappnet ihn dieses Milieu gegen das rumorende Gefühl, etwas gelten zu müssen.
Er war kein wachsamer Verwerter seiner Kontakte. Ihm fehlte der kaufmännische Reflex, Briefe, signierte Zettel und Skizzen auf ihren eventuell zunehmenden Wert hin aufzuheben. Beispielsweise erhielt er einen Brief von Marcel Proust, in dem dieser sich über die rabiaten Korrekturen André Bretons beschwert und Soupault bittet, den Freund das wissen zu lassen.
Proust hat sein Manuskript *Auf der Suche nach der verlorenen Zeit* mit einem Dickicht von Änderungen versehen, nicht gerechnet die vielen seitlich herausflatternden geklebten Einschübe. Für Breton eine Fron. Doch es ist Soupaults Mangel an Kalkül, diesen Brief Breton auszuhändigen, der die ihn betreffende Rüge als eine steigende Aktie hütet. Den besagten Brief kaufte später die Nationalbibliothek in Paris einem Brüsseler Vertreter des Parfumherstellers Houbigant ab.
Im März 1919 erscheint die erste Ausgabe von *Littérature*, der Zeitschrift der späteren Surrealisten. Verantwortlich zeichnen (der abwesende, im Elsaß als Sanitäter gebundene) Louis Aragon, André Breton und Philippe Soupault. Den Drucker zahlt Soupault aus seiner Erbschaft.
André Gide, um einen Beitrag gebeten, sagte zuerst zu, nahm seine Zusage bedauernd zurück, um dann mit einem Essay –

Die neuen Nahrungen – schließlich doch vor Soupaults Türe zu stehen. Souffleur für Gides zwischenzeitlichen Sinneswandel war die «Kröte» Cocteau, der sich, selber als Autor nicht aufgefordert, übergangen fühlte und die Blattmacher als Anarchisten in Mißkredit bringen wollte. Cocteau, sagt Soupault, lebte davon, Zwietracht zu säen. Schon Apollinaire habe ihn einen Hochstapler und Betrüger genannt.

Gegen Ende des Jahres 1919 veröffentlichen Breton und Soupault Teile der *Magnetischen Felder* in *Littérature*. Es sind 596 numerierte Exemplare, und die Bibliophilen stürzen sich darauf. 1920 erscheinen die Texte als Buch. Und Philippe Soupault nimmt sich heraus, ein Exemplar dieses Buches Marcel Proust zu übergeben.

Proust hielt sich öfter auf der Île Saint-Louis auf, an deren Spitze seine besten Freunde, die Bibescos, wohnen, aus Rumänien stammende Aristokraten. (Das Bibesco-Palais gehört heute den Rothschilds.) Ein paar Häuser davor wohnte Soupault. Und Proust ließ manchmal Soupault durch seinen Chauffeur zu sich hinunter ins Auto bitten. Dann saßen sie im Fond und redeten. «Vielmehr redete nur er», sagt Soupault, «er redete und redete ohne Unterbrechung und ich dazwischen nur ‹ja, ja›.» Es war nicht feudales Gebaren, daß Proust im Auto sitzen blieb, sondern sein Asthma hinderte ihn, Treppen zu steigen. Bei den Bibescos gab es einen Fahrstuhl, der von den Chauffeuren über eine Winde gezogen werden mußte.

Proust schreibt Soupault zu den *Magnetischen Feldern* einen langen Brief. Und Soupault versichert, diesen Brief nie aus den Händen gegeben zu haben.

Anfang der sechziger Jahre, mehr als vierzig Jahre danach, sitzt seine Frau Ré Soupault über den ersten beiden Jahrgängen von *Littérature* in der Nationalbibliothek. Beim Blättern findet sie, wie ein Lesezeichen locker zwischen den Seiten steckend, Prousts genannten Brief. Sie sagt: «Rein technisch hätte ich ihn stehlen können, doch ich saß in der *Réserve*, einer besonders

überwachten Abteilung, die zu betreten es einer speziellen Erlaubnis bedarf.»
Nach insistierendem Befragen der Leiterin, wie dieser Privatbrief an Soupault, ihren Mann, hierher geraten sei, erfährt sie, daß Paul Eluard der Verkäufer war. «Philippe», sagt Ré Soupault, «ließ alles herumliegen.» Und hat Eluard den Brief gestohlen? «Nein», sagt Soupault, «nur genommen.» Er selber sei nie Sammler gewesen. Außer zweihundertfünfzig Krawatten besitze er nichts.
Seine Umgebung hatte kränkende Gewohnheiten angenommen. Es herrschen hochentwickelte, literarische Verhältnisse. Die Widmungs-Schieber und Schreibtisch-Inspekteure kommen zu Besuch. In den Ateliers sitzt der auf Beute hoffende Kumpan. Der allgemeine Hang zum Sammeln und Versilbern ist groß. Die angenehme Verschwisterung von Geld und Kunst, eine auf den jungen Soupault zutreffende Lebenssituation, ist früh beendet. Er ist Erbe, eine Eigenschaft, die immer begleitet wird von der unterschwelligen Nötigung, zahlen zu müssen.
Soupault kauft aus dem Nachlaß von Rimbauds Schwester Isabelle für fünfhundert Goldfranc ein verloren geglaubtes Gedicht ihres Bruders – *Die Hände von Jeanne-Marie.* Da er den horrenden Preis, ohne zu handeln, zahlt, schenkt ihm Isabelles Witwer, Paterne Berrichon, ein Foto des vierzehnjährigen Arthur Rimbaud, eine allererste Rarität.
Gedicht und Foto erscheinen in *Littérature.* Auf der Titelseite dieser besonderen Ausgabe: Arthur Rimbaud, dargestellt in einer zeitgenössischen Zeichnung aus den Tagen der Pariser Kommune. Auch die Zeichnung gehörte Soupault. Foto und Zeichnung gelangen nie wieder an ihn zurück.
Philippe Soupault ist ein unpathetischer Mann. In seiner geläufigen Bosheit stellt sich kein Jammer über die händlerischen Usancen der Freunde ein. Das sind für ihn Zwischenfälle, ein Schlaumeiertum, welches ihn in einer desillusionierten Überlegenheit zurückläßt.

1980 werden in dem großen Pariser Auktionshaus «Drouot» Manuskript-Teile der *Magnetischen Felder* für 140 000 Franc versteigert. Es sind keine Originale, sondern in André Bretons schöner Handschrift geschriebene Kopien. Bei aller Autoren-Einheit der *automatischen Texte* erkennt Soupault, schon durch die Kapitelüberschriften, Partien, die im wechselseitigen Dialog entstanden waren. Möglich sei, sagt Soupault, daß Breton durch seine Schönschrift ursprünglich die Arbeit des Druckers erleichtern wollte.

Saint-Germain und das *Café Flore* sind nach dem Tod Apollinaires kein Treffpunkt mehr. Aragon, Breton und Soupault, «Die drei Musketiere» genannt, verkehren am Montparnasse in den Cafés *Le Dôme* und *La Rotonde*.

«Und plötzlich», sagt Soupault, «ging alles zum Montmartre, und zwar Bretons wegen, der an der Place Blanche wohnte.» Die Anzeichen für Bretons Machtansprüche werden immer deutlicher. Seine Ironie richtet sich keinen Moment gegen sich selbst. Täglich gegen Mittag Zusammenkunft im Café *Cyrano*. Breton läßt bitten, Nichterscheinen macht ihn ungehalten. Er führt das Kommando über die Aperitifs, die jeweils zu trinken sind. Einen Tag Picon-citron, am nächsten Pastis oder Ricard, Mandarin, Martini, Porto, Sherry, Royal Flip oder Imperial Flip.

«Aragon und ich», sagt Soupault, «bestellten gegen das Reglement. Ich nur ein Vittel-Wasser, schon weil ich am Vorabend meistens viel Whisky getrunken hatte und durstig war. Machte also mit dem Sprudel meinen Skandal.»

Abends Fortsetzung in der portugiesischen Bar *Certa*, Passages de l'Opéra, 1922, beim Sanierungskahlschlag für die Vollendung des Boulevard Haussmann, niedergerissen. Im *Pariser Landleben* beschreibt Louis Aragon diese Passage als einen «großen Glassarg...»

«...und da dieselbe vergötterte Blässe seit den Zeiten, als man sie in den römischen Vorstädten anbetete, immer noch das

Doppelspiel von Liebe und Tod beherrscht, die *Libido*, die heute die medizinischen Werke zu ihrem Tempel gewählt hat und die jetzt, gefolgt von dem Hündchen Sigmund Freud, lustwandelt, sieht man in den Galerien mit ihrer wechselnden Beleuchtung, von der Helle des Grabes übergehend zum wollüstigen Dunkel, köstliche Mädchen, die mit aufreizenden Bewegungen der Hüften und mit einem Lächeln der spitz aufgeworfenen Lippen dem einen wie dem anderen Kult dienen. Auftritt, die Damen, auf die Bühne, und ziehen Sie sich ein wenig aus...»

Friseure, Bordelle, Spazierstockgeschäfte, Läden für Bruchbänder und Druckkissen, Scherzartikel-Boutiquen, «Farces et Attrappes»: Spiegeleier aus Gummi und Klosettschüsseln als Senfbehälter, «eine mysteriöse Fauna», sagt Soupault.

Auch im *Certa* präsidiert Breton. Soupault: «Wir, die Direktoren von *Littérature* und manchmal der peinlich berührte Eluard dazwischen, empfingen ‹Freunde› und Neugierige.» Häufig erschienen sei Drieu la Rochelle, selten Marcel Duchamp, einmal Henry de Montherlant. Meistens anwesend, trotz zunehmender Lustlosigkeit, die «Dadas» Francis Picabia und Tristan Tzara.

Breton veranstaltet das Benotungsspiel. Einmal sind Noten von minus zwanzig bis plus zwanzig für Schriftsteller, Philosophen, Wissenschaftler und Politiker zu vergeben. Den nächsten Abend für Gefühle, Abstraktionen und Attitüden. Die Person Bretons darf nicht zensiert werden. Und obwohl Tzara renitent für alles und jeden minus zwanzig gibt, zieht Breton Abend für Abend den Mittelwert aus diesem Zensurenpalaver. «Das war sehr ermüdend», sagt Soupault.

Aragon im *Pariser Landleben* über die Telefonistin des *Certa*: «... eine liebenswürdige und hübsche Dame mit einer so sanften Stimme, daß ich, ich gestehe es, früher oft Louvre 5449 anrief, allein der Freude wegen, sie sagen zu hören: ‹Nein, Monsieur, es hat niemand nach Ihnen gefragt› oder auch ‹Es ist keiner von den Dadas hier›.»

Breton mag Francis Picabia, Soupault verabscheut ihn: Er ist für ihn eine reine Reklameexistenz, ständig als Sandwichman seiner selbst unterwegs. «Jeder sollte immer von ihm reden. Er fürchtete, mit Picasso verwechselt zu werden wegen der gleich beginnenden Namen und weil sie Spanier waren.» Picabia war väterlicherseits Kubaner. Seine schmalen Erfolge als Maler habe Picabia durch eine *Revue Scandaleuse*, durch ein Klatschblatt kompensiert.

Darin standen Tiraden gegen Picasso und Braque, gegen den Kubismus allgemein, dem er selber kleinbegabt mal angehangen habe. «Über mich», sagt Soupault, schrieb er: ‹Soupault hat sich in Genf das Leben genommen.› Er gab seinen Wunsch für die Wirklichkeit aus. Über André Gide: ‹Wenn Sie Gide lesen, werden Sie schlecht aus dem Mund riechen.›»

Wimmelnde Feindseligkeiten; das Platzhirschgebaren Bretons, bedrohlich wie ein unter Dampf stehender Kessel, dem die Flöte abspringen könnte; täglich eine andere Leberwurst beleidigt und spritzend ihr Fett wieder weitergebend.

Soupault setzt die Unwägbarkeiten des *automatischen Schreibens* in «gelebten Gedichten» fort. Er irrt sich in der Etage eines Bürgerhauses, gerät auf ein Fest, zu dem er nicht geladen ist, und bleibt. Zusammen mit Jacques Rigaud verbessert er die Technik solcher Auftritte mit Blumen und Konfekt. Als falsche Gäste entdeckt, verlangen sie Blumen und Konfekt zurück. Soupault macht sich im heißen August ein Zeitungsfeuer und reibt sich wärmend daran die Hände. Er bittet an sonnigen Tagen Frauen unter den Regenschirm. Er fragt am hellen Tag einen Herrn um Feuer für eine Kerze. Diese poetischen Aktionen enden häufig mit der Androhung, die Polizei oder einen Irrenwärter zu rufen.

Es sind noch drei Jahre bis zur Gründung der surrealistischen Bewegung (1924), und ihre Stifter sind sich schon nicht mehr grün. Soupault verzeiht Breton dessen Sympathie für Picabia nicht, ein haarfeiner Riß in der Freundschaft.

Soupault widerstreben die kultischen Zusammenkünfte, die auf den Tag montierten Skandale. Er sieht sich in eine Rolle gedrängt, in der er Mühe hat, sich wiederzuerkennen: Mit Breton können, heißt, sein Augendiener sein. 1922 übernimmt André Breton allein die Leitung von *Littérature*, Krach zwischen Breton und Tzara, Ende von Dada.
André Breton schreibt fast berufsmäßig Vorworte für Ausstellungskataloge. Die Maler danken mit Bildern. Und Bilder erreichen schneller eine breite kaufmännische Wertschätzung als Gedichte.
Breton, behauptete der surrealistische Dichter Robert Desnos (1945 im KZ Theresienstadt umgekommen), habe nur solche Maler besprochen, von denen er selbst Bilder besaß: Chirico und Max Ernst, Miró, Dalí, Magritte und Tanguy. Dabei bleiben die Bilder nicht bewahrte Unterpfänder von Freunden, sondern sie gelangen bald in den gewinnbringenden Umlauf des Handels. Über das Etikett «surrealistisch» für Malerei entzündet sich zwischen Ré und Philippe Soupault ein Disput.
Ré Soupault: «Absoluter Surrealismus, also Automatismus, ist in der Malerei unmöglich!»
Soupault: «Nein, Max Ernst war authentisch surrealistisch, inspiriert aus dem Moment, Tanguy auch.»
Ré Soupault: «Nein! Ein Bild kann man träumen, aber für die Ausarbeitung mußten die ihre Handfertigkeit haben, da hörte das Träumen auf. Diese Bilder sind ja sehr gearbeitet.» Deshalb habe sich der Literat Pierre Naville von Breton getrennt, weil er keine sogenannte surrealistische Malerei akzeptierte.
Das Gespräch kommt auf Salvador Dalí, dessen Name Soupaults Kreislauf zu beschleunigen scheint: «Großer Zeichner, kein Maler, der totale Esprit des Nutznießers.»
Bei der Pariser Aufführung des Films «Ein andalusischer Hund», 1929, begegnete Soupault zum erstenmal Dalí. «Die-

ser Film», sagt Soupault, «war für uns Surrealisten im besten Sinne skandalös.» Verantwortlich zeichneten Luis Buñuel und Salvador Dalí. Und Buñuel, der Dalí als sich spreizenden Verursacher des Aufruhrs erlebte, äußerte Soupault gegenüber, daß Dalí nur minimal an dem Film beteiligt gewesen sei.
Soupault: «Dalí, der ja als Kopist begonnen hatte, nahm sich vor, Bilder wie Max Ernst, André Masson, Yves Tanguy zu machen. Er verlegte sich auf einen gut bezahlten Exhibitionismus.»
Und es ist vor allem Dalí, der dem Surrealismus die Laufkundschaft bringt. Ein virtuoser Dämon für Coiffeure; und von unverhohlener Käuflichkeit. Für einen Händedruck nimmt er einen Dollar. Auch wenn es unter dem Vorzeichen der Originalität geschieht: Die Kollekte klingelt im eigenen Opferstock.
Für Dalís schallende Aktivitäten verläßt Gala (geborene Jelena Diaronawa) ihren Mann, den Dichter Paul Eluard. Claire Goll über Gala in ihren Memoiren *Ich verzeihe keinem*: «Statt des Tambours oder der großen Pauke, die sie gebraucht hätte, hielt sie nur eine biegsame Liane (Eluard) in der Hand.»
«Und Gala», sagt Soupault, «trieb Dalí vollends auf den Marktplatz. Sie wurde seine Geldschublade.» Dalí machte Reklame für Schokolade, Bartkosmetik und Zahnpasta.
1927 besteht die surrealistische Bewegung seit drei Jahren, und Breton gebärdet sich mit seinem Titel «Surrealistenpapst» wie ein wirklicher Papst. Er exkommuniziert die Gefährten Antonin Artaud, Robert Desnos, Roger Vitrac und Philippe Soupault. Kurz darauf Ausschluß von Aragon, dann von Eluard. Übrig bleiben Breton und Benjamin Péret, der ihm, nach Soupault, wie ein Hündchen anhing. «Breton», sagt Soupault, «brauchte Freunde und wollte gleichzeitig der einzige sein.» Er habe außerdem eine politische Rolle spielen wollen und sympathisierte mit der kommunistischen Partei. «Doch die Kommunisten», sagt Soupault, «mißtrauten den Surrealisten, sahen in ihnen Kleinbürger.»

Den entflammten Novizen Breton bedachte die Partei, wie zur Abgewöhnung für dessen eigenes Größegefühl, mit einem Platz in der Zelle der Pariser Gaswerk-Arbeiter. Breton habe das übelgenommen und sei daraufhin Trotzkist geworden.
Philippe Soupault hält sich außerhalb dieser Vorgänge: «Ich war traumatisiert von Goethes Gespräch mit Eckermann, wo er sagt, wer einer Partei dient, ist für die Poesie verloren.» Die genauen Gründe für seine Entlassung aus der Bewegung liegen für Breton darin: Soupault schrieb Romane, Artikel für Zeitungen und rauchte englische Zigaretten.
Bei aller vorgegebenen «Abscheu der Surrealisten gegen den Roman als Zufluchtsort geistiger Kleingärtner» schreibt der Surrealist Soupault Romane*, handelnd in «menschenleeren Straßen, in denen Pfiffe und Schüsse die Entscheidung diktieren» (Walter Benjamin). Es ist eine Prosa aus bilderdichten Szenen und poetisch scharf benannten Momenten. Favorisiert ist die Nacht mit ihrem speziellen Personal, welches das Bedürfnis hat, «sich für das Ziel extravaganter Gefahren zu halten» (Soupault).
Die letzten Nächte von Paris (1928): Unterwegs ist ein Elegant mit dem Ziel «aller nächtlichen Spaziergänger: auf der Suche nach einem Leichnam... weil in Paris der Tod allein mächtig genug ist... um einen ziellosen Spaziergang zu vollenden». Schlendernd reizt der Elegant seine toten Nerven auf. Auch bei braven Begebenheiten: «Bald verließen wir die Tanzdiele der Hausangestellten... Diese humorvollen wöchentlichen Bälle haben den Charme von Affenkäfigen. Diener verbeugen sich vor gutgelaunten Köchinnen.»
Der Elegant folgt der Hure Georgette, die die zweideutigen Pariser Örtlichkeiten abläuft: die Trottoirs der masochistischen Junggesellen, die mit Selbstgesprächen die kalten Stunden ver-

* Philippe Soupaults Romane liegen auf deutsch vor im Verlag Das Wunderhorn, Heidelberg.

bringen; die Parks, in denen verzweifelte Dirigenten imaginierte Orchester dirigieren und Virtuosen auf abwesenden Instrumenten spielen.
Auch in dem Roman *Der Neger* (1927) befindet sich der Erzähler auf der Spur phosphorisierender Untaten. Edgar Manning, der überlegen schöne Schwarze, «lebendig wie rote Farbe, schnell wie eine Katastrophe», treibt durch die weißen Hauptstädte, sitzt viel Zeit in ihren Kerkern ab und altert nicht. «Er erwartet nichts von der Zukunft, weil er seine unverbrauchte Vergangenheit kennt.» Der Neger, der «unser weißes Fleisch unserer Verzweiflung vorzieht», der in einem Bordellzimmer nicht bleiben kann, «auf das schon alle anderen Haustiere mit hängender Zunge warten», ersticht in Barcelona eine Hure, die «Europa» heißt.
Soupault produziert schnell. «Zu schnell», sagt er, selbst wenn er keine Familie hätte ernähren müssen. Und während er selber seine Inspirationen wie galoppierend niederschreibt, trifft er sich mit James Joyce, dem monströsesten aller Wortmäkler. Joyce und Soupault sind seit 1926 befreundet. *Ulysses* existiert schon. Joyce ist im Ansturm auf das literarische Weltgebirge *Finnegans Wake*.
«Und wie Proust», sagt Soupault, «war Joyce mit seinem Œuvre einer Religion beigetreten. Sie waren wirklich Kranke, Opfer ihrer außergewöhnlichen Bücher.» Proust (1922 gestorben) habe zuletzt nur noch für eine Recherche das Haus verlassen, besah sich eines Details wegen Bilder von Gustave Moreau.
Daran gemessen waren die Abwechslungen von Joyce fast opulent. Er liebte Schweizer Weißwein und Belcanto, sang, sich auf dem Klavier begleitend, auch selber. Soupault ging mit ihm in die Oper, wenn der irische Tenor John Sullivan besetzt war. Und man mußte unendlich applaudieren, damit Sullivan wieder und wieder vor den Vorhang treten konnte und die Arie aus «Wilhelm Tell» wiederholte.
1930 sitzt Joyce an der französischen Übersetzung von *Anna*

Livia Plurabelle, einem Kapitel aus *Finnegans Wake*. Sie war von Samuel Beckett, den sich Joyce als Hauptübersetzer gewünscht hatte, begonnen worden. Da Beckett nach Irland zurückkehren mußte, wurde dessen Arbeit unter Joyce' Aufsicht von Paul Léon, Eugene Jolas und Ivan Goll revidiert.
Richard Ellmann in seiner Joyce-Biographie: «Man entschloß sich, die französische Version noch einmal neu zu formen, und Ende November wurde Philippe Soupault gewonnen, sich mit Joyce und Léon jeden Donnerstag um 2 Uhr 30 in Léons Wohnung in der Rue Casimir Périer zu treffen. Sie saßen drei Stunden lang an einem runden Tisch, den Léon zu verkaufen drohte, falls Joyce seinen Namen darauf einkratzen würde; und während Joyce in einem Sessel rauchte, las Léon den englischen Text vor, Soupault den französischen, und Joyce unterbrach den Wechselgesang, um die Formulierung dieses oder jenes Satzes neu zu erwägen. Joyce erklärte dann den Doppelsinn, den er beabsichtigt hatte, und er oder einer seiner Mitarbeiter machten ein Äquivalent ausfindig. Joyce legte großen Nachdruck auf den Fluß der Zeile, weil ihm mehr am Klang und Rhythmus als am Sinn lag.»
Philippe Soupault, von seinem Naturell her unfähig, Sätze lange abzusitzen, verbringt mit Joyce einen ganzen Nachmittag über den Valeurs von Wörtern wie «maquereau», «souteneur» und «proxénète», welche alle drei «Zuhälter» bedeuten.
Literarische Gespräche findet Joyce belästigend. Über eine Gruppe redender Intellektueller in einem Pariser Restaurant sagt er zu Soupault: «Wenn die doch nur über Rüben sprechen wollten!» Joyce, der 1936 noch nichts von Kafka gehört hatte, läßt sich manchmal herab, einen Zeitgenossen für eine einzige Zeile in dessen Werk zu loben. Von Paul Valéry gefällt ihm die Wendung «parmi l'arbre» in einem Gedicht, und bei Soupault entzückt ihn, wie er Beckett wissen ließ, der Satz «La dame a perdu son sourire dans le bois» (Die Dame hat ihr Lächeln im Wald verloren).

Am 2. Februar 1939 ist Philippe Soupault einer von nur acht Gästen bei Joyce' 57. Geburtstag, an dem vor allem das Erscheinen von *Finnegans Wake* gefeiert wird. Der beste Pariser Konditor hat einen Kuchen gebacken, auf dem zwischen Buchstützen eine Nachbildung aller sieben Joyce-Bücher, glasiert in der Farbe ihres Einbandes, steht: *Finnegans Wake* als letztes und größtes.
In der Mitte des Tisches liegt ein rundes Spiegeltablett, das den Ärmelkanal mit Dublin auf der einen Seite und Paris auf der anderen vorstellt. Eine Glaskaraffe in Form des Eiffelturms und eine Nachttischlampe in Form einer Windmühle stehen auf der französischen Seite; eine zweite Nachttischlampe, eine Kirche darstellend, und eine Flasche, die der Nelsonsäule nachgebildet ist, stehen auf der irischen Seite. Die Flüsse Liffey und Seine sind aus Silberpapier geformt, mit Stanniol-Schiffen und bei der Liffey mit Schwänen. Es gibt Schweizer Weißwein, und nach dem Essen singt Joyce mit seinem Sohn Giorgio ein Duett.
Der Surrealist Philippe Soupault ist sich nicht selber Ziel seines Lebens. Schon 1927 beginnt er, außerhalb des surrealistischen Kanons zu leben, und schreibt Reportagen für Pariser Zeitungen. Abenteuer und Erfahrungen interessieren ihn mehr als Literatur, womit er als einziger «dem Bestreben, das die surrealistische Gruppe ursprünglich beseelte, treu geblieben ist» (Gaëtan Picon).

Ich habe Philippe Soupault an fünf aufeinanderfolgenden Tagen jeweils eine Stunde zugehört. Wenn ihn etwas besonders aufregte, gab er noch eine halbe Stunde dazu. Beispielsweise als er von Henry de Montherlant sprach, in dessen Nachbarschaft, am Quai Voltaire, er eine Zeitlang wohnte.
Montherlant, der homosexuell war (sein berühmtestes Buch heißt *Erbarmen mit den Frauen*) und der alles daransetzte, diese Tatsache zu tarnen, hatte eine Beziehung mit dem Schriftsteller Roger Peyrefitte (*Die Schlüssel von Sankt Peter*).

«Und Peyrefitte, dieses dreckige Individuum», sagt Soupault, «veröffentlichte alte Liebesbriefe von Montherlant.» Montherlant wurde erpreßt. Als er, der extrem geizig gewesen sei, nicht zahlte, habe ihn ein Typ am Quai Voltaire die Treppe hinuntergestoßen. Montherlant fiel auf den Kopf und litt seitdem unter Schwindelanfällen.
Soupault: «Er schleppte sich, nur noch eine Ruine, in sein am Quai gelegenes Restaurant *A la Fregatte*, wo ich ihn hin und wieder traf.» Dann erblindete er allmählich, und sein Essen wurde ihm aus dem *Fregatte* in die Wohnung gebracht. 1972 erschoß er sich.
Während ich die Tonbänder mit Soupaults präzisen Erzählungen abschrieb, erfuhr ich, daß ihm eines seiner Stimmbänder operativ entfernt werden mußte. Ich hatte dann große Angst, er würde an diesem Eingriff sterben und die Geschichte über ihn müßte ein Nachruf werden. Aber es geht ihm wieder gut, nur solche schweifenden Auskünfte wird er mit seiner Stimme nicht mehr geben können.

5

Abstieg ist zu bedächtig. Sofie Häusler
ist nicht sozial abgestiegen,
sondern sie machte eine Schußfahrt
durch eine zielgenaue Schneise,
deren Markierungen ein Saboteur
hätte gesteckt haben können.

Die Herbstwanderung

Frau Fidan fährt zum Treffpunkt der «Herbstfärbungs- und Gehölzwanderung». Sie sitzt auf der langen Rückbank im A 55. An Haltestellen reckt sie den Kopf nach bekannten Gesichtern und winkt und zeigt auf die freien Plätze neben sich. Am Rathaus Charlottenburg steigt Frau Kahle zu. Sie stellt erleichtert fest, daß Frau Fidan schon Gesellschaft hat und fast schon am Ende ihres ständigen Themas angekommen ist, als ihr Mann sich bei Kriegsende in eine zu sechzig Prozent Hirnverletzte verliebt habe.

«Die Fidan geht nur wandern, um das zu erzählen», sagt Frau Kahle. Inzwischen warte sie auch den Wald nicht mehr ab, sondern beginne schon im Bus damit.

«Mit dieser Person», sagt Frau Fidan, «ist mein Mann dann für immer in Bad Reichenhall geblieben.» An der Endstation Hakenfelde, dem Treffpunkt, versucht Frau Fidan ihrer Tragödie etwas von der Wucht zu nehmen und sagt beim Aussteigen, daß es fast zu einer Begrüßung der anderen wird: «Unter jedem Dach ein Ach.»

Um den Wanderführer Findeisen versammeln sich drei Männer und neunundvierzig Frauen. Dieses Verhältnis bringt den Männern jedoch nicht den Vorteil höherer Beachtung ein.

Alice Grün sagt, sie habe lange aufgehört, sich ihren Mann herbeizudenken. Den lasse sie in aller Abgefundenheit tot sein. Doch ihre Freundin Elfriede vermisse sie, die vor einem Jahr gestorben sei. Jeden Morgen wähle sie Elfriedes Nummer, wie an ein Wunder glaubend, daß Elfriede «Hallo» sage. «Ich wollte mit Elfriede zur Cousine nach Israel, doch die Cousine schrieb: ‹Ohne Elfriede, liebe Alice, weißt Du, wie oft die Heil Hitler gesagt hat?›»

Gegen die Einsamkeit geht Alice Grün fünfmal in der Woche wandern. Die Wandertermine entnimmt sie dem *Tagesspiegel*. Besonders schöne Momente in der Natur verleiten sie, jemanden anzusprechen. Auf schmalen Waldwegen, in dicht aufschließenden Zweierreihen, gelingt es ihr am leichtesten. «Ist das nicht, als wenn Gold hier liegt», sagt sie über die Blätter.

Die Wanderung führt durch den Spandauer Forst. Im Teufelsbruch bittet Findeisen um Aufmerksamkeit: Der Teufelsbruch sei früher ein Moor gewesen, was er im *Nordberliner* aber ausführlich beschrieben habe. «Einem allgemeinen Verlangen folgend», fährt er fort, «halten wir keine Einkehr in der *Bürgerablage*, wo das Kännchen Kaffee inzwischen vier Mark fünfzig kostet.» Die Wanderer stöhnen kurz auf. «Also», sagt Findeisen, «Einkehr im *Heideschlößchen*, Kuchen wie bei Muttern und die Buletten garantiert hufnagelfrei.»

«Nicht wahr, das ist die Havel?» will Alice Grün, obwohl sie es weiß, noch einmal wissen, und Frau Hertig antwortet: «Weeß ick nich.»

Die Jagdhorngruppe Berlin bläst das Signal «Hirsch tot».

«So was», sagt Alice Grün, «weckt heile Gefühle.» Die Wanderer gehen im Gänsemarsch gebückt unter tief hängenden Ästen, und Alice Grün bleibt für die Länge ihres schönen Satzes «Gold kommt auf uns nieder» stehen.

«Bewegung, Bewegung!» ruft Frau Hertig.

«Mit meiner Tochter war ich immer ein Kick und ein Ei.» Das ist Frau Fidans Stimme an Herrn Lücht gewandt. «Und mein Schwiegersohn», sagt sie, «ist ja auch so 'n kleiner Fix Niedlich.»

«Jetzt muß der arme Lücht den Nickvogel für die Fidan spielen», sagt Frau Kahle in den kurzen Stau hinein.

«So ein Herbsttag versöhnt mich mit dem Leben», sagt Alice

Grün, «denn in der Hölle sind wir schon.» Beim Anblick einer heugefüllten Futterkrippe sagt sie: «Und nie Brot den Vögeln streuen! Ich lege meiner Amselmutter Rosinchen aus.»
«Weeß ick, weeß ick», sagt Frau Hertig, «Amseln brauchen Weichfutter, aber bei uns in Berlin ham wa doch nur Spatzen.»
«Sie müssen immer alles niedrig machen», entgegnet ihr Alice Grün.
Zwanzig Minuten ist Rast bei den Toilettenwagen, die in einer Lichtung aufgestellt sind. «Ohne mich», sagt Frau Hertig, «wer da allet ruffjeht.» Die Toilettenwagen lassen Frau Hertig auf das nachlassende Niveau der *Regina Maris* die Rede bringen. «Die Stewards», sagt sie, «allet Filipinos. Schön, det sin ooch Menschen, nur ohne een Wort Deutsch.»
Auf einer Wiese zerfließt die Kolonne der Wanderer. Unter die gewohnheitsmäßigen Weggefährten mischen sich andere. Mit lächelnden Anläufen versucht Alice Grün, die Bekanntschaft von Frau Wockenfuß zu machen. «Finden Sie nicht», fängt sie die Unterhaltung an, «daß es mehr Leute als Menschen gibt?»
«Und ne hundsjemeine Bordkapelle», sagt Frau Hertig, «det halten nur Jeschlechtskranke aus.»
Alice Grün sagt flüsternd zu Frau Wockenfuß: «Wir setzen uns nachher an denselben Tisch.»
«Seitdem die *Regina Maris* unter Singapur-Flagge fährt», sagt Frau Hertig, «kann man sie vergessen.»
«Sie müssen wissen», sagt Alice Grün wieder flüsternd zu Frau Wockenfuß, «ich weiß das alles. Diese Dame fuhr neunmal auf der *Regina Maris* und brüstet sich, keinmal erbrochen zu haben.»
Bis zum *Heideschlößchen* ist noch eine Stunde Weg. Alice Grün läßt von Frau Wockenfuß ihr Alter raten. «Sagte ich Ihnen, daß Wilhelmine Lübke, eine geborene Keuten, meine Lehrerin war? Ins Poesiealbum schrieb sie mir ‹Verstand ist ein Edel-

stein, wenn er in Demut gefaßt ist›.» Frau Wockenfuß schätzt Alice Grün auf siebzig, was elf Jahre zu wenig sind.
Bei diesen Märschen, sagt Alice Grün, laufe sie sich die Hörner ab. «Und wieviel ich schon gelaufen bin, und wieviel ich schon geredet habe. Ich war Propagandistin im Kaufhaus Israel, Schalhalter, links rein, rechts rein, in Silber und Gold. Eine Witwe wollte ihn in Schwarz, damit konnte ich nicht dienen. Das vergangene Jahrhundert war ganz auf Gefühl und Schläge geputzt. Nach 38 lief ich für Maggi-Familien-Suppe in den düstersten Straßen. Die Thermoskanne mit der Probesuppe trug ich in einem Grammophonkoffer.
‹Meine Dame›, sprach ich diese armen Frauen an, ‹was haben Sie heute auf dem Feuer? Ach Suppe! Geben Sie mir einen Löffel und nun unterscheiden Sie, wie Suppe mit und ohne Maggi-Würze schmeckt! In der Schliemannstraße traf ich auf eine Frau voller Kummer, die redete über alles, nur nicht über die Suppe. Plötzlich sagte die Frau: ‹Sie haben mir so freundlich zugehört, dafür zeige ich Ihnen meinen Bruch› und schlug ihren Rock zurück. Aber das Leben von Friedrich Schiller war schwieriger. Die hatten Gonorrhöe und wußten es gar nicht. Meine ganze Verehrung gilt Königin Luise. Ich stehe oft vor ihrem Sarkophag im Rauch-Pavillon und hole mir das Gedicht von Gerock über sie zurück: ‹In Deinen Engelszügen/In Deiner Marmorruh/im himmlischen Genügen/wie selig schlummerst Du.›»
«Ach Jottchen», sagt Frau Hertig.
«So was überhöre ich», sagt Alice Grün zu Frau Wockenfuß, «die vergessen alle das Memento mori.»
Das *Heideschlößchen* hält einen separaten Saal bereit. Die Tassen sind schon aufgedeckt. Die Fototapete an der Stirnwand zeigt den gleichen Herbstwald, den die Einkehrenden gerade verlassen haben.
«Ich bin froh, Sie neben mir zu wissen», sagt Alice Grün zu Frau Wockenfuß, «beim Plätzebesetzen gibt es viel Bosheit.»
Frau Fidan reserviert mit ihrem Hut einen Stuhl für Herrn

Lücht, der für den Kuchen ansteht. Frau Hertig führt die Kuchenschlange an. «Zehn Personen weiter», sagt sie, «und die Donauwelle is alle.»

«Ich sag's noch mal, auch wenn ich's hundertmal gesagt habe», sagt Wanderführer Findeisen aus der Schlange in den Saal hinein: «Mohnkuchen hakt hinter der Prothese.» Eine Lokalhilfe in weißer Schürze geht mit der großen Kaffeekanne die Tassen ab.

«Natürlich wieder mit Fußbad», sagt Frau Hertig.

Der Zustand, eine hilflose Person zu sein

Abstieg ist zu bedächtig. Sofie Häusler ist nicht sozial abgestiegen, sondern sie machte eine Schußfahrt durch eine zielgenaue Schneise, deren Markierungen ein Saboteur hätte gesteckt haben können. Jemand, der ein Händchen hat für die dramaturgische Beschleunigung vom bösen Ende.

Sofie Häusler ist zweiunddreißig Jahre alt, als sie auf die Abschußliste kommt. Der Mann, den sie seit vier Jahren kennt, der einmal die Woche über Nacht bleibt, dieser seine Liebschaft so sachte dosierende Typ, als fürchte er sich vor Übertreibung, ist längst verheiratet. Sofie Häusler erlebt eine ruckartige Pleite.

Dieser Mann hatte sich ihr als Meister aller Klassen empfohlen, Hamburger Kaufmann, Im- und Export, zehn Jahre älter, eine überschüssige Natur und immer was am Planen. Für Sofie Häusler hatte er sogar noch einen Lebensentwurf übrig.

Er begegnet ihr in einem Kunstgewerbeladen in Hannover, wo sie Geschenkartikel aus Bast herstellt. Er lieferte dort den Bast. Und er malte für Sofie Häusler die Zukunft aus. Die Sicherheiten für diese Zukunft sollen sich aus ihren handwerklichen Fähigkeiten, seinen guten Drähten und der gegenseitigen Liebe zusammensetzen.

Sofie Häusler wurde als uneheliche Tochter einer Hausangestellten geboren. Sie war das Unglück ihrer Mutter, der Beweis für eine hastige Einlage mit dem Dienstherrn zwischen Küche und Mädchenkammer.

Sie erlebte sich keinen Moment lang als geliebtes Kind, als elterlich-beschirmte Gottheit. In der Schule simulierte sie einen

Vater. Bei der Mutter war die Demütigung in eine permanente Wut umgeschlagen. Und die wenigen Augenblicke, in denen die Tochter Zuversicht an den Tag legte, würgte sie ab, als müsse sie einer Enttäuschung vorbeugen: «Du kannst dich mit den anderen nicht messen.»

Auf diese Weise wird Sofie Häusler reif für einen Sieger. Sie verläßt Hannover, ihre verbittert herrschende Mutter und folgt dem gutgelaunten Mann. In dem Dorf D. mietet sie eine Wohnung. Dort fabriziert sie Bastampeln für Blumentöpfe, die der Kaufmann an den Blumengroßhandel vertreibt. Durch die wachsende Nachfrage kann Sofie Häusler sogar ein paar Heimarbeiterinnen beschäftigen.

Das Dorf liegt bei Hamburg, dem Wohnort ihres Liebhabers, und auf der Strecke seiner geschäftlich anzureisenden Städte.

Es muß ein suggerierter Entschluß gewesen sein, daß sich Sofie Häusler in ein Dorf verabschiedet. Denn aus ihrem Dasein dort ergeben sich nur Vorteile für den Mann, der Familie in Hamburg hat und nicht mal einen Umweg machen muß, um seiner buchstäblich passageren Liebschaft nachzugehen. In Sofie Häuslers Leben besetzt er alle wichtigen Rollen mit sich selber: Er ist ihre Liebe, der unverzichtbare Kurier aus der Außenwelt und die maßgebliche Figur ihrer gewerblichen Existenz.

Unter diesem Monopol, auch wenn es als ein Vorzeichen weiblichen Glücks erscheint, verkümmern Sofie Häuslers Abwehrkräfte. Während sie ihre Mutter noch als eine gefährliche Majestät erkannt hatte, der sie in Tagträumen den Rücken zukehrte, sah sie unter der wuchernden Machtausübung des Mannes keinen Anlaß, gedanklich an ihrer Wirklichkeit herumzuflicken.

Sofie Häuslers Katastrophe kündigt sich über eine wirtschaftliche Spannung an: Die Bastampeln, ihr Standardartikel, sind kein zeitloses Zubehör, das sie auf Dauer ernähren könnte. Deshalb erweitert sie ihr Programm durch Wandbildbehänge,

welche sie über den Möbeleinzelhandel abzusetzen versucht.
In Hamburg mietet sie einen vom Gesundheitsamt gesperrten Wohnkeller als Lagerraum. Er liegt am Fischmarkt in St. Pauli und kostet monatlich dreiundzwanzig Mark. Sie zahlt zehn Mieten im voraus, läßt den Keller weißen und mit Balatum auslegen. Von hier aus will sie die Hamburger Geschäfte beliefern.
Zwischen dieser für Sofie Häusler ungewöhnlichen Anstrengung, ihren beruflichen Radius von D. bis Hamburg zu verlängern, und dem Bruch mit ihrem Freund vergehen nur Tage. Sofie Häusler ist plötzlich fähig, die hinter ihr liegenden, von Liebe handelnden Jahre als Moritat zu entschlüsseln: als die Geschichte eines Handlungsreisenden, der mit der Vorsicht des perfekten Mörders seine Frau betrügt.
Indem Sofie Häusler klug wird, beginnt ihr Unglück. Da sie Gefühle nie streuen konnte, da sie nur einer Hauptperson lebte und durch diese Ausschließlichkeit keinen Menschen hat, dem sie mit einer Klage kommen kann, betrinkt sie sich. Betrunken verläßt sie in einem Taxi das Dorf D. und fährt nach Hamburg. Dort trinkt sie weiter. Die Kneipen heißen *Blinkfeuer* und *Seemanns Einkehr*. Es ist die Gegend, in der auch ihr Keller liegt.
In diesem Keller schläft Sofie Häusler den schrecklichen Rausch aus. Zwei Tage nach ihrem Verschwinden aus D. bringt sie erst die Kraft auf, heimzufahren. Sie bleibt aber nur einen Nachmittag. Abends besteigt sie den Zug nach Hamburg und kehrt nie mehr zurück. Sie landet in dem Keller und trinkt jetzt immer mehr.
Ihre Hauswirtin in D. bittet sie brieflich, ihr einige Dinge nachzusenden. Den übrigen Besitz überläßt sie der Frau als Gegengabe für ihre plötzliche Flucht.
Anderthalb Jahre kann Sofie Häusler den Keller halten, obwohl die Rauschzustände immer dichter liegen und sie durch das alkoholische Fingerzittern außerstande ist zu arbeiten. Den

auf Lebensminimum absinkenden Bedürfnissen folgend, trägt sie ihre Werte nach deren Verzichtbarkeit ins Leihhaus: zwei Kammgarnkostüme, eine geschonte Krokotasche mit angekettetem Portemonnaie, einen Fohlenmantel, eine Jacke aus Persianerklaue, einen Silberring mit goldgefaßtem Rauchtopas, eine Anstecknadel mit Perle, dann ihren Koffer, dann die Armbanduhr.
Nach diesem Abbau bleibt Sofie Häusler nichts mehr, um ihre Zechen zu bezahlen. Sie muß jetzt jeden Pfennig ohne Verlust in Alkohol umsetzen, keine Münze darf sich in der Verdienstspanne eines Wirtes verlieren. Deshalb kauft sie Wermut, der pro Flasche 99 Pfennig kostet, und setzt sich zu den Sprit- und Tippelbrüdern auf die Bänke.
Sofie Häusler unterscheidet sich von ihnen nur noch durch ihr Obdach, den Keller, in den sie betrunken wegtauchen kann und aus dem sie gekämmt und gewaschen wieder auftaucht, um an Alkohol zu kommen. Sie leidet unter Entzug, der sie befähigt zu betteln. Sie fragt: «Könnten Sie mir mit Fahrgeld aushelfen?»
Manchmal wendet sie auch einen Spruch aus dem Überlebensschatz der Tippelbrüder an und sagt: «Ich habe Kinder und brauche ein paar Gasgroschen.» Denn in alten Obdachlosenasylen lassen sich Gasherde und Warmwasserboiler nur nach dem Einwurf einer Münze anzünden. Nach fünfzehn Minuten verlischt die Flamme wieder.
Es ist nicht Klarheit, vor der sich Sofie Häusler fürchtet, die mit abnehmendem Alkoholspiegel steigende Gewißheit, daß sie im Abgrund lebt. Klar denken kann sie erst nach ein paar Schlukken. Und was sie dann denkt, handelt nicht vom Vorsatz aufzuhören, das kreist um die Beschaffung weiterer Schlucke.

Wenn Sofie Häusler sich ein bißchen stabil getrunken hat; wenn sie vom kreisenden Fusel der Kumpane wie durch eine Nährlösung wieder auf die Beine gestellt ist, reicht eine Mark, um ihre Existenz als Wermut-Trinkerin absehbar zu sichern. Ihre Gemütslage gründet dann auf Zuversicht. Auf die neue Flasche, in der nach jedem Zug der Sprit zurückschwappt bis zum nächsten Zug, ist Verlaß. Meistens dauert es zwei Stunden, bis nichts mehr nachfließt.

Sofie Häuslers feste Nahrung besteht aus einem trockenen Rundstück, einem Hamburger Brötchen, das sie an harten Tagen auch zu essen vergißt.

Die Akte der Sofie Häusler beginnt am 12. Februar 1957 mit dem polizeilichen Formblatt «Verwahrung wegen Trunkenheit». Sofie Häusler, zweiunddreißig Jahre alt, ist unterhalb des Hafenkrankenhauses in Hamburg-St. Pauli hilflos aufgefunden worden. Ihre Papiere weisen sie als Kunstgewerblerin aus. Es soll das letzte Mal sein, daß die bürgerliche Existenz der Sofie Häusler noch hinter ihrer Eigenschaft als Alkoholikerin sichtbar bleibt.

Das zweite Blatt datiert sechs Monate später: Sofie Häusler ist auf dem Gehweg Schauermannspark aufgelesen worden. «Sinnlos betrunken», lautet der getippte, im moralisierenden Zweifingerdeutsch abgefaßte Befund des Revierschreibers. Während der vierstündigen Ausnüchterung habe Sofie Häusler die Arrestzelle «durch Erbrechen gröblichst verunreinigt».

Ihre Berufsbezeichnung heißt jetzt «ohne». Ihrem sich andeutenden Niedergang fügt der Revierbeamte in Klammern noch eine persönliche Vermutung hinzu: Prostituierte. Damit ist es heraus, das Wort, dieser ein undeutliches Dasein klärende Begriff, mit dem sich von da an die behördlichen Vordrucke in ihren Rubrizierungsnöten behelfen. Die Quelle, aus der angeblich die Schnapsgroschen der Sofie Häusler stammen, wird eingezäunt.

Immer schneller gerät Sofie Häusler in den Zustand, eine hilflose Person zu sein. Und immer seltener erreicht sie ihren Keller. Dafür erlebt sie das aus der Besinnungslosigkeit furchtbare

Erwachen in den Arrestzellen der Hamburger Hafenreviere. Sie ist ein geduzter Haufen Dreck, der vor Durst zu verbrennen glaubt, der beim Trinken unter der Wasserleitung gefragt wird: «Was machst du denn da?»
Für die Kosten dieser Aufenthalte – 5 Mark Zellenbenutzung, 1 Mark Reinigung, Aufpreis bei «Verkotung» und «Urinierung», 80 Pfennig Wolldeckengebühr – muß Sofie Häusler in allen Fällen eine Bankrotterklärung gegenzeichnen.
Nach eigener Schätzung ist Sofie Häusler zwanzigmal in der Ausnüchterung gewesen, bevor sie im Oktober 1959 unter vorläufige Vormundschaft gestellt wird. Den Keller, ihr Refugium mit Spiegel und Handwaschbecken, in dem sie die letzten Reserven gegen ihre äußerliche Verwahrlosung einsetzte, hat sie aufgegeben.
Sie gehört jetzt ganz der Wermutgemeinschaft an. Sie taumelt durch die von den Landungsbrücken zur Reeperbahn hochführenden Querstraßen. Und mitstolpernd im Touristenstrom bettelt sie um Geld, fünfzehnmal vergeblich, mit der Gewißheit, daß der sechzehnte gibt.
Anwohner spricht sie nicht an. Sie unterläßt es auch bei den Kellnern, Portiers und Zuhältern. Es müssen aufgekratzte Bummler sein, auf Nepp gefaßte Ausflügler, für die ein verelendetes Weib zu den Zutaten des dichten Milieus gehört.
Sofie Häusler kann sogar englisch um Mitleid stammeln. Sie sagt: «I am a poor clochard myself, I would buy me a beer.» Oder sie sagt: «I am cold, I want stay in a restaurant.» Unter den Gebenden sind es die Afrikaner, die auch ohne in Hochstimmung zu sein, eine Mark spendieren.
Manchmal hält Sofie Häusler drei Tage und zwei Nächte durch. Es ist kein Stehvermögen, sondern der Zwang zu überdauern ohne Bett und Adresse. Denn stundenweise ist die Erschöpfung größer als die unendlich scheinende Nachfrage nach Alkohol.
Hin und wieder landet sie als wegsackendes Bündel im Bett

eines Rentners oder eines krankgeschriebenen Weltmeisters von den Theken des Reviers. Und morgens erlebt sie üble Verabschiedungen, bevor sie wieder auf der Straße sitzt, mit einem Brand, der stärker ist als ihre Depression.
Bei warmem Wetter schleppt sie sich hinter die Büsche beim Tropenkrankenhaus, um zu schlafen. Und sie zieht sich an den Büschen wieder hoch, wenn es hell wird. Sie ist zu kaputt, um einen Gedanken an ihre Wirkung zu verschwenden.

Sofie Häusler steht auf keiner sozialen Stufe mehr, die zu unterbieten wäre. Sie prostituiert sich für ein Bier und einen Korn: «Wollen wir uns ein büschen liebhaben?»
Oder sie fragt: «Bezahlst du mir ein Bier?» Und der Mann erwidert: «Wie komme ich dazu? Ich zahl dir eins, wenn du rauskommst und hast mich was lieb.» Sie befindet sich in einem preisbrechenden Notstand. Gemessen an dem bodenlosen Durst, paßt die Ehre, die Sofie Häusler für sich noch in Anspruch nimmt, in einen Fingerhut.
Wegen ihrer häufigen Zusammenbrüche nennen die Kumpane sie «Katastrophen-Sofie». Sie läuft betrunken gegen einen Lieferwagen und bricht sich den Unterkiefer und beide Jochbeine. In der Klinik deutet ihr die Krankenhausfürsorgerin an, daß sie als Nutznießerin der Sozialbehörde mit einer Entziehung rechnen müsse.
Nach ihrem letzten Exzeß als freier Mensch, der wie immer keine lustvolle Grenzüberschreitung war, sondern nichts als Misere, ruft ihr der Wachtmeister morgens auf die Revierpritsche rüber: «Du hast Besuch! Trinkerfürsorge.»
Zwei Amtspersonen, ein korrekter Mann und eine mütterlichgeübte Frau, legen ihr Formulare vor. Durch Sofie Häuslers Benommenheit dringt nur das Wort «Farmsen», der Name eines Pflege- und Versorgungsheimes. Farmsen ist ihr ein Begriff für Arbeitshaus.
Einer der beiden sagt: «Würden Sie bitte unterschreiben!», was

Sofie Häusler verweigert. Vor ihr öffnet sich die Schiebetür eines Kombi. Die Geräuschabfolge der seitwärts wegrollenden, dann zurückschießenden und hinter ihr einklinkenden Tür wird sich für sie noch unzählbar wiederholen.

Frauenaufnahmeheim, Hamburg, Uferstraße: In der Geschlossenen Abteilung liegt die entzugskranke Trinkerin Sofie Häusler und erwartet ihre vorläufige Entmündigung. Nach etwa vier Tagen erhält sie den Brief, und am darauffolgenden Morgen meldet sich ihr Vormund, ein Sozialinspektor, an. Er tritt mit mehreren jüngeren Männern auf, die wahrscheinlich Berufsanfänger sind. Sofie Häusler ist eine Ruine, die besichtigt wird.

Statt nach Farmsen wird sie zum Entzug in das Arbeitshaus Brauweiler bei Köln eingewiesen, ein ehemaliges Kloster. Das Gebäude ist ausbruchssicher. Sofie Häusler näht für ein Versandhaus Schleifen und Knöpfe von Hand an und verdient dreißig Pfennig am Tag. Nach knapp einem Jahr, im Sommer 1960, wird sie ins Versorgungsheim Farmsen in Hamburg entlassen.

Über Alkoholismus hat sie im Nähsaal nicht mehr erfahren, als daß alles, was man übertreibt, von Übel ist. Sie nimmt sich vor, nicht mehr zu übertreiben; sie glaubt, sie habe ihren Eichstrich wieder. Beim ersten Sonntagsurlaub von der Anstalt, der in der Stehbierhalle *Lehmitz* auf der Reeperbahn mit ein paar Stimmungsschnäpsen beginnt, bleibt sie schon weg. Mit ihren neuen körperlichen Reserven hält sie sich fast acht Wochen, bevor sie in die polizeiliche Ausnüchterung gerät.

Als flüchtiges Mündel ist sie aktenkundig. Daher genügt ein Anruf, und der Zuführ-Kombi steht vor dem Revier. Die sich anschließenden und über Jahre immer gleichen Prozeduren in ihrer Reihenfolge: von der Ausnüchterung in die Geschlossene der Uferstraße, danach Untersuchung beim Gesundheitsamt auf Geschlechtskrankheiten, danach Rückführung.

Im Oktober 1961 endet Sofie Häuslers vorläufige Entmündigung. Ab jetzt steht sie unabsehbar unter Vormundschaft. Sie arbeitet für fünfunddreißig Pfennig täglich am Tümmler, der Trockenschleuder im Waschhaus, in dem für alle Altersheime der Hamburger Sozialbehörde gewaschen wird. Das Geld geht drauf für Zigaretten, dem anstaltsgemäßen Gift. Mit Unterbrechungen verbringt Sofie Häusler vierzehn Jahre in Farmsen.

Die Zukunft, die sich ihr in der Anstalt abzeichnet, ergibt für sie nicht mehr Sinn als die narkotisierenden Episoden mit der Flasche. Sie gilt als Läuferin. Sie entwischt nicht, weil sie körperlich Durst hat, vielmehr wegen einer plötzlich auftauchenden Spannung.

Auch wenn sie sechs, sogar neun Monate ohne Zwischenfälle schafft, empfindet sie keine zufriedene Alkohollosigkeit. Es ist nur absolviertes Wohlverhalten ohne Siegesgewißheit. Bei Sofie Häusler stellt sich die schöne Nebenwirkung der Abstinenz, die vor Genugtuung besoffen machende Nüchternheit, nicht ein.

Durch solche Phasen langer Trockenheit bewährt sich Sofie Häusler dreimal für den Umzug in ein Wohnheim, in eine milder überwachte Lebensform. Damit verbunden sind Arbeitsversuche. Sie meldet sich schriftlich auf Annoncen, um Zusagen dann doch nicht wahrzunehmen. Oder sie macht sich, einer äußeren Vernunft folgend, auf den Weg zu ihrer zukünftigen Arbeitsstelle und kommt dort nicht an.

Sie ist sicher, keine Kraft zu haben. Sie trinkt unterwegs und erfüllt sich ihre Prophezeiung. Einmal steht Sofie Häusler einen Tag an der Heißmangel einer Ladenwäscherei. Ihre Unterkunft ist diesmal ein bereitgestelltes Zimmer über dem Laden. Es ist Februar. Der Wäschereibesitzer sagt ihr abends, sie könne sich fürs erste eine Tüte Briketts bei den Nachbarn besorgen.

Nach Ladenschluß im kalten Zimmer sitzend, verwandelt Sofie Häusler sich gedanklich in einen Normalverbraucher. Das

tut sie jedesmal, wenn sie ihr Kapitulieren vor sich selber tarnen will: Ihr ist kalt. Sie glaubt, daß jetzt ein Grog nicht schaden kann. Sie verläßt das Haus, kehrt in die nächste Kneipe ein und trinkt mit dem Vorsatz, danach die Briketts zu beschaffen, einen Grog.
Noch hofft sie auf die Balance zwischen der Aufpasserin und der Trinkerin, den beiden Hälften, aus denen sich ihre Person zusammensetzt. Und wie immer wird die Aufpasserin in ihr nach dem ersten Glas zugänglich für weitere Gläser.

Der im Februar kalte Ofen in einem Zimmer, das keinen Anschluß zu anderen bewohnten Zimmern hat, steht für alle Freiheitsbedingungen, unter denen Sofie Häusler scheitert. Sie wechselt aus Heimgemeinschaften von einer Stunde zur anderen in totale Einsamkeit. Sie wird privaten Rettern zugewiesen, die sich durch ein unbehaustes Mündel aus der eigenen Vereinsamung retten wollen. Es sind in allen Fällen selber ertrinkende Retter.
In einem Hamburger Etagen-Palais heißt eine fünfzigjährige Witwe die siebenunddreißigjährige, auf Bewährung geschickte Alkoholikerin mit Champagner willkommen. Sofie Häusler, die im Bewußtsein ihrer eigenen Niederlagen jedem, nur nicht sich selber den Willen zur Vernunft abnimmt, greift nach der zweiten Aufforderung zu.
Trinkend gerät sie schnell in eine Stimmung, in der sie die intensive, aber kurzlebige Wirkung eines Feuerwerkskörpers erreicht. Die sich ebenfalls betrinkende Witwe lacht wie gekitzelt, um dann im Sessel in Schlaf wegzukippen. Zu diesem Zeitpunkt befindet Sofie Häusler sich in einer Fahrrinne, die sie vor lauter Strömung nicht mehr verlassen kann.
Sie trinkt den Eisschrank leer. Als ihre Retterin wach wird, liegt Sofie Häusler mehr tot als benommen unter dem Küchentisch. Die verkaterte Bewährungshelferin geht telefonierend den Instanzenweg. Sofie Häusler verschwindet nach Farmsen.

Von 1968 an wird Alkoholismus durch Richterspruch den Krankheiten zugerechnet. Die Elendsalkoholikerin Sofie Häusler erlebt in Farmsen den Unterschied zwischen sich und den auf Krankenschein überwiesenen Wohlstandsalkoholikerinnen. Körperlich ist der Unterschied geringfügig: Es sind Frauen, die in einem sehr kranken Entzugsstadium mit Zittern, Weinen und Unruhe ankommen.
Aber für Sofie Häusler zählt, daß sie Hinterland haben, Familie, einen Mann, der an diesen Aufenthalt Hoffnung knüpft, der sich vor seinem angedrohten Absprung noch einmal auf ein Besserungsvorhaben einläßt. Für Sofie Häusler handelt es sich bei denen um ein kleineres Übel. Sie unterschätzt die Misere, auf die es einen Kassenschein gibt. Denn nach ihr kräht kein Hahn. Sie gehört zu den im Waschhaus verheizten Dauerfällen.

Die Verfügung, die den Trinker zum Patienten macht, ändert für Sofie Häusler nichts. Dafür sorgt vor allem das Anstaltspersonal. Es sperrt sich, umzudenken und auf eine als haltlos und charakterschwach geltende Spezies über Nacht einen Krankheitsbegriff anzuwenden. Sofie Häusler bleibt eine arbeitsscheue Flitzerin zwischen Kontoristinnen in ungekündigter Stellung, eine gifttrainierte Ratte, Eigentum der Sozialbehörde, firm im verunglimpfenden Wortschatz für die eigene Not.
Sie reagiert empfindlich gegenüber den Frauen, die über Rätselheften sitzen und miteinander Skat spielen. Jede, glaubt sie, möbele sich vor vernichteten Personen wie ihr zur Chefsekretärin auf, die mal kurz unpäßlich wurde vom Cocktailsuff.
Aber auch solche sozialen Übergrößen schlucken das unverbotene, schwachprozentige Malzbier literweise, weil sie, wie Sofie Häusler sagt, das Eisen kühlen müssen; weil sie Taschenflaschen auf der Toilette kippen und abends nervliche Zuflucht suchen nach einem nichtbestandenen Tag; weil sie einen Flattermann, einen «grobschlächtigen Tremor», zu verbergen ha-

ben und ihre Hände erst nach vier Flaschen Malzbier nicht mehr zittern. Es ist das stabilisierende Quantum, in Sofie Häuslers Kreisen der Klapperschluck. Und mit der Steigerung dieses Quantums steigert sich auch die Ruhe: Der Trinkende klappert sich aus.

Es gibt viele Schwachstellen bei den Paradiesvögeln, wie Sofie Häusler die Kurpatientinnen nennt. Sie nimmt das nicht zum Anlaß, sich zu recken, aber es verkleinert ihre Einsamkeit als Null. «Reell kranke» Alkoholikerinnen bitten an Urlaubstagen das scheinbar durch nichts zu erschütternde Mündel mit nach Hause. Eine sagt: «Menschenskind, Sofie, ich bin eine alleinstehende Schnapsdrossel, du kannst dir denken, wie meine Bude aussieht.»

Bis dahin hat die Stadtstreicherin Sofie Häusler keinen Schimmer davon, wie eine Bude aussehen kann: Die Badewanne ist bis oben voll mit Wäsche, die in einem Jauchewasser schwimmt. Vor der Hausbar, dem geplünderten Altärchen, liegen die Flaschen; der begossene Teppich ist steif, als sei er gefroren; umgestoßene Aschenbecher; auf dem Kommodenrand und der Tischkante kleben sengend verglimmte Kippen.

Diesen Anblick einer Wohnung hat Sofie Häusler nie gehabt. Sie denkt: «So ist es nun wirklich!» und packt dabei zu. Sofie Häusler, das verabschiedete, unrentable Element mit den vom Waschhaus weich-plissierten Fingern, stützt eine vollwertige, noch einen sozialen Stellenwert markierende Person. Die Frau sagt: «Sofie, wenn ich jetzt allein wär in dem Dreck, würd ich saufen.»

An einem Sommerabend, sie hat sich mal wieder abgesetzt, beschließt Sofie Häusler, Schluß zu machen. Durch einen mittleren Rausch findet sie gleichzeitig den Augenblick erträglich und ihre Zukunft unerträglich. Sie denkt: am besten in die Elbe, nur Reinspringen ist schlecht. Sie möchte irgendwie bequem sterben, ein bißchen auch mit höherer Gewalt. Die Kombination, glaubt Sofie Häusler, könne ihr bei großer Betrun-

kenheit glücken, indem sie, auf einem Poller sitzend, besinnungslos abrutscht.
Den nötigen Sprit muß sie noch zusammenbetteln. Sie geht die Reeperbahn zweimal rauf und runter und macht den Zigarettentest. Je nach der Selbstverständlichkeit, mit der ihr jemand eine Zigarette gibt, steigert sie ihre Bitte: «Sie sind ja sehr freundlich», sagt sie, «würden Sie mir denn auch Feuer geben?» Sich die Zigarette anzündend, sagt sie dann weiter: «Ach, beinahe bin ich geneigt, das heißt, Ihre Nettigkeit bringt mich auf die Idee, Sie noch um eine Mark zu bitten.»
Oft kriegt sie gleich die Mark. Und Typen, die vor dem Geben noch wissen wollen, wozu sie die Mark denn brauche, sagt Sofie Häusler: «Was soll ich schon wollen, ich will genau noch einen trinken wie du.»
Sofie Häusler besitzt acht Mark und kauft bei *Henning*, der Tag und Nacht geöffneten Schnapsbudike auf St. Pauli, drei Flaschen Wermut zum Nachtpreis von je eine Mark zehn, außerdem zwei Schachteln Zigaretten. Sie trägt einen Wettermantel und klemmt die Flaschen unter die Achseln, was unbequem, aber weniger auffällig ist als eine Plastiktüte, die zu den verräterischen Gepäckstücken entwichener Trinker zählt.

Vor der *Viehbrücke* am Hamburger Fischmarkt setzt sich Sofie Häusler auf einen Eisenpoller. Ihre Absicht ist, zumindest zwei Flaschen langsam auszutrinken und bei jenem alkoholischen Schweregrad, bei dem sie sonst von Stühlen und Bänken zur Seite fällt, sich in die Elbe gleiten zu lassen.
Die Schuhe und ihre Papiere wirft sie sofort ins Wasser. Sie tut es, wie jemand ein nicht mehr zu löschendes Machtwort spricht. Sie macht große, auf Wirkung bedachte Schlucke und raucht Kette. Sie kommt auch in den Rausch, der sie bei der kleinsten Korrektur ihrer Sitzweise ins Stürzen geraten ließe. Aber sie bleibt reglos sitzen und sagt sich: «Du hast ja noch so viel Zeit, wenigstens bis die ersten zur Arbeit gehn.»

Sie nimmt einen massenweisen Verkehr auf der Elbe wahr, große Schiffahrt noch und noch. Ein oder zwei Dampfer fahren vorüber, und Sofie Häusler sieht zehn, wenn nicht zwanzig. Ein Riesenleben, ein enormes Schauspiel, das manchmal nur von den Positionslampen eines Schleppers dargestellt wird. Sofie Häusler denkt: Wie kommen die Leute dazu, jetzt in der Kneipe zu sitzen, wo hier draußen soviel los ist?
Ihr entgeht der Wechsel von Dunkel auf Tag. Sie sieht ein Boot anflitzen, das im Morgengrauen wie Silber glitzert. Sie sagt sich: «Mensch, so was Tolles, nu guck mal bloß!» Es ist die Wasserschutzpolizei. Einer von der Besatzung wirft eine Leiter zu ihr rüber. Und elegant wie ein Hochseilartist springt er in drei Sätzen an Land.
Sofie Häusler sitzt besoffen immer noch in einer Loge, aus der sie die Wirklichkeit als Märchen erlebt. Sie findet den Polizisten schön, gute Figur. Aber der sagt: «Nun verschwinden Sie hier, wir haben Sie lange durchs Fernrohr beobachtet!»
Jetzt, wo sie versucht, sich aufzurichten, hätte sie ins Wasser rutschen können. Doch der Uniformierte, ihr gebügelter, mit blanken Knöpfen strotzender Prinz, wirft sie über die Schulter und trägt sie in die Barkasse. Sofie Häusler kauert barfuß in der Silbergondel und stellt sich den Neid der Paradiesvögel in Farmsen vor.
Mitte Juni 1975 kauft sich die flüchtige Sofie Häusler für ihre letzte Mark ein U-Bahn-Ticket und erreicht das Frauenaufnahmeheim in der Hamburger Uferstraße aus eigener Kraft. Sie hat ihrer totenähnlichen Erschöpfung, ihrem Status als hilflose Person zuvorkommen können. Knapp geschätzt ist es das sechzigste Mal, daß die inzwischen fünfzig Jahre alte Rückfalltrinkerin dort erscheint.
Obwohl «die Häusler» zum Stamm der regelmäßig auftauchenden Armseligen zählt, ist die Häusler kein schwachköpfiges, alkoholisch verblödetes Faktotum. Ihre Abnormität besteht aus ihrer Intelligenz, aus einer geschärften Empfindlich-

keit, aus einem präzisen Bewußtsein ihres Versagens, das sie in stechenden Worten artikulieren kann. Die seit fast zwanzig Jahren maßlos trinkende Sofie Häusler ist eine Irritation für die statistische Erwartung.

Im Heim Uferstraße, das eine Anlaufadresse im kurzgeschlossenen Fahndungsnetz zwischen Polizei und Sozialbehörde ist, erfährt Sofie Häusler von ihrer geplanten Einweisung in die Ricklinger Anstalten, einem der Inneren Mission Schleswig-Holsteins unterstehenden psychiatrischen Krankenhaus. Der Tag der Überführung, 20. Oktober 1975, steht schon fest. Es ist wahrscheinlich, daß es sich um einen geschwätzig getarnten Wink gehandelt hat, den Sofie Häusler sofort versteht.
Sie verläßt das Heim mit fünf Mark in der Tasche und setzt sich zum Hauptbahnhof ab. Im treffsicheren Erkennen ihresgleichen spricht sie einen Tippelbruder an, der einen Rucksack und eine verschnürte Zeltplane trägt. Sofie Häusler bittet, mit ihm ziehen zu dürfen. Begünstigt durch das Sommerwetter, sehen beide nicht bedürftig aus.
Sie nehmen den Zug bis Aumühle. Von dort schlagen sie sich als «fröhliche Wandervögel» erst in die Bismarckschen Wälder. Der Mann heißt Freddy und kennt alle Lichtungen und abgeschirmten Wiesenstücke bis rauf nach Husum; ebenso die Pastorate, bei denen er jedes Jahr um Arbeit klingelt.
In jenem Sommer harkt und jätet auch Sofie Häusler in den Pastoren- und Friedhofsgärten und verdient bis zu zwanzig Mark am Tag. Sie schläft mit in Freddys kleinem Spitzzelt und wäscht sich in den Bächen und Kuhtränken. Freddy ist fünfzig wie sie. Obwohl er ihr nie furchterregend kommt, auch nicht sexuell, genießt er ihre Abhängigkeit.
Sofie Häusler glaubt, ohne alle Vermessenheit, daß der Mann an einem «primitiven Starrsinn» leidet. Doch sie sagt sich, im Kopf die Ricklinger Anstalten, in denen es schon ein Bett für sie gibt: besser einen Kranken als die vielen. Sie setzt auf Freddys

Beziehungen zu den frommen Leuten; sie nährt noch eine Spur Hoffnung auf Seßhaftigkeit; sie will der psychiatrischen Verwahrung entgehen.
Hundertmal verspricht Freddy, der von Sofie Häusler nicht lassen will, der sie hartnäckig seinem Besitz zurechnet, eine Bleibe zu beschaffen. Doch Sofie Häusler ist inzwischen satt vom Wandern und versteckten Kampieren, von den barmherzig spendierten Suppen der Pastoren. Sie weiß, daß Freddy den Winter über vorm Hamburger Männerschlafheim Pik As anstehen wird, während sie ein Karussell mit Geisteskranken besteigen muß.
In den letzten Septembertagen endet für sie diese Reise. Sie kehrt mit braungebrannten Beinen in die Uferstraße zurück, wo sie wartet, bis der Kombi sie holt.
Er fährt auf den Tag genau vor. In einer halbgeschlossenen Abteilung der Ricklinger Anstalten teilt sich Sofie Häusler ihren Nachttisch wie eine Wohnung auf. In dem zum Flur hin offenen Zimmer stehen acht Betten, an deren Kopfenden Puppen und sich umarmende Stofftiere Liebesnester bilden.
Die ersten drei Wochen sitzt Sofie Häusler nur rauchend im Tagesraum und guckt aus dem Fenster. Oder sie läßt sich aussperren und geht für eine Zigarettenlänge vor der Anstalt spazieren, wo ihr andere rauchende Frauen begegnen. In der Dämmerung hält hin und wieder ein Auto, dessen Fahrer eine dieser Frauen auf Liebe hin anspricht.
Meistens sind es Bauern, die eine heimatlose Erektion von einer Schwachsinnigen erlösen lassen. Der Gegenwert ist ein Päckchen Lux oder Lord. Wenn Sofie Häusler so ein Auto im Schleichgang anfahren hört, schreit sie: «Fahr nach Hamburg, wo's was kostet!»
Die Pfennigprostitution vor der Tür wird geduldet. Sie soll Sexualität binden, das lesbische Ausarten hinter der Tür, «das Brüsteküssen mit Handbefriedigung», wie Sofie Häusler den Vorgang in eine halbbürokratische Formel bringt. In ihrem er-

sten Ricklinger Winter finden jeden Abend beim Schichtwechsel der Schwestern solche Szenen statt. Immer vor dem Fernsehgerät, weil es wie eine Arena einen schützenden Wall aus Zuschauern hat.

Sofie Häusler mutet sich Fernsehen nicht zu. Denn alle unterliegen einem Redezwang. Jeder läßt die eigene Lautstärke anschwellen. Zwanzig und mehr geisteskranke Frauen kommentieren nicht nur die Bilder, sondern auch ihre derzeitige Verfassung.

Es ist ein akustisches Chaos, an dessen Unerträglichkeit nur noch die schlaffen Geräusche des Tages heranreichen, wenn zehn von den sechsundfünfzig Kranken der Abteilung endlos den Gang rauf und runter gehen; wenn etwa fünfzehn hin- und herschwingend auf den Stühlen des Tagesraumes sitzen und das Taschentuch von der rechten unter die linke Achselhöhle stecken.

Sofie Häusler fühlt sich durch alles, was Rickling ist, behelligt. Aber ganz ohne Hochmut, mit aller Geduld für Adolf Hitlers Tochter im Nebenbett, für die intelligenzschwache Tischnachbarin, der sie eine falsch begonnene Apfelsine schält und an Weihnachten die Gänsekeule mit dem Teller aufzufangen hilft, als diese mit einer glitschigen Haut aus dem erhitzten Plastikbeutel rutscht.

Zweimal geht Sofie Häusler unter der Kraft eines «Leibwächters» zu Boden. Das sind robuste Kranke, die Griffe beherrschen, wenn gespritzt werden soll. Die «Leibwächter» sorgen für Ordnung in der Etage. Sie geben sich Wichtigkeit, indem sie Mitpatienten waschen und schlagend Zigarettenschulden für andere eintreiben.

Neben ihnen gibt es noch das Ordnungselement der «scheintoten Spitzel», wie Sofie Häusler diejenigen nennt, die Patienten verraten, wenn diese statt in der Teeküche im Badezimmer heißes Wasser für den Pulverkaffee abzapfen.

Nach der dritten Woche wird Sofie Häusler die Beschäfti-

gungstherapie angeboten. Sie kann einen halben Meter Heftpflaster dreimal falten und einpacken oder Luftballons in Tüten einzählen. Sie dürfe sich aber auch selber etwas einfallen lassen für den Weihnachtsbasar der Anstalten.
Das Mündel Häusler hat eine grausame Angst, unter die Geisteskranken zu fallen. Sie glaubt, daß man ihr «einen Korsakow» anhängen will, die frühe Vergreisung, die verlangsamten Bewegungsabläufe des Alkoholzerstörten. Sie verlangt Silberdraht und Holzperlen für Modeschmuck.
Am Verhalten der Schwestern merkt sie jedoch, daß ihre Person so abgebucht ist wie die der anderen. Als der Draht und die Perlen ihr nicht ausgehändigt werden und sie danach fragt, sagen die Schwestern: «Ja, ja, Sofie!»
Nach Weihnachten, Sofie Häusler hat nach Kräften den Basar beliefert, zeigt sie die gesundeste Verhaltensweise, zu der sie fähig ist: Sie kehrt von einem Spaziergang nicht wieder und besteigt mit dem Rest ihrer Arbeitsprämie von monatlich sechzig Mark den Zug nach Hamburg. Trinkend erreicht sie dort den Punkt, daß die Tatsache, flüchtig zu sein, sich ihr als Freiheit darstellt. Diese Freiheit dauert wie immer drei Tage und zwei Nächte.
Im Februar 1977 bestätigt der «Landesverein für Innere Mission Schleswig-Holstein» schriftlich, daß Sofie Häusler «für einen Entlassungsversuch nach Hamburg rückgegliedert werden soll». Dieser Brief ist das 1188. Blatt in der fünfbändigen Akte «Häusler, Sofie» bei der Hamburger Trinkerfürsorge. Vorausgegangen ist ein Jahr, in dem die Alkoholikerin Häusler nicht aus Wohlverhalten trocken blieb, sondern weil ihr jemand geholfen hat, an sich zu glauben. Sofie Häusler, überempfindlich gegen zu deutlich auftretende Retter, gegen das matte Hinhören der Therapeuten, begegnete in Rickling einem jungen Sozialarbeiter.
Der hatte die Zuversicht eines Anfängers und brachte der aufgegebenen Trinkerin bei, zu entspannen. Sofie Häusler lernte,

ziehende Wolken zu sehen, auch wenn gar keine vorüberzogen. Zusammen mit dem Sozialarbeiter verfaßte sie eine Geschichte, in der die trockene Sofie Häusler ein armes Luder gleichen Namens in einer Hafenkneipe beobachtet.
Montags besteigt Sofie Häusler den Bus in Rickling und fährt zu den Treffen der Anonymen Alkoholiker in Neumünster. Sie fühlt sich zum erstenmal in ihrem Leben unbeirrbar, ja fast unabhängig. Von ihren ersparten Arbeitsprämien kauft Sofie Häusler eine elektrische Nähmaschine, mit der sie als Flickschneiderin eine Existenz außerhalb der Anstalten begründen will.

Ende Februar wird Sofie Häusler von Rickling in die Hamburger Uferstraße entlassen. Sie ist seit einem Jahr trocken. Eine Fürsorgerin steht ihr bei der Wohnungssuche bei. Den vergilbten, im Keller der Trinkerfürsorge lagernden Teil vom Aktenstapel «Häusler, Sofie» kennt diese Frau gar nicht. Sie ist neu in der Alkoholiker-Hilfe und beeilt sich.
Ende März fährt Sofie Häusler vom Zentralen Omnibusbahnhof mit dem verbilligten Besucherbus zu den Ricklinger Anstalten, um ihren Besitz abzuholen, vor allem ihre Nähmaschine. Weil Sonntag ist und der Überführungskombi erst ab Montag Dienst hat, übernachtet sie in ihrem angestammten Bett. Am nächsten Morgen besteht das Mündel Häusler seinen vorläufig letzten Kampf gegen die Autorität.
Nachdem sie ihre Sachen in dem Auto verstaut hat, fragt eine Pflegerin den Fahrer: «Und wo ist jetzt noch Platz für mich?» Es ist eine der von Sofie Häusler «Quasi-Schwestern» genannten Kittelfiguren, die mit der Trillerpfeife regiert und, «wenn sie dort nicht arbeiten würde, dort Patientin wäre; eine, die mit dem Püscher wackelt, wenn der Psychologe auf dem Flur ist, und dann mal eine Kranke streichelt».
Sofie Häusler schreit: «Du hast mir genug aufs Herz getreten, entweder fährst du oder ich.» Und einlenkend sagt sie: «Und schon gar nicht sitzt du mit dem Kittel da vorne!»

Sie ist entschlossen, auch zurück den Bus zu nehmen und ihre Sachen dazulassen. Denn sie hat mehr zu verlieren. Sie darf nicht mit einer Frau in Samariterkleidung vor ihrer neuen Wohnung auspacken.
Sofie Häusler siegt. Vor dem Mietshaus in Hamburg-Fuhlsbüttel kommen ihr Kinder auf Rollschuhen entgegengefahren und fragen: «Ziehst du bei uns ein?» Sofie Häusler sagt «ja» und kann das Glück nicht fassen.

Verliebt und eingetanzt

Herr Wellstein war schon soweit, daß er auf Parkbänken über sein Pech mit Alpenveilchen redete. Matthias Wellstein ertappte sich auch dabei, wie er sonntags beim Wunschkonzert dem Lied «Schön war die Jugend, sie kommt nicht mehr» nachhörte und beim schnellen Refrain «Sie kommt, sie kommt, sie kommt nicht mehr» sein Leben nur noch als Zumutung empfinden konnte.
Als er den Beifall der «richtig Verhutzelten» suchte, war der Witwer Wellstein gerade neunundsechzig Jahre alt. Er protzte damit, sein Waldhorn noch mit eigenen Zähnen zu blasen: «Im Winter, aber nur im Warmen, weil draußen die Ventile einfrieren.» Abgedämpft, sagt er, sei das Waldhorn leiser als Radio.
Inzwischen ist Wellstein zweiundsiebzig und ein anderer Mensch geworden. Auf die Schlagermelodie «Junge, die Welt ist schön, hast du sie schon gesehn» tanzt er Foxtrott in einer Hamburger Senioren-Diskothek, wo es dreimal die Woche «musikalischen Zunder» gegen das Alleinsein gibt, wie Steffen, der Erste Vorsitzende, sagt. Die Männer sind dort in der Minderheit, und bei «Kuddelmuddel mit Damenwahl» werden sie gescheucht wie die Hasen.
Zum Frühlingsanfang, heute, rücken selbst die Pinneberger an, die, wie Steffen sagt, «reifere Jugend» aus Vierlanden, Winsen, Stade und Buxtehude. Den Herrschaften zucke es schon in den Beinen, sagt er, das sehe man am Sturmschritt, mit dem sie auf das Haus zusteuern. Gegen 13 Uhr ist Einlaß. Auf der Treppe gibt es einen Stau, weil die Eintrittsschleuse oben so eng ist und Hedi, die ehrenamtliche Kassiererin, hinter jedem die Zigarrenkiste wieder schließt. Fünf Mark für Mitglieder, für

Gäste sechs, Kaffee und Kuchen sind inbegriffen. Auf Null am Ende der Billettnummer gibt's einen Azaleenstock, auf Zahl zwei Tulpen und eine Narzisse.
Auf der Bühne macht Steffen Mikrofonprobe. Nachdem er zweimal laut gehaucht hat, kippt er gleich in den Befehlston über: «Beeilung auf der Treppe, Hedi!» Und sofort kriegt's Hedi mit der Angst und wird ganz fahrig mit den Händen. An der Saaldecke hängen noch Lampions von Rosenmontag, an dem das Clubmitglied Elly Neitzel als Piroschka weit übers Knie die Beine zeigte. Die Tanzpiste aus Riemchenparkett ist vierzig Quadratmeter groß.
Steffen, der hier alles regelt, geht schon als Frührentner mit seinen dreiunddreißig Jahren. Und fünfzehn Jahre «Altenarbeit», sagt er, liegen hinter ihm. Manchmal säuft er in seinen eigenen Worten ab wie ein Fußballreporter im Radio: «Heute wolln wir uns mal fix auslassen mit ‹Schützenliesel, dreimal hat's gekracht›, doch vorher, könnt ihr mal eben herhören! Ruhe bitte! Sei doch mal still da vorne, Frau Michelsen! Also, bevor wir tanzen, erst mal unser nettes Kaffeegeschirr abräumen und zwei Damen zum Abwaschen melden, und dann geht's sofort los mit Stimmung und Humor.»
«Jetzt sabbelt er wieder», sagt Wellstein. Um den Rhythmus herauszuheben, klatscht Steffen in die Hände. «Und noch mal!» unterbricht er skandierend die Tonbandmusik, um dann über sie hinweg zu singen: «Mein Schatz, du bist 'ne Wucht.»
Körbe sind nach der Clubsatzung verboten. «Hier kann ein Mann kleiner sein als ich», sagt Elly Neitzel, «denn man hat keine besonderen Ziele mehr.» Die Damen klatschen sich die Herren aus den Armen. Wer nicht teilen will, muß wegbleiben, was ganz im Sinne von Herrn Behnke ist. «Mein Leben», sagt er, «kannte nur Kaffeehäuser, Frauen und Tanz.» Seit fünfundzwanzig Jahren sei er Anwohner auf St. Pauli und vor seiner Rente stiller Teilhaber im Fetthandel gewesen. In seinen Gebär-

den ist der vierundsiebzig Jahre alte Behnke ganz vom Tango geprägt, kantig in seinem Zuvorkommen am Tisch, kantig beim Tanz, wenn sein Führarm starr wie eine Deichsel in der Luft steht oder, bei starkem Gedränge, wenn er ihn hochkant einholen muß und der Arm zu vibrieren beginnt, als stemme er ein Tablett mit den dickwandigen Kaffeekännchen einer Ausflugswirtschaft. «Die Fehler der Damen bei der Drehung», sagt Behnke, «sind meistens Herrenfehler.»

Behnke sahnt nur Tänze ab. Den Schrittmacher Steffen braucht er dazu nicht. Wenn Steffen die Osterpolonaise kommandiert, bei der jeder ein selbstgefärbtes Ei aus der grünen Holzwolle nehmen soll, bleibt Behnke sitzen. An Dia-Nachmittagen, an denen «einer über Alpentäler quasselt», erscheint er gar nicht. Auch Tagestouren spart er sich, Bad Schwartau mit Besichtigung der Marmeladenfabrik, Lüneburg mit der «Gräfin Mariza» im Stadttheater. Dann tanzt Behnke im Curio-Haus an der Rothenbaumchaussee, wo sich der Verein der Mecklenburger in Hamburg trifft.

«Achtung, Achtung, bitte!» Das ist wieder Steffen am Mikrofon, der in die nächsten Ausflugsbusse locken will. «Für den 30. 3. wünschen wir uns schönes Frühlingswetter. In Trelde erwartet uns Tanzmusik und eine illustrierte Platte. Dreizehn Mark für Mitglieder. Habt ihr alle verstanden? Halt mal den Mund, Frau Pasemann! Ja!» Dann sagt er in das Gemurmel hinein: «Nein, dafür muß keiner Mitglied werden. Wenn wir müssen, gehn wir aufs WC.»

Karl Weiß ist zweiundsiebzig und im dritten Jahr Witwer. «Allein trinkt man viel», sagt er. Im letzten Jahr habe er fünf Kilo durch das Tanzen abgenommen. Weiß fühlt sich zu Sophie Bleisteiner hingezogen: «Wir sind verliebt und eingetanzt.»

«Ich rate jedem, sich wieder zu binden», sagt Frau Bleisteiner. «Karl und ich sind kinderlos, das ist unser Glück. Keine Tochter sagt mir ‹Huch Mama, in deinem Alter›.»

Malchow ist noch auf der Suche nach einer Frau. In der Reformzeitung habe er nach einer Witwe mit Eigenheim annonciert. Aber nicht um zu heiraten, «das nie wieder! Und, um es mal grob zu sagen, wenn ich einen Liter Milch will, kaufe ich doch keine ganze Kuh.» Malchow trinkt den clubüblichen weißen Bordeaux mit Schraubdeckelverschluß zu sechs Mark. Wenn er sich eingegossen hat, dreht er den Deckel gleich wieder zu.

«Altersmäßig», sagt Malchow, «will ich mich mal auf der Grenze betrachten. Ich bin sechzig. Meine Dame müßte schlank und humorvoll sein, dufte Biene, und wenn Sie gestatten, eine Hure im Bett.» So eine hoffe er unter den Senioren zu finden, «denn wer sagt es, daß ich draußen keinen Korb bekomme».

Auch Frau Schober, die sich mit siebenundvierzig ziemlich früh in diesem Kreis bewegt, fürchtet sich vor draußen. Obwohl sie in Tanzdielen wie dem *Boccaccio*, dem *Hofbräuhaus* am Dammtor und auf der *Wappen von Hamburg* noch ihren Schnitt mache, sage sie sich: «Mädchen, es ist später, als du denkst.»

«Draußen sind auch Türken», sagt Frau Gade, «die bleiben nicht unverbindlich nach ein, zwei engen Tänzen.»

«Der Türke», sagt Herr Reschke, Jahrgang «nullzwo», «kommt ja aus einem Land, wo gar nicht mit Gegenüberstellung getanzt wird.»

Die Rolle, nur ein «angenehmer Rundtänzer» zu sein, macht Herrn Jensen nicht froh. Er will heiraten, «aber die Frauen haben zuviel Geld. Die haben eine Heirat gar nicht nötig.»

«Wieso auch?» sagt Frau Melzer, «ich habe eine schöne Wohnung und dann so einen Jensen mit seinen ollen Zigarren. Die setzen sich nur in den Gardinen fest. Nö!»

Am liebsten tanzt Frau Melzer mit Herrn Behnke, «weil der einen spüren läßt, daß man noch lebt, aber sonst, nö!»

Gegen das gekonnte Tanzen von Behnke kommt Gottfried Merkel nicht an. «Ich war Radsportler», sagt er, «ich kann nur

das Einfachste.» Beim Tango sagt Maria Melzer zu Mia Hentschel: «Tanz du mit ihm, Mia, das ist zu schwer für Gottfried.»
Drei Damen kennen Gottfried Merkel näher. Allen dreien hat er einen schwarzen Spitzenfächer mit Perlmuttscharnieren aus Mallorca mitgebracht. «In Mia», sagt Frau Melzer, «hat Gottfried sogar eine Krokotasche investiert.» – «Leider ja», sagt Mia Hentschel, «sicher, Gottfried ist großzügig, aber er wohnt in Vierlanden, und wer will da begraben sein.»
«Nur Steffen gegenüber sind die Damen dankbar», sagt Ferdi Kuchling, «der kann sie breitschlagen, der schnackt ihnen das Sparbuch aus der Tasche.»
Auf Kuchling anspielend, der erst achtundfünfzig ist, sagt Mia Hentschel: «Wenn einer so jung schon bei der Polonaise ansteht, muß er krank sein. So einem muß man Zuckerspritzen geben oder sonst was.»
Gegen 19 Uhr hat der Abend alle Anzeichen einer durchtanzten Nacht. Hermann Fichte, der Schlafwagenschaffner zwischen Rotterdam und Basel war, führt die Hand von Mia Hentschel an seine Haardelle im Nacken und behauptet, sie rühre immer noch vom Schweißband seiner Schaffnermütze her. Gottfried Merkel rächt sich am Tangotänzer Behnke und sagt: «So schleichen nur Asthmatiker.» Und Steffen, der ohne Mikrofon nicht Steffen wäre, sagt von der Bühne runter: «Trübsinn hat Hausverbot.» Schon während des Liedes «Heut fühl ich mich so high wie ein Sperling im Mai» geht Hedi, die ehrenamtliche Kassiererin, zur Mantelablage und macht die Garderobenfrau. Mia sagt: «Tschüs, Gottfried, bis Dienstag», und Jensen zu Kuchling: «Nach der Abendschau hoffe ich, ohne viel Gedanken einzuschlafen.»

6

Acht Jahre Fehmarn, «gleiche Stelle, gleiche Welle», wie sie sagen.
Das Ehepaar Voss geriet in den Sog des Zubehörs.

Dauercamper

Wenn der E-Lok-Fahrer Voss, den die Nachbarn Schwarzer nennen, morgens sein erstes Bier «eingepfiffen» hat, kommt Hacki, die Meise, die er für einen Specht ausgibt, manchmal bis rein in die Küche. Darauf könnte er wetten, tut es aber nicht. Schon weil Willi immer damit anfängt. Jeden Morgen fragt er rüber: «Heute is der Hacki aber nich gekommen?»

Hätte Voss nicht die Verordnung des Campingplatzes zu befolgen, sähe sein «Gouverneur 500» genauso aus wie sein Vogelhäuschen auf dem eingerammten Stamm. Es ist grün und hat rote, verschließbare Fensterläden mit Scharnieren, geschnitzte Schindeln auf dem Dach und eine Scheuneneinfahrt. Dahinter liegt die geräumige Diele fürs Mischfutter. Den Hinterausgang, Schwarzers Pointe, bildet eine Falltür von acht mal zwölf Zentimetern, die der Witzbold Willi «Schwarzers Vogelguillotine» taufte.

Der E-Lok-Fahrer Voss aus Harburg ist Dauercamper in der Lüneburger Heide. Er zahlt sechshundert Mark Jahrespacht für einhundertsechzig Quadratmeter Waldboden, den er in vier Jahren so satt gemacht hat, daß die Rabatten schwarz wie frisch getorfte Gräber sind und die Knollenbegonien fast übertreiben, und Schwarzer sagt: «Die blühen sich noch tot.» In Trockenzeiten bringt Schwarzers permanent betauter Rasen ihn in den Verdacht, daß er sprengt, was ohne eigene Wasseruhr verboten ist. «Der spritzt nachts», wird behauptet, «und wenn er's Fahrrad von der Aufsicht hört, läßt er den Schlauch fallen.»

Als Großvater ist Voss ziemlich unergiebig. Er ging schon an die Decke, wenn die Enkel seinen Laufsteg aus Waschbetonplatten ein bißchen übertreten haben. Am liebsten hätte er sie an einen Pflanzstock gebunden, sagt Frau Voss, «wie alles, was nicht steht wie eine Eins.» Den Schaugarten des Dauercampers Voss mit den vielen Zwergen und dem Storch, der im Schnabel eine Negerpuppe hält, erlebten die Enkelkinder wie ein hoffnungsloses Wurstschnappen. Und würde Voss nicht das Gelächter fürchten, «dann», sagt Willi, «hätten seine Zwerge Strom in der Mütze», und jeder Unbefugte «bekäme eine gehuscht.» «Hier draußen», sagt Frau Voss, «läßt sich unsere Tochter nicht mehr blicken. Die sagt: ‹Der Opa spielt ja verrückt.›»

Der E-Lok-Führer Voss muß für sein Wohlbefinden nützlich sein. Er kann nicht auf der Liege dösen und sich nach Federbällen bücken. Am stärksten Ast seiner selbstgepflanzten Fichte hängt der Käfig mit dem Wellensittich. Zweimal täglich trägt Voss den Käfig in das Vorzelt seines «Gouverneurs», macht die Reißverschlüsse dicht und läßt den Vogel fliegen. Einmal hatte er die Meerschweinchen von Willi in Logis genommen und sie in einem bodenlosen Kasten auf sein Rasenstück gesetzt. Tage später, als Willi wieder da war und mit einer Pulle sich bedanken wollte, fing ihn Frau Voss schon am Pförtchen ab: «Willi», sagte sie, «wenn der gleich durchdreht, dann steh drüber.» Kein Rasen mehr, wo der Kasten stand, «von der Pisse weggeätzt», kam Schwarzers Stimme aus dem Vorzelt. Woraufhin ihm Willi zurief: «Erst mal Prost, und dann wird nachgesät.»

Unter den Dauercampern ist Voss, von der kühlen Tour mit seinen Enkeln einmal abgesehen, kein Ausnahmemensch. Er arbeitet ununterbrochen für seine Gemütlichkeit und steht ständig unter der Anspannung, die Nachbarparzelle zu übertrumpfen. Zugleich ist Voss ein guter Nachbar. Er verfügt über das, was auch die Dauercamper Sportsgeist nennen. Im Winter, wenn er fast allein auf dem Gelände ist, weil die Wochenenden bei der Bahn auf einen Dienstag oder Mittwoch fallen können, fegt er den Schnee von anderer Leute Wagendach. Er richtet hier ein Windrad wieder auf und dort den Maschendraht um einen Tannensetzling.

Die Bedürfnisse von Herrn und Frau Voss lagen immer im Rahmen des Üblichen. 1951 beluden sie ihren dreirädrigen Tempo-Matador mit zwei Strohschütten und vier Wolldecken und fuhren von Harburg an die Ostsee. Als sie Urlaub im Spitzzelt machten, schlief auch sonst keiner mehr auf Stroh. Nach dem Spitzzelt kauften sie ein Steilwandzelt, in dem sie aufrecht auf einem Stuhl sitzen konnten. Damit waren für Herrn und Frau Voss die Zeiten vorüber, mobil zu sein. Acht Jahre Fehmarn, «gleiche Stelle, gleiche Welle», wie sie sagen. Das Ehepaar Voss geriet in den Sog des Zubehörs. Und ihr Zelt wuchs sich langsam zu einem Scheichtum aus, das zu demontieren im September, dem Ende der Saison, immer komplizierter wurde. Deshalb stiegen sie auf Wohnwagen um; erst auf einen kleinen Hänger von 3 Meter 95, dann auf den «Gouverneur». Denn tiefer als der Wunsch, wieder beweglich zu werden, saß die Idee vom Häuschen.

Inzwischen steht dieses Häuschen aufgebockt im «Südseecamp» in Wietzendorf bei Soltau. Von den siebenhundert Stellplätzen dort haben die Dauercamper vierhundertfünfzig. Doch nicht, weil sie die Mehrheit bilden, haben sie optisch eine Übermacht, sondern weil sie hinter ihren Loggien und spanischen Wänden, ihren Vestibülen und Terrassen, den Segeltuchzäunen, Skobalitblenden und dem Rosengewölbe ihrer Pergola verschwinden wie eine geschrumpfte keimende Kartoffel. Und Vater, wie die Männer sich hier gerne selber titulieren, baut weiter «neuen Stauraum».

Wegen seiner wuchernden Anbauten muß der Dauercamper ständig mit einem Verweis durch die Platzordnung rechnen. Er darf Tannen pflanzen und Wege stampfen, eine Schaukel installieren und eine alte Spüle als Vogeltränke, nur mörteln darf er nicht. Und über seinen Holzschuppen muß er eine

Plane spannen. Denn auch der Dauercamper muß Nomade bleiben.
«Hier bleiben wir, weil wir wegkönnen», sagt Herr Meller. Sein Rasen sei über die Jahre so trittfest geworden, daß er auch eine Schafherde schadlos überstehen würde. Die geplättelte Radspur für den Pkw, der Hänger, die Sickergrube, die Gartenmöbel und die Hollywoodschaukel vom Beamteneinkauf haben ihn 20 000 Mark gekostet.
Zu Hause raucht Meller, der technischer Angestellter im Hamburger Freihafen ist, pro Woche eine Stange Zigaretten. Hier draußen, wo er Stunden über dem Rätselheft *Knack mich!* verbringt, wird es eine halbe Stange mehr. Außerdem rauche der Wind mit. Aus den langen Märschen durch die Heide, die Meller sich in Hamburg gerne vorstellt, wird meistens nichts. «Wann denn?» fragt er. «Nach fünf geht das Grillen langsam los. Und im November, wenn es hier so friedhofsmäßig stinkt, sehen wir Filme.»
Gegen sechs liegen die Wurstbatterien und Koteletts auf dem Rost. Die Männer beobachten die Glut, bedienen den Blasebalg, pinseln das Fleisch und entlohnen sich mit ihren Kommandorufen. «Zange, bitte!» «Wo bleibt mein Bier!» Vom Rauchsalz und den Grillgewürzen schmeckt auch die Nackenkarbonade so wie Wurst. Und den letzten Unterschied löschen die Kinder, die den Ketchup-Spender drücken dürfen. Die Düfte aus den Gärten überschneiden sich. Nur von Kunkels her zieht eine eigene Nuance auf. «Ich habe Rosmarin in meiner Marinade.»
Von Spanien spricht Frau Kunkel wie von einem Fehltritt: «Drei Wochen Costa Brava kosten mehr als ein Jahr in der Heide.» Als Dauercamper sei ihr Mann ein anderer Mensch geworden. «Nur unserm Großen geht das Dichte auf die Nerven.» Der setze sich zum Lesen auf den Polsterdeckel vom Chemieklosett. «Fast alles wie zu Hause», sagt Frau Kunkel, «nur keine Kaffeemaschine, denn Filtern ist viel uriger.» Neben der

Spiegelablage überm Spülstein hängt an einer Kordel ein «Avon-Seifen-Bernhardiner», den der Katalog als «freundlich, behäbig und schwer» empfohlen hat. Frau Kunkel, die immer glaubte, zu dick zu sein, weil sie sich von *Petra* und *Brigitte* in die Wüste der Übergrößen verstoßen sah, trägt im «Südsee-camp» Bikini, bis es kühler wird.

Ein Kuckucks-Küken in der Kaschubei

Die Darstellbarkeit des Oskar Matzerath in einem Film war zu bezweifeln. Beim Lesen der *Blechtrommel* stellte sich im Kopf zwar eine Erscheinung ein. Diese Erscheinung entzog sich jedoch jeder durch Striche zu zähmenden Kontur. Sie blieb im Zustand einer marmorierenden Ölpfütze. Dadurch behielt Oskar Matzerath die Vielfalt seiner Eigenschaften.

Jetzt gibt es aber jemanden, der auf diesen Trommler paßt. Es ist der zwölfjährige Sohn des Schauspielers Heinz Bennent. Daß dieses Kind die Inkarnation aller ungefähren Bilder abgibt, die ein fabuliertes Geschöpf aufkommen läßt, ist unwahrscheinlich. Solche Bilder können jedoch durch dieses Kind abgelöst werden.

Auf dem Turm des Rechtstädtischen Rathauses von Danzig – im Roman ist es der Stockturm – sitzt der Oskar-Darsteller David Bennent zwischen den kleinen Säulen der Balustrade und sieht auf die Stadt. Von der tiefer liegenden Besucherplattform sind die Trommel, seine dünnen Beine, die geschnürten Halbstiefel unter den gerutschten Strümpfen und darüber der geneigte Kopf zu sehen.

Die milden Anweisungen des Regisseurs Volker Schlöndorff – «David, jetzt mach die Augen mal ganz auf, weil du was siehst, was du noch nie gesehen hast» – werden von dem Kind mit einer professionellen Akkuratesse befolgt.

Bei der Kälte auf dem Turm muß das Kind immer wieder in Mäntel gepackt werden. Es wird auch geschaukelt und gewiegt. Natürlich weiß das Kind, daß es wichtig ist. Es ruft über Megaphon: «Wo bleibt mein Tee?», und von den Besorgern ruft einer die Antwort nach oben: «Sofort, ist schon in Arbeit.»

Dann steigt der die über hundert Treppen hoch bis zur Galerie, danach die vier Leitern bis in die holzverschalte Turmkuppel, die unter dem obersten Umlauf liegt. Dort wippt das Kind auf den Knien des Regieassistenten Branco Lustig und will den Tee erst später. Das sagt es, um sich in Willkür zu probieren, aber nur zum Spaß.
In der Ul. Lawendowa, die einmal die deutsch benannte Lavendelgasse war und ein Hurenquartier gewesen sein soll, wird Alltagsgewimmel hergestellt. Über Lautsprecher, jedesmal bevor die Klappe fällt, werden die Anwohner der im Bild liegenden Straßenseite auf polnisch gebeten, sich nicht mehr in den Fenstern zu zeigen. Dann stützen sich die auf Milieu geschminkten Komparsinnen auf ihre Unterarme. Auch der ständig bebende Rehpinscher des Pyrotechnikers sitzt auf einer der Fensterbänke. Weil Miliz herumsteht, um abzusperren, und dahinter unübersehbar deren Mannschaftswagen in der internationalen Schlickfarbe von Staatsgewalt, sammeln sich Menschen.
Olga Oleszkiewicz bewohnt als dritte Partei eine Wohnung in der Ul. Lawendowa. In Wirklichkeit stellt sie aber gar keine richtige Wohnpartei dar, eher steht sie für die Daseinsform einer noch nicht erschlagenen Maus. Wasser holt sie auf Vorrat aus der Küche, immer zu Zeiten, in denen dort keiner zugange ist, und deckt den Eimer mit Zeitung ab. Auf alles, was einstauben könnte, legt sie Zeitungen.
Mit der Verfilmung der *Blechtrommel* hat Olga Oleszkiewicz nur so weit zu tun, als in dem Zimmer, welches ihrer Stube gegenüberliegt, eine Liebesszene besprochen, probiert und schließlich heftig dargestellt wird. Olga Oleszkiewicz ist neunzig und hatte seit Jahren weder Zeugen für ihre Ordnung noch für ihre Einsamkeit. Und jetzt befindet sie sich mitten in einem Wirbel.
Das Filmmotiv heißt *Pension Flora*, Absteige der Agnes Matzerath (Angela Winkler) und ihres Geliebten Jan Bronski (Daniel

Olbrychski). Der Grund, die eilig zu absolvierende Leidenschaft in dieser Danziger Wohnung stattfinden zu lassen, liegt ausschließlich im Zierat der restaurierten Fensterfront. Unter dem Fenster, hinter dem sich die Liebe abspielt, gibt es ein Reliefbild aus Stein, eine Lokomotive, die in einen Tunnel einfährt. Da Olga Oleszkiewicz die Treppen nicht mehr schafft, somit das Haus nie verläßt und zum Hof hin wohnt, weiß sie gar nichts von der herausgeputzten Fassade, ergibt das Rumoren im Flur für sie gar keinen Sinn.
Die Bergung des Joseph Koljaiczek unter den vier Röcken der Kaschubin Anna Bronski findet hinter der Bahnstation der verlassenen Ortschaft Marynowy statt. Dieses Motiv braucht neben einem Kartoffelacker an besonderen Merkmalen «am nahen Horizont enteilende Telegrafenmasten», das «knappe, obere Drittel eines Ziegeleischornsteins» sowie einen Hohlweg. Außer dem Schornstein treffen alle Merkmale in Marynowy aufeinander. Nur, daß hier die gewölbte Kaschubei nicht ist, sondern die Ebene des Werder.
Der Kartoffelacker gehört dem Bahnhofsvorsteher, weshalb der Kartoffelacker auch sehr klein ist. Auch kaschubische Äcker mit Telegrafenmasten standen zur Auswahl. Das waren aber Genossenschaftsfelder von kanadischer Unendlichkeit, die auf den Hügeln lagen und ohne Hohlweg weit und breit.
Koljaiczeks Verfolgung durch zwei Feldgendarmen, sein hakenschlagendes Davonrennen, seine klobigen, aber hohen Sprünge in den Hohlweg und wieder hinaus beweisen, daß aus literarischen Sätzen Filmbilder zu machen sind. Koljaiczek wird von Roland Teubner gespielt.
Das Drehbuch besteht in großen Teilen aus Sätzen des Romans, nur manchmal gibt es einen stoffraffenden Abnäher. Denn so häufig, wie beispielsweise Koljaiczek am Horizont sich springend abheben, sich ducken, stürzen und «über schwarzem Schnauz» sich wild umblicken müßte, ist körperlich nur von imaginierten Menschen zu leisten.

Aus dem gesunden Gesicht der Schauspielerin Tina Engel schminkt Rino Carboni das gesunde Gesicht der Kaschubin Anna Bronski. Im Film ist auch das Unsichtbare jede Mühe wert, die Ösen am Unterzeug, von Röcken verdeckte Hocker, von Schürzen verdeckte Taschentücher.
Im Morast der eingeregneten Ortschaft Marynowy wirkt der Filmstab in seinen Wetterhäuten, in gelben, blauen, grünen Gummistiefeln, mit über die Schirmmützen gezogenen Kapuzen, in Overalls voller Reißverschlüssen wie eine Invasion gutsituierter Abenteurer, die in der Unwirtlichkeit das Eigentliche suchen. Das Eigentliche ist der von innen nicht schließende Holzabort des Bahnhofsvorstehers. Das Eigentliche ist die Kartoffel aus dem Feuer, die «gare Bulve«, die «krustig geplatzte Knolle», dieses Grundnahrungsmittel, dem auf der Wörterorgel von Günter Grass alle Eigenschaften gespielt worden sind.
Die Männer von Polski-Film, welche die Attrappe für das «knappe obere Drittel des Ziegeleischornsteins» angeliefert haben, laufen bei dem Wetter in Halbschuhen herum und halten sich die Jacketts vor dem Brustkorb zusammen. Da der Turm viel zu neu aussieht, bekommen die Lieferanten den Satz zu hören: «Jetzt holt's mal einen Besen, Kameraden, und macht's den Turm dreckig mit dem Dreck, der hier liegt.» In Marynowy erscheint nur die gereckt dastehende Garde der Gänse sauber. Die ebenso weißen Enten geben diesen Eindruck nicht, weil sie vereinzelt durch die Pfützen laufen. Sie könnten für Papier gehalten werden.
Wegen der plötzlichen Anwesenheit enormer Wolken muß Teubner seine Hetzjagd wiederholen. Schlöndorff sagt, daß er lieber auf das Weichbild des Danziger Krantors verzichten würde als auf die Wolken über der Danziger Bucht. Die sind jetzt dringend einzubringen wie eine Ernte vor dem Verregnen. Sie haben die Form von aufgepumpten Elefanten, aus denen aber, damit sie besser rennen können, schnell die Luft rausgeht. Des-

halb werden sie hofiert; im Gegensatz zu Teubners strapaziösen Sprüngen, als wenn die aus der Maschine kämen.
Die höhere Gewalt der Wolken hat zwar den Regen beendet, dafür aber Nervosität gebracht. Und die sucht sich einen hierarchischen Ausweg nach unten. Die Möglichkeit, das Wort «Ruhe» auszurufen, wird im Filmstab gierig wahrgenommen. Darin drückt sich weniger Befehlsfreude als die Erlösung aus momentaner Unwichtigkeit aus. Es ist das Schnappen nach Mitwirkung.
Auf einen «Ruhe»-Ruf geben drei Leute jeweils Echo, indem sie noch lauter «Ruhe» rufen. Hier jetzt verdoppelt sich die Echokette noch durch das polnische Wort für Ruhe, das «Cisza» heißt.
Einen ähnlichen Verlauf nimmt die Anteilnahme an einem umgestürzten Regengalgen. Das von einem polnischen Löschzug mit Wasser versorgte Gestänge hat den Tonmann eines westdeutschen Fernsehteams am Kopf getroffen. Am Drehort übertönt die Frage, wer den Galgen hätte halten müssen, den Schrecken über den Unfall.
Schlöndorff sagt: Nur gut, daß es kein Pole ist. Den darüber liegenden, neutralen Schrecken teilen sich abkömmliche Untermänner. Der Tonmann wird zur Bahnstation getragen, von wo zur Absperrung bestimmte Milizen losfahren, um einen Doktor zu holen.
Da die Bahnstation kein Drehort ist, kann «Ruhe» nicht gerufen werden. Doch mit der ständig wiederholten Bitte, Abstand zu halten, setzt sofort ein Wettstreit zwischen Männern ein, die gerne eine Ordnerbinde trügen. Mit den Unterarmen drücken sie eine nicht vorhandene Menschenmenge zurück. Das Verscheuchen der Kinder und eines abgewandt sitzenden Hundes besorgt der Bahnhofsvorsteher.
Inzwischen sind die Tümpel am Drehort so weit getrocknet, daß sie übersprungen werden können. Der japanische Kostümassistent Yoshio Yabara von der Berliner Schaubühne, der

eine knapp sitzende, wie eine Kapsel aufgeschraubte, norwegisch gemusterte Mütze trägt, pflückt am Bahndamm die inneren Stiele einer Pflanze, von der er sagt, daß sie wie alles Grüne eßbar sei. Dabei singt er ein französisches, sehr innig klingendes Lied, in das die Schauspielerin Angela Winkler einfällt. Auch sie beginnt dann, diese Stiele einzusammeln. Das Botanisieren der beiden und ihr ernsthafter, heller, wie von Engeln vorgetragener Gesang ist von aufreizender Individualität. Ihre Gräser richten sich gegen das Weltniveau im Danziger Devisenhotel, wo alles aus der Friteuse kommt und der Wunsch nach einer Salzkartoffel die Küche in Verlegenheit bringt.

An dem Abend jedoch, an dem Günter Grass im Hotel *Poseidon* eintraf, gab es, als habe der Himmel es gefügt, Buchweizengrütze und kaschubische Rouladen, außerdem klare Brühe mit Kaldaunen-Klößchen.

Sitzt einer am Tisch, der nicht weiß, was Kaldaunen sind? Die beiden Möglichkeiten, Günter Grass nicht aufzubringen, bestehen darin, nicht zu wissen, was Kaldaunen sind, damit er es sagen kann, oder es zu wissen, aber dann in einer gehobenen Konkurrenzfähigkeit. Die würde erst weit hinter dem zu belassenden Fett in einer Hammelniere beginnen dürfen, vielleicht beim gesäuerten Pansen, dessen Geschmackskern noch etwas von peristaltischer Schinderei vermitteln sollte.

Während des Essens begegnen sich der Schriftsteller Günter Grass und der Darsteller seines Geschöpfes Oskar Matzerath zum erstenmal. Das Kind David Bennent, das seine Augen in einer Weise öffnen kann, als würden sie aus den Lidtaschen mit Tollkirschensaft versorgt, gefällt dem Schriftsteller. Das Kind verfügt über eine oskarhafte Selbsteinschätzung, das Interesse der Umwelt zu haben. Es hält den Mittelpunkt besetzt und ist ein durch Aufmerksamkeiten gut genährtes Kuckucks-Küken.

Der zwölfjährige David Bennent ist mit 1,17 Meter für sein

Alter ziemlich klein. Ärzte haben sein gehemmtes Wachsen als Nonan-Syndrom diagnostiziert. In glücklichen Fällen erreichen davon Betroffene eine Größe von 1,55 Meter. Als dem Jungen der zunehmende Größenunterschied zwischen sich und den Gleichaltrigen bewußt wurde und erste schlimme Visionen ihn befielen, sagte ihm die Mutter: «Wir gehen später in ein Land, wo es ganz kleine Mädchen gibt.»

Schnelle Deuter erklären jede erworbene Million eines kleingeratenen Mannes mit einem seiner fehlenden Zentimeter. Ihnen zufolge rächt sich das Kind David Bennent für seine Zwergwüchsigkeit, indem es keinen Menschen gleichgültig läßt. Dieses tückische Kind mit seinem byzantinischen Machtgebaren wäre dann Oskar Matzerath selber.

Schlöndorff sagt, daß er sich mit Oskar Matzerath identifizieren mußte, als er die Verfilmung der *Blechtrommel* anging. Diese Identifizierung ist bei aller Notwendigkeit eine Anmaßung. Gedanklich kann sich jeder in eine üppige Biographie hineinwünschen. Er kann Claqueur eines Despoten oder der innere Zwilling eines Mörders werden. Doch er kann nicht Blutsbruder eines Monstrums wie dem Trommler sein, der ein Jesusknabe mit Bocksfüßen ist.

Günter Grass erregt sich darüber, daß die Szene mit Koljaiczek und Anna Bronski nicht in der Kaschubei gedreht wird. Dabei geht die Kamera auf die kleinste Erddüne perspektivisch so ein, daß ein kaschubischer Hügel aus ihr wird. Szenisch riskanter waren die vier kartoffelfarbenen Röcke als Herberge für einen Flüchtling, den darunter auch noch ein Behagen zu befallen hat, um die Vaterschaft von Agnes, der späteren Mutter Oskars, auszulösen.

Doch dafür, daß die Phantasie eines Romanautors sich besser Platz verschaffen kann als ein Schauspieler unter einer noch so breit am Kartoffelfeuer dasitzenden Schauspielerin, ist diese Szene nicht mißraten.

Der Heimweg vom Flößer-Motiv an dem Fluß Brad, den

Schlöndorff Grass zuliebe «Radaune» nennt, führt durch die Kaschubei. Der Regisseur und der Kameramann Igor Luther halten aus dem Autofenster nach einem Hügel Ausschau, über dessen Kamm Koljaiczek noch einmal fliehen könnte. Bei geschlossenen Bahnübergängen verlassen die Angehörigen der Polski-Film, die Komparsen in Gendarmen-Uniform und die Männer der Miliz ihre Autos, um Pilze zu sammeln. Wenn die Barriere anhebt, kommen sie mit gefüllten Pickelhauben zurück, auch die Miliz trägt ihre Mützen mit Stein- und Butterpilzen vor sich her.
Am Ankunftsabend der kleinen Menschen, des Liliputaners Fritz Hakl vom Wiener Burgtheater und der Zwergartisten Emil Feist und Herbert Behrent, darf der Oskar-Darsteller David Bennent länger aufbleiben. Er sagt zu Hakl: «Fritz, ich trage immer deinen Schlafanzug.» Das Trikot mit der Aufschrift «Big chief» ist ein Geschenk vom Sommer in der Normandie, als am Westwall die Fronttheater-Szenen gedreht wurden. Hakl spielte den Künstler Bebra.
Schlöndorff schreibt, wie meistens, Tagebuch bei Tisch. Sein über die Heftseiten eilender Stift deutet auf ein Buch hin, das wahrscheinlich von einem Film handelt, der über ein Buch gedreht wird. Währenddessen erzeugt sich Mario Adorf (er spielt den Alfred Matzerath) mit einem in Danzig erworbenen Bernsteinrohling einen angenehm harzigen Geruch, indem er den Stein an dem Maus genannten Muskel eines Daumens reibt. Manchmal bitten ihn die Umsitzenden, an seiner Innenhand riechen zu dürfen.
Die über Abende vorherrschende Gewißheit, daß dieser auf Haut erhitzte Rohling Ambra verströme, stellt sich später als falsch heraus. Denn im Lexikon steht, Ambra sei «die krankhafte Absonderung des Pottwals, die als graue Masse auf dem Meer, besonders auf dem Indischen Ozean, treibt».
«Ich werde eine Radierung von dir machen», sagt Günter Grass zu David Bennent, «vielleicht solltest du dabei einen

Papierhut tragen.» Dann sagt er: «Du mußt wissen, daß ich nicht nur Schriftsteller, sondern auch Grafiker und Bildhauer bin», und erklärt dem Kind den Vorgang des Radierens auf einem glasigen Kalkstein.

Grass sitzt dem Oskar-Darsteller Bennent, dem Liliputaner Hakl und den Zwergen Feist und Behrent gegenüber. Den Ausführungen des Schriftstellers über die Figur des Bebra, der schon früh und wetterfühlig die Herrschaft der Nazis als leibliche Bedrohung für die kleinen Menschen erkennt, findet sich Hakl nicht gewachsen. Als sich die Sitzfolge ändert, sagt Hakl: «Für solche Gedanken bin ich zu einfach. Ich spiel, was der Volker mir sagt.»

Dafür bestätigt sich die Interpretation des Autors über Oskars Freundschaft zu Bebra als dessen «einzige adäquate Beziehung» auf eine sehr äußerliche Weise: Das ungestüme Kind David Bennent bedeckt den Liliputaner Fritz Hakl mit Küssen und macht zur Bedingung, nur ins Bett zu gehen, wenn Fritz es auch tut.

Der zarte Hakl, ein Mann um fünfzig, geht auf diese Bedingung ein. Nicht nur, weil das tyrannische, starke Kind sie stellt, sondern weil er sich müde fühlt und nur Fruchtsaft getrunken hat. Er guckt auf seine das Handgelenk überragende Armbanduhr, es ist zehn, und verabschiedet sich ohne Handschlag, nur mit einer Verbeugung, die einen gezirkelten Halbkreis bildet. Dabei zieht er seine Jacke herunter und beim Gehen dann beide Ärmel. Verglichen mit den schweren Zwergen Feist und Behrent, die Biere kippen und jede Zigarette vor dem Rauchen auf ihren Feuerzeugen aufstippen, macht Hakl nur sehr sanft Gebrauch von der Folklore männlicher Bewegungen.

Der Zwergartist Behrent kümmert sich nicht um das Mikrophon, einen langen, über die Tischmitte ragenden Schaumgummiknüppel, der die Werkstattgespräche mit Günter Grass auffangen soll. Behrent erzählt von der steuerlichen Benachteiligung kleiner Menschen, die Maßanzüge brauchen, und über-

schneidet den Autor, der dem Alfred Matzerath gerade die «steilen Gefühle für Romantik» abspricht.
Als Grass die Rede auf Agnes bringt, deren Verhalten «bei all den kleinbürgerlichen Festivitäten der Matzeraths keusch bis ordinär» sei, hebt Behrent die Verdienste des Lord Snowdon hervor, der sich in England für die Zwerge einsetze. Nicht daß Behrent ungezogen wäre. Er fühlt sich als Künstler am Künstlertisch, kennt aber diese Hochämter nicht, in denen außer einem alle andern schweigen.
Die Ernsthaftigkeit, mit der Günter Grass über seine Romanfiguren spricht, behält er auch am fortgeschrittenen Abend bei, wenn am Tisch schon Späße fällig sind und jemand, der den *Butt* nur halb gelesen hat, die Angst verliert, sich zu verraten. Keiner erwartet von Günter Grass, seine Figuren der Beliebigkeit auszusetzen. Doch das Vergehen, daß einer die Vornamen Bruno und Kurt aus der *Blechtrommel* verwechselt, wobei Bruno ein Krankenpfleger und Kurt der von Oskar gezeugte Sohn seiner Stiefmutter Maria ist, hätte er nicht als Blasphemie empfinden müssen. Weder Bruno noch Kurt sind, außer in Doktorarbeiten über die Grass-Literatur, historische Personen. Sie sind nicht die Geschwister Scholl, die jemand für ein Kniegeigen-Duo hält.

Ungeheurer Alltag

Vorausgeschickt sei, daß der drei Zentner schwere, auf zwei Stühlen sitzende König von Tonga zehn Tage im letzten November Staatsgast der Bundesrepublik war und bei vielen Gelegenheiten seine Neigung zu den Deutschen und ihrem Fleiß aussprach. Er hieß sie willkommen in seinem Reich, das sich in so viele Inseln splittert, daß deren Anzahl schwankt zwischen einhundertneunundsechzig und zweihundert.

Es ist zehn Grad minus, und in Neukölln riecht es nach Kohlenbrand. Jetzt müßte König Taufa'ahau Tupou IV. um die Ecke Pannierstraße/Sonnenallee biegen und mit einer großen, sich in der Kälte bildenden Atemfahne den heranströmenden Menschen die Wärme auf Tonga noch einmal suggerieren.

In die Gaststätte *Zur Weltkugel* würde keine Maus mehr passen. Es ist der 15. Januar 1980, abends kurz nach sieben. Die Versammelten besprechen das Verlassen von Berlin-West, ihren Aufbruch in die Südsee. Am Mikrofon steht der Blumenbinder Reinhard Kulessa, der dieses Treffen in einem Lokalblatt annonciert hatte. Er begrüßt die vielen Leute ziemlich unbewegt. «Der Könich», sagt er, «det ham wa alle mitjekricht, hat uns Deutschen jede Hilfe uff Tonga versprochen.» Er verweist auf einen Bericht in der Illustrierten *Bunte* vom zurückliegenden 13. Dezember.

Was ihn, Kulessa, betreffe, packe er und mache hier weg. «Ich habe eine sechsjährige Tochter», führt er als den hauptsächlichen seiner Gründe an, «die muß viermal übern Damm, bevor sie am Spielplatz is.» Und ihm sei es immer mehr zuwider, jeden Fremden dem Kind als gefährlich einzureden. Reinhard Kulessa ist neununddreißig Jahre alt und verkauft seit dreizehn Jahren

Baccararosen in Kneipen, Bars und Diskotheken. Auch bei unter Null wie heute nimmt er nur 1 Mark das Stück, was ihm seinen Umsatz sichert. Er ist bekannt als Rosen-Reinhard, der auch im lautesten Gewimmel mit der Stimme durchkommt.
Bevor Kulessa den Rosen-Reinhard machte, hatte er einen Blumenladen an der Mauer, der den maschinell klingenden Namen ReKu-Blumendienst trug. So obenhin hat das mit Tonga nichts zu tun. Nur mit Kulessa, dem Berliner, ergibt sich ein Zusammenhang. Der sah sich als Gratisidiot durchhalten an der Mauer und durch Unterbieten den Geschäftstod sterben. Für eine zentralere Lage fehlten ihm die Sicherheiten.
Zwei Dinge hat er unterlassen, um was zu werden in Berlin. Einmal: rüber in den Osten gehen, um unter dramatischen Umständen im Westen wieder aufzutauchen. «So was», sagt er, «bringt schon mal 'ne Neubauwohnung.» Oder: auf Inselkoller machen und wegziehn nach Oldenburg oder Neumünster, um über Staaken wieder heimzukehren als westdeutsche Arbeitskraft. Dann, sagt Kulessa, werde man dringend gebraucht. Kulessa hat es eilig, einmal deutlich irgendwo willkommen zu sein. Und Tonga erscheint ihm dafür verläßlich.
Die gedrängt sitzenden, am Tresen stehenden oder sich in die Mantelständer drückenden Menschen hören ihn vom Podest herunter sagen: «Der Könich garantiert uns Steuerfreiheit.» Grund und Boden seien zwar nicht käuflich, doch für 50 Pfennig pro Quadratmeter jährlich zu pachten. «Auf Lebenszeit!»
Im Publikum versuchen einige, Kulessas Verheißungen mit Witzen aufzuweichen. Das hat auch mit Geniertheit zu tun, offen für einen Traum einzustehen. Vor allem aber mit Berlin, das schon bei der leisesten, nur gedanklichen Treulosigkeit jedem gleich aufs Gewissen schlägt. Aus dem Mantelständer ruft einer: «Die Ratten verlassen das sinkende Schiff.»
Ein anderer aus dem Hinterhalt: «Aber da wächst doch außer Palmen nüscht!»

«Richtisch!» antwortet Kulessa. «Aber Palmen verlieren ihr Blattwerk, dann kommt Rejen druff, det Janze fault, und ick habe Boden, um wat rinzusäen.» Für ihn als Florist sei Tonga ein einziges Treibhaus.

Gegenfrage aus der gleichen Ecke: «Un wem willste deine Jestecke vakoofen?» Gelächter an den Tischen und Beifall von hinten.

Kulessa hat noch keine Lust, zurückzuschlagen und dem Abend seinen Ernst zu nehmen. «Hier jeht's doch darum, daß ein Könich sacht, bei mir könnt ihr was werden.» Eine Liste geht um, in die an Tonga Interessierte Name, Beruf und Alter eintragen sollen. Links oben hat Kulessa das Wappen mit dem Berliner Bär und das Wappen von Tonga eingezeichnet. Die beiden Wappen berühren sich wie gefächerte Spielkarten, dabei liegt Tonga über dem Bär.

Nach einer Stunde stehen fünfzig Namen untereinander. Kulessa spürt jetzt Wind im Rücken. «Liebe Auswanderungswillije», sagt er, «auch die Tierwelt uff Tonga is uns jesonnen.»

«Fällt dort auch Wildbret an?» fragt eine Frau. «Hasen und Rehe?» «Wenn Sie mitfahrn, meine Dame», antwortet Kulessa, «ham wa een Reh.»

Die wachsende Liste läßt ihn immer gelöster werden. Daß die Sache auch einen ungeheuren Alltag haben wird, muß er jetzt nicht mehr verschweigen. «Strom hat jeder so ville, wie sein Aggregat stark is. Un Fernsehn is nich, Filzlatschen gar nich erst rin in den Container.»

Kulessa kennt vom Blumenhandel her nicht mehr als vier Stunden Nachtschlaf. Ihn behelligt die zum drittenmal gestellte Frage, ob die BfA die Rente auch nach Tonga überweisen kann, «weil der Könich seine Knete ja auch wo deponieren muß». Das sind kleinliche Bedenken für einen so entflammten Mann.

Die hochgehende Stimmung in der *Weltkugel* macht den Bauunternehmer Wilhelm Krüger zum Bekenner: «Ich bin gebürtiger Bitterfelder», sagt er im Tonfall einer Ansprache, «deutschnational und getreu bis in den Tod.» Frage man ihn, «dann haben die Siegermächte immer noch zu sehr das Sagen». Ja, er gedenke ernsthaft, mit seinen fünfundzwanzig Leuten, abzüglich der drei türkischen Putzer, den Tupou beim Wort zu nehmen.

Als Baumaterial will Krüger Korallen zermahlen und mit Wasser vermengen. «An Beton gemessen bringt das eine Härte von B 15 a.» Mit Krüger am Tisch sitzen Wolfgang Gräser, Taucher mit einem nach Luftfiltern zu messenden Brustkorb, und der Soziologe Gottlieb Rädel. Gräser hat, weil er fliehen wollte, zwei Jahre Zuchthaus in Cottbus abgesessen. Auf Tonga möchte er eine Taucherschule aufmachen und verspricht, daß «da unten nichts weggefischt, nichts weggharpuniert ist und keine Koralle abgesägt». Für seinen Nachbarn Rädel liegt das Motiv, nach Tonga auszuwandern, in dem Gefühl, ein «Überhangsmensch» zu sein, jemand, der noch nie verwendet werden konnte.

Krüger wirft Runden. Gräser tränen die Augen. Rädel taut auf. Und Kulessa geht die Liste durch: vierundachtzig Namen gegen 22 Uhr. Viele, doch nicht die meisten der Gäste sind in ihrer Entscheidung noch ein bißchen wetterhaft. Ein Polizist bezweifelt, ob der König ihn in seine Garde aufnimmt, versucht dann aber schnell, diesen insgeheimen Wunsch vor den anderen wieder rückgängig zu machen: «Da lockt der dicke Tupou uns rüber, damit wir sein Inselreich auf Vordermann bringen.»

«Genau!» sagt Gräser. «Wenn's schön wird da unten, kommt Neckermann!»

«Und du», sagt Rädel, «hast ausgesorgt mit deiner Taucherschule.» «Miesmacher rennen jetzt gegen die Wand», sagt Kulessa. Am 10. Februar fliege er mit Fritze Riedel, seines Zeichens Fernmeldetechniker, die 23 000 Kilometer nach Tonga runter. Sein Geschenk für den König liege schon parat.

«Ich darf's mal zeigen, Reinhard», sagt der Wirt und hält hin-

term Tresen ein Holzbild hoch, das einen Vorstehhund im Schilf mit auffliegenden Enten zeigt.
«Du mal wieder!» sagt Kulessa, als wäre es ihm peinlich, zählt aber gleich die vielen Hölzer auf, die er für die Intarsien brauchte: Palme, Zimt, Zeder, Linde, Ahorn, Rüster, Nußbaum. «Ich laß mir vom Könich die Inseln zeigen», sagt er, auch die kaum oder nicht bewohnten. Vier Quadratkilometer soll seine Insel haben, für sechs Männer und vier Frauen ohne die Kinder, geprüfte Freundschaften, gute Handwerker.
Kulessa stopft jedes grinsende Maul am Tisch. Er besitze schon eine Motorsäge und sei dabei, eine elektrische Stichsäge, eine Kreissäge und einen Destillationsapparat zu kaufen. Und als er noch auspackt mit den in Cellophan verschweißten Samen für die Landwirtschaft, strahlt Kulessa eine Gewißheit aus, als würde er den Handschlag des Königs schon spüren.

Quellenhinweise

«Unsere Asche soll über Berlin verstreut werden», zuerst u. d. T. «Unsere Asche soll verstreut werden» in *Der Spiegel*, Nr. 6/1982

«Wenn Lehmann nich mehr is», zuerst u. d. T. «Wenn Lehmann stirbt, is bei mir Feierabend» in *Der Spiegel*, Nr. 5/1976

«Auf deutsch gesagt: gestrauchelt», Der Spiegel, Nr. 49/1979

«Friseure», zuerst u. d. T. «Wir sind keine Kammerdiener mehr» in *Der Spiegel*, Nr. 29/1976

«Dinge über Monsieur Proust», zuerst u. d. T. «Die eiskalte Sphäre der Hocharistokratie» in *Der Spiegel*, Nr. 7/1984

«Das Französische poliert den Schrecken», *Der Spiegel*, Nr. 8/1977

«Der unheimliche Ort Berlin», *Der Spiegel*, Nr. 21/1987

«Die falsche Nummer», 1980, hier erstmals veröffentlicht

«Der RAF-Anwalt Otto Schily», zuerst u. d. T. «Hütet Euch überall und immer!» in *Der Spiegel*, Nr. 17/1978

«Der letzte Surrealist», *Der Spiegel*, Nr. 1/1983

«Die Herbstwanderung», 1980, hier erstmals veröffentlicht

«Der Zustand, eine hilflose Person zu sein», *Der Spiegel*, Nr. 36/1977

«Verliebt und eingetanzt», zuerst u. d. T. «Wir sind verliebt, und wir sind eingetanzt» in *Der Spiegel*, Nr. 14/1974

«Dauercamper», zuerst u. d. T. «Acht Jahre gleiche Stelle, gleiche Welle» in *Der Spiegel*, Nr. 32/1975

«Ein Kuckucks-Küken in der Kaschubei», *Der Spiegel*, Nr. 45/1978

«Ungeheurer Alltag», zuerst u. d. T. «Die Tierwelt is uns jut jesonnen» in *Der Spiegel*, Nr. 6/1980